公共管理硕士(MPA)系列规划教材

制度分析与设计

主编 王成礼 骆云

Zhidu Fenxi Yu Sheji

中国矿业大学出版社

内 容 提 要

在现代社会治理中，制度扮演着非常重要的角色，甚至有西方学者提出了“制度决定一切”的论断，这未免有夸大其词之嫌，但这也说明制度的重要性。该教材主要围绕制度含义、制度基础理论、制度起源、制度功能、制度人性假设、制度价值、制度基本内容、制度种类、制度设计、制度评价、制度文明、制度执行等内容进行编写，以期让读者充分认识制度的重要性，全面掌握制度基本理论，提升制度分析与制度设计的实践能力。

图书在版编目(CIP)数据

制度分析与设计/王成礼，骆云主编. —徐州：中国矿业大学出版社，2017.12

公共管理硕士(MPA)系列规划教材

ISBN 978-7-5646-3855-9

Ⅰ. ①制… Ⅱ. ①王… ②骆… Ⅲ. ①公共管理—研究生—教材 Ⅳ. ①D035-0

中国版本图书馆 CIP 数据核字(2018)第 000010 号

书　　名　制度分析与设计

主　　编　王成礼　骆　云

责任编辑　齐　畅

出版发行　中国矿业大学出版社有限责任公司
(江苏省徐州市解放南路　邮编 221008)

营销热线　(0516)83885307　83884995

出版服务　(0516)83885767　83884920

网　　址　http://www.cumtp.com　**E-mail**：cumtpvip@cumtp.com

印　　刷　徐州市今日彩色印刷有限公司

开　　本　787×960　1/16　**印张** 14.75　**字数** 281 千字

版次印次　2017 年 12 月第 1 版　2017 年 12 月第 1 次印刷

定　　价　32.00 元

中国矿业大学公共管理硕士(MPA)系列教材编委会

总　序

公共管理硕士(Master of Public Administration)作为一种专业硕士学位，旨在培养在公共部门尤其是政府机构中从事公共事务管理的领导者、管理者、决策者以及中高级管理人员，契合了中国公共管理日益科学化与现代化的需求，能够满足国家和社会对高层次复合型公共管理人才的需要。在 20 世纪末，国务院学位委员会于 1999 年 5 月第 17 次会议上正式批准在我国设置公共管理硕士(MPA)专业硕士学位。公共管理硕士(MPA)偏重于应用性与实践性，是国际上通行的专业学位，与工商管理硕士(MBA)、法律硕士(JM)并列为文科高层次职业研究生教育的三大支柱。

中国矿业大学顺应我国公共管理学科快速发展的潮流，积极推进公共管理专业建设与学科发展。国家安全生产监督管理局于 2004 年 12 月致函国务院学位委员会，推荐在中国矿业大学设立公共管理硕士(MPA)专业学位授权点，并达成委托中国矿业大学每年为其培养一批公共管理硕士(MPA)人才的协议。淮海经济区各级地方政府人事管理部门(如徐州市、连云港市、淮安市、商丘市、宿州市、枣庄市、临沂市等)纷纷与中国矿业大学签订委托培养公共管理硕士(MPA)人才的相关协议。2005 年 2 月，国务院学位办批准我校成为公共管理硕士(MPA)专业学位第三批培养单位。中国矿业大学高起点、高标准开展公共管理硕士(MPA)教育，结合公共管理学科特点及学科特色，设立了区域行政管理、土地(矿产)资源管理、教育经济与管理、社会保障、公共安全与危机管理 5 个专业研究方向，充分体现了中国矿业大学公共管理硕士(MPA)教育的办学特色和方向。12 年来，中国矿业大学 MPA 教育已经得到了全国 MPA 教指委、国家安监总局、淮海经济区各级政府部门及非政府公共机构的广泛关注和广大学生的热烈欢迎。在 2013 年全国第三批 MPA 培养院校教学合格评估工作中，中国矿业大学 MPA 教育经过自评、专家匿名评审、专家组实地评估，成绩优秀。为了进一步适应培养更高水平公共管理人才的需要，突出中国矿业大学 MPA 教育的办学特色，中国矿业大学对公共管理学科有关院系进行重新规划，实现学科与教育资源的优化重组，于 2016 年 11 月在文学与法政学院基础上，整合高等教育研究所，成立了“公共管理学院”，打破了院系壁垒，调整完善了专业师资结构，进一步实现教育资源共享，提高了中国矿业大学MPA教育的整体实力和教育质量。

为进一步加强中国矿业大学公共管理硕士(MPA)教育的内涵建设和特色发展，2016年6月公共管理学院筹集专项资金，成立公共管理硕士(MPA)系列教材编写委员会，由段鑫星任编委会主任，王超、王义保任副主任，根据MPA教指委的课程大纲要求，结合我校多年来MPA教育的经验，拟定了公共管理硕士(MPA)系列教材编写方案。

这套教材努力在“专”“精”“实”上突显特色。“专”表现为参与教材编写的教师都是从事MPA教学的一线教师，系列教材融入了他们多年专注、专心与专业的教学经验，特别是对于一些概念的阐释，更贴近MPA学员的实际，案例选择从课堂中来，从学员的现实生活中来；“精”表现为每一部教材的篇幅都要求短而精，努力以精练、简约、规范的学术语言表达思想，让学员易学易懂；“实”表现为注重实效与实用，努力做到内容“管用”，针对MPA学员的学习特点，重视理论与案例相结合、理论与实际相结合，用理论观照现实。

根据这一构思，我们计划编写出版《公共管理学》《公共政策分析》《政治学概论》《公共经济学》《宪法学与行政法学》《非营利组织管理》《公共伦理学》《社会科学研究方法》《电子政务》《公文写作》《领导科学与艺术》《制度分析与设计》《社会主义建设理论与实践研究》等一套13本教材。这些教材既有教指委的核心课程教材，也有一些具有特色的方向课教材。期待这套教材能够受到MPA学员的喜欢，能够对探索MPA教学起到积极的作用。

这套教材的推出，离不开全国MPA教指委的指导，离不开中国矿业大学出版社的鼎力支持！

我们期待MPA同行、MPA学员能够对本套教材提出宝贵的意见与建议！我们也会根据大家的批评、建议不断修改、完善，努力为MPA教育贡献一份绵薄之力！

编委会

2017年8月

目　录

第一章 导 论

要理解和掌握制度分析与设计这门课，必须首先理解制度的深刻内涵。关于制度内涵，不同学科有不同的解读，即使同一学科不同学者的解读也存在着很大差异。

第一节 制度的含义

在日常生活中，人们会从不同的角度谈制度，有时把一种社会形态所体现出来的生产关系及其上层建筑称之为制度，如“奴隶制度”、“封建制度”、“资本主义制度”和“社会主义制度”等；有时把某一领域的一整套规则、关系和模式也称之为制度，如“政治制度”、“经济制度”、“文化制度”、“生态制度”、“社会制度”等；有时把一些制定出来的条文化的规则，主要是一些微观层面的规章，称之为制度，如“请假制度”、“值班制度”、“奖惩制度”等；有时把一种特定的社会结构与社会关系格局称之为“制度环境”；有时从动词意义上使用制度，如通常把一种趋向规范状态的过程称之为“制度化”，把对一种利益关系的处理称之为“制度化安排”，这些对制度的认识和理解，只是抓住了制度某方面特征进行定义，缺乏对制度的整体性与本质性的理解。

一、语言学的制度含义

制度一词的使用在中西方社会早已有之，其使用时间之长、范围之广，是人们无法进行精确考证的，它有着非常丰富的内涵。

（一）制度的中文词义

制度一词在我国古代文史资料中时常出现，表述了不同的引申词义。为充分了解制度在古代语境中的词义，需要分别理解“制”与“度”在古代的语义。《说文解字》解释“制”：制，裁也从刀，从未。未，物成有滋味，可裁断。一曰止也。原义为修剪枝条，后引申可指裁决、制作、规章、控制、制度等。如《淮南子·主术训》中讲：犹巧工之制木也。韩愈在《原性》中讲：上之性，就学而易明；下之性，畏威而寡罪。是故上者可教，而下者可制也。韩非子曰：管仲善制割。《礼记·曲礼上》中提到：越国而问焉，必告之以其制。《说文解字》中解释“度”：度，制度制也。原指用手臂丈量长短，也指丈量的标准和工具，后引申为尺度、制度、限度、气度等。《淮南子·时则训》中曰：贡岁之数，以远近土地所宜为度。《左传·襄公三十一年》中曰：且是人也，居丧而不哀，在戚而有嘉容，是谓不度。《左传·昭公三年》中也有关于度的表述：公室无度。

"制"与"度"一起使用在中国拥有较长历史，它的出现甚至早于汉朝。《易经》中有：天地节，而四时成。节以制度，不伤财，不害民；《左传·襄公二十八年》中有制度一词表述：且夫富，如布帛之有幅焉，为之制度，使无迁也；《汉书·元帝纪》中提到：汉家有制度，本以霸、王道杂之；《汉书·严宣传》中曰：臣愿为民制度以防其淫，使贫富不相耀以和其心；王安石《取材》中曰：所谓诸生者，不独取训习句读而已，必也习典礼，明制度。《商君书·壹言》则在开篇中论道：凡将立国，制度不可不察也，治法不可不慎也，国务不可不谨也，事本不可不抟也。制度时，则国俗可化，而民从制；治制度明，则官无邪；国务壹，则民应用；事本抟，则民喜农而乐战。这些古文里出现的制度多指制度令、礼俗、制定的制度、规定等引申词义。

制度的现代词义与传统上的词义有所重合，但解释更加专业化、系统化。《当代汉语词典》将制度解释为法令礼俗的总称或规定、用法。《辞海》解释制度：制度的第一含义便是指要求成员共同（对个人处分决定）遵守的、按一定程序办事的规程。汉语中"制"有节制、限制的意思，"度"有尺度、标准的意思。这两个字结合起来，表明制度是节制人们行为的尺度。

（二）制度的英文词义

英文单词中有 System、Institution、Regime 表述制度。System 可以翻译为制度、体制、系统、规律等，是一种根据已定计划或是一套规则进行工作、组织活动的方式，也可以用这种方式组建机构；Institution 被译为制度、习俗、公共机构、建立等，它被认为具有某一特定群体或社会特征，通常讲可以存续很长一段时间；Regime 意思是政权、政体、社会制度、管理体制等，指政府与政体时多表示负面作用，用于表示不满。另外，Regulation、Rule 在不同的场合也翻译成制度。

二、不同学科的制度含义

制度作为一组学术语言多出现于经济学、政治学及社会学研究中，是三种学科理论的重要研究对象，自 20 世纪以来，制度就成为社会科学界最为关注的研究领域。制度更是被看作沟通经济学与政治学研究的桥梁，被学者们视为经济学与政治学整合研究的路径。三种学科理论对制度的研究从各自学科角度对制度进行定义，通过了解它们的制度定义有助于全面理解制度的深刻含义。

（一）马克思主义的制度

马克思主义的创始人虽然没有从一般意义上给"制度"下过明确的定义，而是根据历史唯物主义基本原理对制度进行解释：制度是以一定社会的物质生产条件为基础，建立在一定的经济、政治、思想文化状况以及现实的人的状况之上的相对稳定的行为规范，它能够约束行为主体的行为符合某种要求，以达到维护特定社会秩序的目的，实际上马克思从不同方面、不同层次使用了制度概念，如"生产资料所有制"、"财产制度"、"工厂制度"、"土地制度"、"国债制度"、"税收制度"、"法律制度"、"保护关税制度"等。由于马克思主义政治经济学是研究社会生产关系及其发展规律的科学，它从本质关系上剖析了各种社会经济制度及其相适应的政治、法律制度等。

（二）经济学的制度

制度研究较早产生于经济学理论研究，可分为早期制度经济学理论与新制度经济学理论。由于经济学理论研究特性，经济学家研究制度主要基于对交易成本、损益、效率的分析，对制度研究更重实证与利益分析。很多经济学家对制度定义都有论述，但归结起来，凡勃伦、康芒斯、诺斯对制度的论述与分析在制度经济学研究中最具代表性。

凡勃伦与康芒斯是早期制度经济学代表人物。凡勃伦作为早期制度经济学创始人，他在《有闲阶级论》中将制度等同于思想习惯、习俗、精神状态，认为制度实质上就是个人或社会对有关的某些关系或某些作用的一般思想习惯；而生活方式的构成是在某一时期或社会发展的某一阶段通过的制度的综合，因此，从心理学方面来说，可以概括地把它说成是一种流行的精神态度或一种流行的生活理论①。从中看出凡勃伦认为制度在人类生活过程中自然形成并得到人们认可，可以理解为制度是一种自然习俗与思维习惯，由于习俗和意识得到广泛认可，使制度因为公理化而长期存在，随着社会发展而变化。他对制度定义强调了制度的集体性、原生性、动态性。将制度看作精神现象的观点得到了日本经济学家青木昌彦的认同，青木昌彦在《比较制度分析》中指出制度作为均衡博弈路径特征的浓缩，只有被人感知才可以起到制约参与者活动的作用，"一种具体的（规则）表现形式只有当参与者相信它时才能成为制度"②。

康芒斯定义制度时同凡勃伦一样，强调了制度集体性，将制度理解为集体行动控制个体行动，即制度是集体行动控制个人行动的一系列行为准则或规则。康芒斯认为经济学研究的基本单位是交易，在每一件经济的交易里，总有一种利益的冲突，因为各个参加者总想尽可能地取多予少。然而每一个人只有依赖别人才能生活或成功。因此，他们必须达成一种切实可行的协议，并且，既然这种协议不是完全可能自愿地做到，就总有某种形式的集体强制（法律的、同行业的

① ［美］凡勃伦．有闲阶级论［M］．蔡受百，译．北京：商务印书馆，1983：139．

② ［日］青木昌彦．比较制度分析［M］．周黎安，译．上海：上海远东出版社，2001：14．

和伦理的)来判断纠纷。这种集体强制的组织,从家庭、公司、工会、行业协会、直到国家本身,我们称为"制度"。可见,康芒斯强调集体行动规范个体行为,这种"控制"是通过规则实现。与凡勃伦制度的原生性不同,康芒斯更强调制度控制性。

新制度经济学代表人物诺斯将制度定义为:制度是一个社会的游戏规则,更规范地说它们是为决定人们的相互关系而人为设定的一些契约。这些规则对人具有约束力,是一系列被制定出来的规则、制度程序和行为的道德伦理规范,它旨在约束追求主体福利或效用最大化利益的个人行为。① 诺斯将制度看作游戏规则,规范和制约人们之间相互关系。

在诺斯之后,西方新制度经济学派大多都持有这样的看法,把制度作为在各种政治经济单元之中构造着人际关系的正式规则、惯例,受到遵从的程序和标准的操作规程等。柯武刚和史漫飞在《制度经济学》一书中给制度下了定义:制度是广为人知的由人创立的规则,他们的用途是抑制人的机会主义行为。显然,他们从带有某些针对违规行为的惩罚措施出发进行定义。舒尔茨在1968年发表的《制度与人的经济价值的不断提高》中阐述了对制度的理解:"我"将一种制度定义为一种行为规则,规则涉及社会、政治及经济行为。② 可见,舒尔茨与康芒斯的定义本质是一致的。我国著名经济学家林毅夫也遵守了这个定义:从最一般的意义上讲,制度可以被理解为社会中个人遵循的一套行为规则。③

还有学者从博弈论的角度给制度下定义。日本学者青木昌彦提出:制度是关于博弈任何进行的共有信念的一个自我维系系统。制度的本质是对均衡博弈路径显著和固定特征的一种浓缩性表征,该表征被相关域几乎所有参与人所感知,认为是与他们策略决策相关的。这样,制度就以一种自我实施的方式制约着参与人的策略互动,并反过来又被他们在连续变化的环境下的实际决策不断再生产出来。④

美国经济学家肖特运用博弈理论对制度进行了深刻的界定。肖特采用了一位当代哲学家刘易斯(David Lewis)对A social convention(惯例)的定义,即在一人口群体P中,当其中的成员在一重复出现的境势S下,作为当事人常规性

---

① [美]道格拉斯·C.诺斯.经济史中的结构与变迁[M].陈郁,罗华平,等,译.上海:上海三联书店、上海人民出版社,1994:225-227.

② [美]R.科斯,A.阿尔钦,D.诺斯,等.财产权利与制度变迁——产权学派与新制度学派译文集[M].刘守英,等,译.上海:上海三联书店、上海人民出版社,1994:253.

③ [美]R.科斯,A.阿尔钦,D.诺斯,等.财产权利与制度变迁——产权学派与新制度学派译文集[M].刘守英,等,译.上海:上海三联书店、上海人民出版社,1994:375.

④ [日]青木昌彦.比较制度分析[M].周黎安,译.上海:上海远东出版社,2004:28.

(regularity)的R只有在下列条件下而成为人口P中的共同知识时,它才成为一种惯例:① 每个人都遵同(conform)R;② 每个人都预计到他人会遵同R;③ 因为S是一个协调问题,而一致遵同R又是S中的一种协调均衡,在他人遵同R的条件下每个人又乐意遵同它①。

肖特参照刘易斯的这一定义,对制度进行界定,即在一人口群体P中,当其中的成员在一重复出现的境势S下,作为当事人常规性的R只有在下列条件下而成为人口P中的共同知识时,它才成为一种制度:① 每个人都遵同R;② 每个人都预计他人会遵同R;③ 因为S是一个协调问题,而一致遵同R又是S中的一种协调均衡,或者在他人遵同R的条件下每个人又乐意遵同它;④ 如果任何一个人偏离了R,人们知道其他人当中的一些或全部也将会偏离,在反复出现的博弈R中采用偏离策略的得益对于所有当事人来说都要比与R相对应的得益低。②

中国学者盛洪运用博弈论给制度进行简要的概括:制度是在多人、多次重复的情境中人与人之间的行为规范;或者按博弈论的说法,制度是N人博弈的均衡解。③

中国学者汪丁丁认为,给制度下定义是非常困难的,博弈论最好给制度下定义,制度是博弈均衡的结果,是博弈均衡的一个格局,一个格局就是一套制度。④

总体来说,制度经济学理论中关于制度的定义大致分为两种:一种将制度看作正式规范,另一种非正式制度涵盖习俗、道德规范、习惯等。可以看出两种制度定义都以"规范"为核心。

(三)政治学的制度

制度对于政治学研究的重要性如彼得斯所言,政治学源于对制度的研究⑤,政治学对制度的理解是基于某种形势下,社会活动主体间权利与义务的关系。政治学家认为制度是人们必须遵守的秩序和规则,从内容上说,制度的存在取决于在指导和评价人类社会活动所起的作用;从形式上说,制度可分为内在制度和外在制度,内在制度是群体经验内化而成的规则,包括各种习惯、习俗、礼貌、道

---

① David Lewis, Convention: A Philosophical Study. Cambridge, MA: Harvard University Press, 1969, p. 58.

② Andrew Schotter, The Economic Theory of Social Institutions. Cambridge: Cambridge University Press, 1981, p. 11. 转引自:韦森. 哈耶克式自发制度生成论的博弈论诠释[J]. 中国社会科学, 2003(6).

③ 盛洪. 新制度经济学在中国的应用[J]. 天津社会科学, 1993(2).

④ 汪丁丁. 制度分析的特征及方法论基础[J]. 社会科学战线, 2004(6).

⑤ [美]盖伊·彼得斯. 政治科学中的制度理论:新制度主义[M]. 王向民, 等, 译. 上海:上海人民出版社, 2011:1.

德、意识形态等，而外在制度是设计出来并强加于组织和成员的规则。

罗尔斯将制度理解为一种公开的规范体系，这一体系确定职务和地位及它们的权利、义务、权力、豁免等等①，强调制度规范性及社会成员权利、义务的根据性。

美国著名政治学家亨廷顿认为：制度就是稳定的、受珍重的和周期性发生的行为模式。② 亨廷顿是研究现代化和发展问题的，所以他的制度观是放置于社会发展这一大背景下来探讨的。把制度作为一种模式，抓住了制度在一个社会发展变化中这种潜移默化的塑造功能，强调了制度非实体性的内容。亨廷顿同时认为文化也是一种制度，因为，看不见摸不着的文化与有形的组织、规则并不是割裂的。文化其实就是组织所拥有的一种共同价值观和态度，是惯例、符号或认知的网络，是行动的模板，是意义的框架。

马克斯·韦伯对制度的定义比较简单：制度应是任何一定圈子里的行为规则。他进一步说：一种制度应该称之为：① 惯例，如果在偏离它时，在可以标明的一定范围内的人当中，会遇到某种（比较）普遍的和实际上可以感受到的指责，在外在方面，它的适用有这种机会保证的话；② 法律，如果在外在方面，它的适用能通过（有形的和心理的）强制机会保证的话，即通过一个专门为此设立的人的班子采取行动强制遵守，或者在违反时加以惩罚，实现这种强制。③

政治学的新制度主义关注制度对个体影响力，也关注个体行为如何改变制度，制度约束下的个体行为具有稳定性与可预测性，且表现出特定模式。马奇与奥尔森认为制度是行为规则、惯例、正式和非正式的程序、适当性规则与程序限定个体行为。埃莉诺·奥斯特罗姆在《公共事物的治理之道：集体行动制度的演进》中提出制度就是规则的总和④，她在《规则、博弈与公共池塘资源》中解释制度是在重复性境况中约束人们决策行为的规范，对行为选择受到禁止、许可的规范性描述。新制度主义学派认为制度是社会间的博弈规则，具有人为设计的制约因素作用，埃莉诺·奥斯特罗姆的制度认识结合早期制度经济学与新制度经济学观点，认为制度对行为选择具约束作用，包括经过协商、博弈形成的非正式规则，制度是行为主体互动过程的规范，是静态与动态的统一。埃莉诺·奥斯特

① [美]约翰·罗尔斯.正义论[M].何怀宏，何包钢，廖申白，译.北京：中国社会科学出版社，1988：50.

② [美]萨缪尔·亨廷顿.变化社会中的政治秩序[M].王冠华，等，译.上海：上海世纪出版集团2008：10.

③ [德]马克斯·韦伯.经济与社会[M].林荣远，译.北京：商务印书馆，1997：345.

④ [美]埃莉诺·奥斯特罗姆.公共事物的治理之道：集体行动制度的演进[M].余逊达，等，译.上海：上海三联书店，2000：83.

罗姆认为制度的本质是规范,制度规范着社会生活的方方面面:微观层面来说,制度约束个人行为,规范社会组织运行;宏观层面看,是国家存在的基本制度、经济制度。就其内在而言,维护社会与个人间的结构关系及行为主体间的关系和秩序,组织存在与发展的内在结构也需要制度体系保障。

(四) 社会学的制度

社会学理论对于制度的理解有别于政治学与经济学,"规范"在社会学理论语境中不被看作制度概念的核心。虽然对于制度的理解相差较大,但制度在社会学理论中占有重要研究地位,体现出社会学对制度的独特理解。社会学家关于制度含义的论述大致包括两个方面:一是制度是系统而又复杂的行为规则,是维护社会发展的行为模式;二是将制度视为某种组织、机构。

社会学家马凌诺斯基将制度定义为有组织、有目的的活动体系,包括价值系统、参与人、规范、物质准备、活动本身和制度的功能六个方面①。美国社会学家欧文·戈夫曼明确了制度即是社会机构,是指由一些固定的障碍物所环绕的、一种特殊的活动有规则地发生于其中的场所②。著名社会学家吉登斯认为将制度等同于团体和组织是有失严谨的,他倾向于制度是一种模式和方式,将社会看作制度模式的集合,社会行为制度化可视为社会性再生产的行为模式,吉登斯将社会各种行为看作是一种模式,这种模式具有普遍性实践,如经济制度、文化制度等。

社会学讨论制度的视角不同于政治学与经济学,为深刻理解制度提供借鉴性。社会学理论根据自身学术特色,使用社会学理论论证制度的含义,使它带有鲜明的社会学因素。

三、制度的界定

通过了解人们对制度内涵的多样化定义,有助于提出更具概括性的制度概念,充分理解制度内涵:制度是规定与维护人们在实践活动中形成的社会关系,被普遍认可的规则、习惯和传统等被社会固定化的关于人存在方式的形式。这条制度定义体现了制度本质、作用对象、制度表现形式与制度特点。

(一) 制度本质

所谓"本质",是指事物本身所固有的、决定事物性质、面貌和发展的根本属性。有学者认为,制度本质上是一种规范,它首先是为社会的规范和秩序而存在的,但规范和秩序也只是制度存在的首要价值,不是终极价值。制度的终极价值在于为人的目的。作为对人们行为进行规范的制度,不纯粹是客观中立的规则

---

① [美]哈奇.人与文化的理论[M].黄应贵,等,译.哈尔滨:黑龙江教育出版社,1988:312-313.

② [美]欧文·戈夫曼.日常生活中的自我呈现[M].冯钢,译.北京:北京大学出版社,2008:203.

体系，而是蕴含价值倾向和应该进行价值判断的。有学者认为，制度本质是一个历史范畴、关系范畴及规范范畴。也有学者认为，制度的本质就应是一切制度所应具有的根本属性，从人类社会的发展历程和交易过程的视角看，制度的根本属性就是交易中指导交易主体间利益分配和交易费用分摊的具有执行力的协调保障机能。

我们从马克思的历史唯物主义理论来理解制度，我们应明确制度本质是一种规范人的存在方式的形式。人的存在方式在马克思主义原理中被认为是生产力与生产关系的总和，制度的出现是随着社会生产力扩大与人们社会交往需要产生的，日益复杂的社会关系需要规范与管理。制度就是以某种形式对实践活动实现确认与制约，是人类社会本质现象之一。

人是历史性存在。为了生存与发展，人必须进行物质生产实践，在实践活动过程中促成人与人之间交往，结成了某种社会生产关系，如家庭、文化、工作等社会关系，制度以规则或习惯等方式规范了社会关系的构成，决定社会生产关系以何种形式结合。制度就是人们形成组织、团体、国家等社会关系存在方式的具有规范性的形式。

（二）制度作用对象

制度作用对象可以概括为社会交往关系与实践活动。人的存在方式是通过参与社会实践活动实现的，实践是人存在与现实社会的本质，制度也就是对实践活动的规范与确认，在不同历史时期和不同实践活动中表现形式不同，体现出制度形式多样化。

制度对社会关系的作用，首先体现于适用范围涵盖所有社会关系及组成形式，如生产关系、婚姻关系、文化关系，或是企业、学校等形式。其次，制度是社会关系结构形成的条件，涉及社会关系如何组成、形成何种社会关系以及个人在社会关系中的定位。国家性质的不同取决于国家基本制度的不同，基本制度不同使国家政权的组织结构与形式有差异，即使在同一国家内，基本制度稳定情况下，其他制度的改变也会影响人们的行为与角色定位。

（三）制度的表现形式

制度是实践过程中社会关系形成与存在的关键因素，它是规范人的存在方式的形式。可以将但凡具有对社会生产与生产关系的约束作用的都被认为是制度。关于制度的实现形式人们有多种认识，大致分为传统、习惯、规范等，还有将制度理解为一种思维习惯或是一种模式与方式，或认为制度的实现是非正式规范与国家正式约束和实施机制共同形成的。

（四）制度特点

详见下节分析。

第二节　制度的特点

尽管学者们对制度的定义莫衷一是，“公说公有理、婆说婆有理”，但是，此定义也反映了制度某些带有普遍性的特点或品质。制度的特点可以从静态与动态两个角度去理解。

一、从静态角度理解制度属性

（一）习惯性

无论是正式规则还是非正式规则都具有习惯性特点，都是历史的一种沉淀。非正式规则的习俗是历史沉淀，正式制度安排多少也具有历史重复性特点，先有重复性，而后被固定下来。都是最初被某些人发现某种规则有利可图，而后被坚持下来，接着被更多的人所接受，最后成为一种习惯，成为历史沉淀物被保留下来。

（二）确定性

只要是制度，都告诉人们能干什么、不能干什么，都给人类行为划定了边界。也正是具有这样的特点，才能为人类行为提供稳定的预期。一个有效的规则必须从两个方面看都是确定的：必须是可知的、透明的；必须能够对未来提供可靠的指导。由于制度具有确定性，一般人都能够清晰地把握制度的信号，知道违反制度带来的后果，对自己行为的影响是清楚的。

（三）公平性

公平性是指同样的行为遵守同样的规定。从纵向看，只要是同一行为，昨天进行、今天进行和明天进行，一般都会按照相同的规则进行；从横向看，无论是你、是我，还是他，只要是相同性质的事件，一般都遵从相同的规则。按照公平性，在没有特别理由的情况下，制度对所有人都是同样适用的，没有区别对待的情况，没有歧视性。正如哈克所说，适用于所知和未知的环境和人员。任何制度都有它的适用范围，在这个范围内所有成员、所有组织都应当遵守。除特殊情况外，制度不应有“区别对待”的现象。公平性还说明没有人能够凌驾于制度之上，每个人在制度面前都是平等的。如果根据一个人的地位来决定其对制度的遵守程度，这将肯定被认为是不公平的。制度的公平性如果遭到破坏，意味着制度本身遭到破坏。

（四）稳定性

事物处于不间断的变化中，但这种变化是连续进行的，并常常呈现出相对稳定的状态。因此，制度也应保持其连续性、稳定性，特别是上下层次、前后时序要保持连续性和稳定性。不稳定的制度是思想上、政治上不成熟的一种标志。在人治的条件下，制度一般脆弱多变，而法治则有助于克服人治的随意性、片面性和局限性。当然，要求制度完全不变是不可能的，也是不应该的，但制度的基本走向不能变，只能不断修订、充实、完善、配套。

（五）权威性

制度的权威性是指制度对于特定的制度执行者和制度对象具有强制性的约束力，不管人们是否愿意，都必须坚决执行，而不能任意违反，否则就要受到一定的处罚。如果把制度设计过分寄希望于人们的自觉自愿，不注重提高制度的权威性，那就不能不说是在制度建设上陷入了误区。制度不仅应有权威性，还必须指向未来，制度促进着预见性，并防止混乱和任意的行为。

二、从动态角度理解制度属性

人们对制度特性的认识可以罗列很多，人们提到制度首先会想到制度公平性、权威性、规范性、程序性、稳定性这些特性，这些理解从制度规范的静态角度出发对制度特性的一般性理解。为更好理解制度及对社会生产生活的影响，下面从制度内在属性对制度特性进行归纳。

（一）制度的博弈性

博弈性是制度的重要特性，首先指制度制定与执行是在人与人之间、人与组织间、组织与组织间相互妥协与矛盾冲突中产生与发展的。制度的博弈性主要表现在利益分配与权责关系两个方面，制度产生的动力源于人们在一定社会关系中，为谋求自身利益最大化而进行的努力，而在集体中的个人因角色不同、认识不同、视角不同，在社会关系形成个人不同利益追求，导致制度制定过程中不同利益追求者间产生矛盾与冲突。

制度的制定与实施是调和各方矛盾的结果，使它成为多数人愿意接受的具有规范组织存在的形式。美国著名政治学家埃莉诺·奥斯特罗姆就强调制度是经各行为主体间协商、博弈的产物，她的公共资源治理理论主张通过参与主体相互博弈制定出制度，解决传统公共资源治理困境问题。人们面对复杂的社会生活时，集体中成员往往会通过多次重复博弈，创造出合理且符合利益的制度用以指导个人在集体中的行为。对于制度是社会关系内协商的结果，蕴含了一种潜在逻辑：组成社会关系内的成员，经过博弈形成的结果中含有一定的利益让步。因为集体中个人不可能将自己利益追求完全制度化；而制度博弈性在制度执行过程中则表现为对制度的违背与无视。由于制度制定过程中，没有制度能满足社会活动关系内所有成员的全部利益追求，这会引起部分人的不满，所以在制度执行过程中，这种不满就成为执行阻力，这可以为群体性事件的产生提供解释。

另外，制度的博弈性除理解为制度产生与执行过程中的矛盾与协商，还可以从制度作用方面理解，制度在社会生产活动中作为博弈手段，为集体与个人在社会中谋求更多利益。

（二）发展性

对制度的发展性理解可以从时间维度与空间维度两个角度入手。首先，从制度的时间维度角度出发，制度的出现是伴随着生产力发展与人们物质生活水平的提高产生的。原始社会时期，血缘是维持集体存在的最重要原因，很长一段历史时期没有制度存在。为维系因生产力发展而扩大的社会交往关系，产生了被人们普遍认可的制度。从时间维度看，制度经历了从无到有的过程，制度的出现可以看作人类的创新。而制度并非一成不变的，它具有绝对变化性，制度作为人类社会发展的特有现象，必然通过发展变化确保它的存在。人们现在将制度看作提高生产效率、维护社会秩序等方面的重要存在，所以为实现更好的发展，人们会对制度内容、形式、执行方式等进行更新与改造，形成新的、更加复杂的、适应社会发展的制度，这也是制度由简到繁的过程。但在社会发展过程中，优良的传统文化、积极向上的道德规范被传承下来，制度以某种形式成为固定化存在，在历史过程中演变较慢。制度在历史长河中经历了出生、发展、变化、消亡的过程，实现了稳定性与变化性的统一。

伴随社会生产力发展，新的社会关系层出不穷，人们根据各自不同目标组成了丰富多样的组织，为维系新的社会存在方式人们需要构建新的制度。从空间维度看社会关系的多样性使得制度管理范围增加，涵盖了更多社会组织或集体，其适用范围与影响范围在扩大。例如，一家新企业的建立，为实现生产有序化及追求利益最大化，企业必须建立一套适合其生产活动的企业管理制度，形成从上至下的公司人员结构，并用制度方式明确权责关系、利润分配、工作岗位责任等。这是企业构建制度的第一步。随着企业生产的扩大，原有制度已不能适应企业发展，于是人们根据实际发展情况、企业领导者的生产理念、企业文化等对原有制度进行删减或增补，甚至制定出新的制度替换或辅助原有制度。可见制度发展性特征体现了制度的建立、变化与消亡过程。

（三）导向性

制度的导向性指制度对社会成员行为选择与思想意识的倾向性进行引导。对于制度导向性理解可以从个人与组织角度进行。

制度对个人行为选择与思想意识的导向性，表现为制度外在化影响与内在化影响。首先，外在化影响是指制度对人的行为与思想的约束作用。“火炉法则”可以帮助理解制度的外在化影响，制度如同火炉一样，火炉不会主动烫伤手，但只要有人触摸它便会被烫到，不会因为触摸者的身份而有特例，制度的“火炉法则”具有鲜明的警示性、处罚的及时性、处罚的必然性、处罚的平等性。这就使人们意识到某种行为违反制度要求时会受到相应的惩罚，进而进行自我约束。例如，知道窃取他人财物会受到法律制裁，人们不会肆意侵占他人财产。其次，制度内化影响是指人们通过学习与实践制度相关内容，将制度所禁止与允许的行为内化为自身的意识、思想，进而在社会生活中指导自身行为自觉遵守规章制度。如传统美德的传承、法律制度的宣传都是对制度对个人行为与思想的内化作用。

制度对组织行为的导向性，可以理解为在组织构成方式、运行方式及对组织内成员的引导性。一个组织的存在需要明确制度如何确定成员、以何种方式构成组织，制度规定了组织的运行方式，以及引导组织内所有成员的行为与意识。

制度的导向性是制度规定导向与制度执行导向的统一。通常讲组织为实现目标，管理者们会通过制定相关制度规范，用来明确组织内成员的角色定位、职责权限等，这种制度规定导向性多以正面激励为主，如休假制度、岗位津贴制度、分红制度，这些对组织内成员具有吸引力，可以促进成员积极性。但制度规定的导向性也需要惩罚性内容，对成员在意识上形成规范导向。对任何社会关系形成的集体而言，制度的制定、修改与创新是引导成员行为与意识的主要方式；对于制度而言，只有将制度制定与实施结合才可以实现制度价值，制度的导向性也需要将制度付诸实践才可实现对人的引导。制度执行以制度规定为标准，采取激励与惩罚并存的方式，引导、控制成员的实际行为的过程。制度的导向性可以引导组织成员明确行为界限，维护组织正常运转。

第三节　制度分析与设计的内涵

一、制度分析的内涵

制度分析作为一种方法论，就是从整体的、相互联系的、辩证发展及历史的角度，分析经济、政治、文化、历史、社会等因素的互动作用对制度变迁的影响。制度及其运行轨迹并非孤立地存在，而是嵌入复杂的社会关系、社会组织及文化环境之中，所以对制度分析，要从历史的、总体的和跨学科、跨文化的视角进行分析，只有这样才能科学地把握制度变迁的动因。本教材注重从制度功能、人性假设、价值诉求、结构体系、基本内容、设计及执行等方面进行介绍。

制度分析具有以下特征：

（一）制度分析的整体性

制度分析的首创者在不同学科的方法论特点是不同的，从古希腊政治学家亚里士多德，到旧制度学派代表人物凡勃伦和康芒斯都是从方法论整体主义出发的，而韦伯则从方法论个体主义出发分析制度。近代以来，个体主义在西方制度分析中占了主导地位，主要原因在于个体主义符合西方社会的科学研究传统和人文主义思潮，反映了资本主义私有制度的内在要求，同时又具有一定的合理性，为西方社会科学界的发展做出了贡献。方法论个体主义与价值观个人主义是两个不同的范畴，但西方学界的方法论个体主义又确实容易走向价值观个人主义。马克思主义的制度分析方法将个体与整体有机结合起来，体现了个体与整体的辩证统一。与西方制度主义不同的地方是，马克思主义的制度分析方法坚持了价值观集体主义①。

（二）制度分析的复杂性

制度分析很难进行定量的、数理化的、形式化的处理。如前所述，制度及其运行轨迹是嵌入复杂的社会关系、社会组织及文化环境之中，而这些因素又总是在相互作用中发生变化，共同推动了制度变迁，这导致了制度的多样性和差异性。显然，很难对多样性或差异性制度进行定量数理化分析，需要运用历史的、跨学科、跨文化的多种方法进行复杂性分析。

（三）制度分析的历史性

凡勃伦认为，制度是风俗和习惯长期积累的产物，是个人或社会对有关的某些关系，或某些作用的一般思想习惯。制度不是从来就有的，它是人类社会在长期的实践中逐步形成的，为人们共同遵守的规范。制度的这一特点，决定了制度分析必须要尊重历史，要从历史的长河中去探寻制度变迁的内在动力。

二、制度设计内涵

制度设计就是基于制度基本理论，遵守一定的程序进行人类行为规范的创设、修订、修改的过程。其内涵包括几个要素：一是制度设计的主体，主要指制度设计者和行为的规范者，要指出的是制度设计者本身也要受制度的约束；二是制度设计的客体，主要指约束的对象是人的行为而不是人的本身；三是制度设计要遵循一定的程序，只有这样制度设计才具有其合法性；四是制度设计要以制度理论为基础，才能设计出科学有效的制度。②

制度分析与制度设计二者是不可分割的关系，制度分析实际上是对所设计的制度进行科学性、合理性、合法性及现实性的评价，而制度设计是依据制度分析，对制度的缺失、缺陷进行制度创设、修改、修订，使原有制度更加完善。

---

① 郭小聪．制度分析的方法论评价[J]．中山大学学报，2006(2)．

② [美]韦默．制度设计[M]．费方域，朱宝钦，译．上海：上海财经大学出版社，2004．

第四节 制度分析与设计的逻辑起点

一、利益:制度分析与设计的逻辑起点

任何经由逻辑结构建构起来的理论都有其合理确定的出发点,即理论的逻辑起点或切入点。然而确定这样的逻辑点是非常困难的,因为一门科学的起点,不可能是我们从圆圈中选择的任意点①。确定逻辑起点,需要拨开"怀疑的阴霾",进行理性分析。为解决这个难题,马克思提出了满足逻辑起点的三个基本条件:一是逻辑起点的对象是最普遍、最常见、最抽象的东西。就是说,对混沌的、关于整体的表象,经过更贴近的规定后,就会在分析中达到越来越简单的概念;从现象中的具体达到越来越稀薄的抽象,直到达到一些最简单的规定②。二是这个逻辑起点必须包括对象总体的"一切矛盾的萌芽",构成逻辑体系中的"细胞"。三是这个逻辑起点必须在总体上与历史上最初出现的东西相符合。

制度是一个理论与实践相结合的系统逻辑结构,它同样有其自身的逻辑起点或切入点。依据马克思关于逻辑起点的理论,结合制度基本范畴的分析,利益完全符合马克思关于逻辑起点的三个基本条件。

首选,利益是制度中最普遍、最常见、最抽象的东西。所谓"最普遍、最常见"其主要表现为利益贯穿于制度的全过程,融合于制度系统的各个方面。制度意识是利益在人们头脑中的反映,制度的产生与发展源于利益的分化和冲突,制度的制定是对利益的配置或界定,制度的执行是对利益的保护。所谓最抽象,是指利益范畴撇开了制度规范的各种具体的、个别的、偶然的、现象的因素,抽象出最本质的一般。社会关系是利益的载体,是利益关系的表现形式,正如马克思和恩格斯在他们的理论体系中曾提到过的"市民关系"、"物质关系"、"经济关系"、"生产关系"和"思想关系"等概念,都是为了寻求分析利益问题,进而科学地解释国家与制度等社会现象而设定。所以,社会关系的本质是利益关系,利益是制度最本质、最抽象的概念。

其次,利益导致制度一切矛盾的萌芽。利益是人类社会发展过程中最初的东西,制度同样可以从利益那里找到它的根源,它是制度历史的全都发展的萌芽。利益的分化导致制度的起源。原始社会只有社会的共同利益,随着原始社会向阶级社会的过渡,出现了各种利益冲突与对立,这些冲突与对立无法由社会自我调整,制度作为利益关系的调节器应运而生。利益又是制度历史发展过程

---

① [英]霍布斯.论公民[M].应星,冯克利,译.贵阳:贵州人民出版社,2003:4.

② 马克思恩格斯选集(第2卷)[M].北京:人民出版社,1995:18.

的依据。作为制度历史发展，它的结果潜在地存在于利益的开端之中。黑格尔说：离开端而前进，应当看作只不过是开端的进一步规定，所以开端的东西仍然是一切后继者的基础，并不因后继者而消灭。而且在一切后继者的发展中，都是当前现在的、自己保持的基础，是完全长留在以后规定的内部的东西。① 可见，利益是制度的种子，包含在其中的胚胎是制度发展的根据，制度往后的发展不能脱离这个根据，而是在它的基础上获得越来越丰富的规定，最后在结果中得到圆满的表现。

最后，一切制度现象都可以通过利益得到解释。如前所述，利益导致制度的产生与发展，因而制度的每一个环节和因素都是利益的"细胞"构成体。从制度设计角度看，社会利益种类纷繁，制度设计实际上就是平衡各方利益的过程。如果说制度设计是规定各方利益的界限与交换的规范，那么执行制度是依据它们对社会利益进行维护与分配。从制度的矛盾范畴看，制度的价值追求公平与效率矛盾是关于利益配置是否合理的问题；从制度的核心范畴看，权利与义务矛盾是关于如何分配利益的问题；从制度的内容看，权利与权力矛盾是关于利益如何博弈的问题。总之，利益把制度的内在本质与外在形式有机地统一起来，能够科学地解释制度的各种现象。

制度利益的逻辑起点，不仅为分析和理解制度现象提供了一把钥匙，而且在实践中为制度建设确立了一个理论与现实的支点。

二、制度：利益均衡机制的理性选择

利益不仅是人类社会活动的出发点，而且利益分化、冲突、协调与均衡是推动社会发展和变革的依据，人类的活动实质上是在解决、处理、协调各种利益的对立与冲突中进行的，正如马克思所言：人们奋斗所争取的一切，都同他们的利益有关。② 就是说，人类社会发展的每一步都要以社会和人的普遍利益和需求为核心，因此，承认和尊重每个个体自身的特殊利益，即利益分化，社会才能走上正确的发展道路。利益分化一方面能增强利益主体的竞争、平等与民主意识；另一方面过度的利益分化必然导致利益冲突，从而造成社会的失序或混乱。因此，建立利益冲突的协调机制至关重要。利益协调实际上是人们对彼此之间利益关系进行重新调整，寻求利益均衡化过程。

根据利益动态均衡的逻辑关系，可以看出，利益分化是利益冲突的根源；利益冲突必然要求利益协调；利益协调是消解利益冲突和达成利益均衡的方式，是实现社会和谐的手段。在利益动态均衡的逻辑关系中，利益协调处于关键性

---

① ［德］黑格尔．逻辑学（上卷）［M］．杨一之，译．北京：商务印书馆，1966：56．

② 马克思恩格斯全集（第 1 卷）［M］．北京：人民出版社，1995：82．

环节。

根据社会控制论的观点,可以把利益协调机制分为:观念协调机制、经济协调机制和制度途径。以上三种协调机制是密切联系的,单独的观念协调或者单独的经济协调都不能构成人类社会利益协调途径的全部内容。只有把这三个方面有机地统一起来,并在此基础上形成合理的制度,走制度协调之路,才能真正实现利益协调目标。因此,通过制定和实施规则,抑制和消除利益的冲突和对抗,使各利益主体在一定的制度框架内平等有序地实现自己的利益的制度,就成为控制当前社会利益冲突最理性的选择。

一是制度所蕴含的社会的基本价值,完全契合人的利益精神需要。谋利、获取、赚钱、尽可能地赚钱……可以说,凡是具备了或者曾经具备客观机会的地方,这种冲动对一切时代,地球上一切国家的一切人都普遍存在。① 但因人的思维及行为经常受理性之外情感与本能的左右,导致了人的"非理性"或缺陷,从而引发了利益分化和利益冲突。因此,追求利益配置的公平、公正、平等及社会的有序和和谐,已成为人类社会共同的价值追求。制度是人类的理性与意志的产物,是人类的精神世界中升华出来的创造物。公平、正义、自由、秩序的等基本价值及"制度至上"的理念是制度精神的灵魂所在。制度能够在潜移默化中培育人们这些价值的精神情感,通过制度基本价值的引导和约束,在自律中实现利益矛盾的协调和利益冲突的消解。

二是制度是利益表达的最好方式。制度是在各种势力、利益、价值等的相互冲突与妥协中逐步确立起来的权威,是各方利益主体博弈的产物,是各方实现利益最大化的均衡点,是利益主体表达利益诉求的体现。但要使制度能真正成为利益主体的最好表达方式,还要规范利益表达行为、通畅利益表达渠道,容纳多元利益的诉求,根据不同社会群体,尤其是弱势群体的利益表达需要,完善利益表达制度的规范体系,最终实现利益主体依制度进行利益表达和国家机构依制度回应公民的利益表达。

三是制度是调整利益关系的最理性规范。可以说,利益关系是一个具有多层次、主体交叉、错综复杂特征的利益网络格局②。那么,要使错综复杂的利益关系从无序到有序,降低利益协调中的主观随意性,实现利益归属上有确定主体、利益分配时能依据规则、利益交换中能保证公平,这就需要确定一种调整规范,并依据这些规范来整合各种利益。显然,能符合这一条件的只能是集中群体

① [德]马克斯·韦伯.新教伦理与资本主义精神[M].彭强,黄晓京,等,译.西安:陕西师范大学出版社,2002:15.

② 王伟光.利益论[M].北京:人民出版社,2001:136.

智慧又将这种智慧外化、固定为相对统一的硬性制度的制度。制度是调整利益关系的最理性的规范选择。

【案例】

犯 人 船

18 世纪末，为了开发蛮荒的殖民地澳洲，英国政府决定将已经判刑的囚犯运往澳洲，这样既解决了英国监狱人满为患的问题，又给澳洲送去了丰富的劳动力。

运送犯人的船运工作是由一些私人船主承包的，按照装船人数支付船主费用。船主们为牟取暴利，采用破旧的货船，设施简陋不堪，卫生条件极差，犯人死亡率很高。一旦船只离开了岸，船主按人头数拿到了政府的钱，对于这些人能否远涉重洋活着到达澳洲就不管不问了。

根据英国历史学家查理・巴特森所写《犯人船》一书中的记载：1790 年到 1792 年，私人船主运送犯人到澳洲的 26 艘船共 4082 名犯人，死亡 498 人，平均死亡率为 12%，其中一艘名为"海神号"的船，424 个犯人死亡 158 个，死亡率高达 37%。这么高的死亡率，不仅在经济上损失巨大，而且在道义上也引起了社会的强烈谴责。政府如何解决这一问题呢？

为此，英国政府往每艘船上派遣一名监督官员和一名医生，同时还对犯人在船上的生活标准做了硬性规定。但是，犯人死亡率不仅没有降下来，有的监督官员和随船医生竟然也不明不白地死了，原来一些船主为贪图暴利而贿赂官员和医生，一些官员、医生不肯就范便被扔到大海里喂鱼去了，落了个尸骨无存。

无奈之下，政府又采取新的办法，把船主们都召集起来进行道德宣讲，告诫他们要珍惜生命，不要把金钱看得比生命还重，要理解到澳洲开发是为了英国的长远大计，但情况没有发生任何好转，犯人死亡率仍然居高不下。

一位议员提出：那些船主钻了制度的空子，而制度的缺陷在于，政府给予船主报酬是以上船人数来计算的，而不是以上岸人数为准计算报酬。应当改变付费制度，不管英国上船多少人，到澳洲上岸的时候再清点人数支付报酬。

这种按到岸人数付费制度实施后，效果立竿见影。船主们主动请医生跟船，准备药品，改善生活，尽可能地让每个上船犯人活着抵达澳洲，因为每死一个犯人就意味着减少一份收入。1793 年，三艘船到达澳洲，这是第一次按从上岸人数支付运费，422 个犯人中只有 1 人死于途中。

此后，制度进一步完善，政府按照到达澳洲的犯人数及健康状况支付费用，甚至还有奖金。这样一来，运往澳洲的犯人死亡率迅速下降到 1%～1.5%。

对这些唯利是图的私人船主，政府的强力监督和道德说教都不灵光，只是改变了一下付费制度，一切都迎刃而解了，"魔鬼"变成了"天使"！

思考题

1. 私人船主由“魔鬼”变成“天使”的内在机理是什么？

2. 能否将这种机理推广到其他制度上去，使我们的制度具有自动执行的能力？

第二章　制度分析与设计的理论基础

制度与人类社会相生相伴，互相推进，共同发展，制度成为历代政治家和学者们关注的话题，制度研究成果斐然，成为今天进行制度分析与设计的基础理论。本章主要对马克思主义、制度经济学、新制度主义政治学的制度理论成果进行介绍。

第一节　马克思主义的一般制度理论

马克思并未直接提出制度理论，是他在阐述资本主义必然灭亡、社会主义必然胜利、实现人的自由解放与全面发展这一理念之下进行的。马克思的制度理论蕴含在他的唯物史观中。

一、制度的起源与本质

马克思认为，物质生产活动是人类社会存在和发展的基础，因而也是制度的起源。制度是人们在为维持生存的生产活动中自发形成的，不是人们的主观安排，即制度起源于人类维持生存的需要。制度的形成本身就构成了社会生产不可缺少的一个组成部分。制度一开始就与人们的社会生产活动密不可分地联系在一起。总之，马克思揭示了制度起源于人类物质生产活动。一种制度一旦形成，它并不是不变的，而是随着社会生产的发展以及经济关系的变化而不断变化的。在社会经济活动中处于支配地位的个人、集团以及阶级，为了维护自己能够得到的既得利益，就凭借掌握的资源，通过国家的政权组织，建立起符合自己需要的生产关系或经济制度，进而建立起相应的政治制度和法律制度，以此来巩固已经建立起来的经济制度，从而表现为制度的不断发展和变迁①。马克思主义认为，制度的本质反映的就是不同的人、集团和阶级之间的经济利益，而不同的制度安排又会直接影响人们从事经济活动的效率，进而影响经济活动的效率。我们可以从三方面来认识制度的本质：一是一种制度是对不同的人在社会生产中居于不同地位的一种强制性和约束性的确认；二是任何一个集团、阶级的经济利益都要通过制度来保障；三是制度的本质是人与人之间的利益关系，一种制度

① 李省龙.论马克思主义关于制度的一般理论[J].中国人民大学学报，2003(2).

所决定的人们相互之间的利益关系，又会直接影响他们在经济活动中的动力，进而影响到经济活动的效率。

二、制度的构成

马克思将社会的基本制度分为两个层次，第一个层次是“社会生产关系”的总和即经济制度，第二个层次是以第一个层次为基础的政治、法律、道德规范等等在内的上层建筑①。经济制度由三个方面构成：生产资料所有制、产品分配制度及资源的配置制度。生产资料归谁所有是区分不同类型的经济制度、社会制度的根本标志。在经济制度的基础上设计了用于维护这一经济制度的政治制度、法律制度、思想意识形态等处于上层建筑位置的基本制度。虽然经济因素对社会历史发展进程起决定性作用，但马克思从来没有否认上层建筑对经济的作用，有时对经济起着非常重要的作用。

社会具体制度，是指经济、政治、法律及思想意识方面对社会基本制度的具体表现形式或展开形式，也就是说社会基本制度这种抽象规范制度，需要具体制度来实现。基本制度是具体制度质的规定性，它不仅限定了具体制度的内容与发展方向，也明确了这一社会的阶级利益取向。具体制度是社会基本制度在一定历史时期内的具体表现，随着历史的演进与客观社会条件的变化，具体制度也会以基本制度为轴心进行改变与调整。

三、制度变迁的主体

从生产方式决定社会发展的观点出发，马克思认为，社会历史从根本上说是生产发展的历史，是人民群众所创造的历史。人民群众是物质生活资料的创造者，物质资料生产活动的主体是劳动群众。作为物质生产承担者的劳动群众，创造了人们吃穿住行等必需的生活资料和从事政治、科学、文化艺术等活动所必需的物质前提；人民群众也是精神产品的生产者。人民群众创造精神财富，首先通过生产实践为创造精神财富提供了必要的物质条件和设施体现出来，没有一定的物质生活资料和物质设施，任何科学、文化、艺术等精神活动或精神生产都无法进行，同时人民群众的生活、实践是一切精神财富、精神产品形成和发展的源泉。一切科学理论，一切有价值的文学艺术，都来源于人民群众的生活和实践。人民群众在社会发展过程中所起到的决定性作用，直接体现在以实践直接推动社会制度的变迁，使上层建筑的性质发生变革，如果没有广大人民群众对推翻旧社会和建设新的社会的参与，就不可能破坏与推翻落后的旧社会制度，建立进步的新社会制度，社会就无法进步。

马克思在强调人民群众在社会发展中的决定性作用的同时，并没有否认历

① 林岗，张宇. 马克思主义与制度分析[M]. 北京：经济科学出版社，2001：262.

史人物在制度变迁中的特殊作用。马克思认为，任何社会历史活动都是群众的事业，但也不能离开历史人物的号召发起、领导组织，他们对社会历史发展起加速或延缓的作用，而历史人物对于历史发展所起到的推动作用只是表面的，任何个人创造历史的作用只是如同注入历史长河的一个小水滴，并不能左右社会制度的发展方向。也就是说，历史人物在制度变迁中，是制度的提出者和引导群众完成历史任务的组织者。

四、制度变迁的动因

马克思提出并论证了生产方式的客观性对制度发展具有决定性的制约作用的观点，他将社会生产力的发展、变化视为社会发展的第一推动力和制度变迁的根本动因；强调了生产力作为经济制度发展动力的社会存在性，强调了在生产力作为社会经济制度发展的内在动力的前提下，具体通过生产力—生产方式—生产关系原理的运行机制决定经济制度的发展。

社会内部利益关系的变更需求是制度变迁的直接推动力。生产力的发展是社会制度变迁的根本动力，马克思认为，社会制度变迁的直接动力是不同利益集团、阶级之间的利益冲突导致的。① 利益关系的变更导致制度的变迁。马克思所说的利益，主要指物质利益，物质利益是人类社会一切冲突的根源，占主导地位的利益集团总是千方百计地维护自身的既得利益，其他利益集团也总是要追求应得的利益，这样就形成了各集团之间的利益纷争，如果矛盾尖锐化到一定程度，就不可避免发生制度变迁。② 不同层次的利益关系构成社会的制度体系。人类社会中存在的利益关系，从不同的角度可以划分为三个层面：第一个层面，指的是个人与个人之间的利益冲突。第二个层面，指的是阶级与阶级之间的利益冲突。第三个层面，指的是个人与社会之间的利益冲突。个人与个人之间、阶级与阶级之间、个人与社会之间的利益关系，从微观、中观与宏观三个方面展现了整个社会中不同层次的利益关系。这些利益关系的总和直接反映出一定社会制度的全部体系，同时这些利益关系的变更也将导致整个社会制度体系相应地发生变化[①]。

非经济因素是影响制度变迁走向的重要合力。在社会制度变迁的过程当中，经济因素无疑起到了根本动力的作用。此外，源于自然选择即源自于人类自身生产的力量，以及来自政治上层建筑、观念上层建筑的力量，都是影响制度变迁走向与发展进程的重要合力[②]。

---

① 苏里．马克思恩格斯的制度变迁思想[D]．长春：吉林大学，2015．

② 苏里．马克思恩格斯的制度变迁思想[D]．长春：吉林大学，2015．

五、制度变迁的路径

社会制度的变迁是不以人的意志为转移的客观规律。马克思谈道：任何一种社会形态，在它所能容纳的全部生产力发挥出来以前，是决不会灭亡的；而新的更高的生产关系，在它的物质存在条件在旧社会的胎胞里成熟以前，是决不会出现的[①]。就是说，旧制度的灭亡与新制度的产生是人类社会制度变迁的历史规律。在马克思看来，这种社会制度变迁，有两种路径可供选择：革命与改革，即选择革命来彻底推翻现有制度建立更加高级的新制度，或者在坚持现有制度的基础上通过改革对生产关系进行调整使其更加完善。

革命是一条对抗性的制度变迁路径，在该路径下，革命主体将以激进的方式推翻旧制度，从而实现历史的必然，即一种社会制度向另一种更先进的社会制度发生变迁。一切革命的实质正在于此——先进的生产力与落后的生产关系之间的不可调和的矛盾和不可避免的冲突，这也是革命的最根本原因。而解决引起革命的基本矛盾的途径，就是解决经济基础和上层建筑之间的矛盾，想要解决这一矛盾，就必须把国家政权从旧的统治阶级手中转到代表先进生产力的革命阶级手中，并彻底地从经济制度、政治制度到意识形态等方面破旧立新。唯有如此，才有可能成功建立起服务于先进阶级的新社会制度[②]。

改革是对现有制度的调整与完善。马克思认为，社会生产力是整个社会发展的决定性因素，各个人借以进行生产的社会关系，即社会生产关系，是随着物质生产资料、生产力的变化和发展而变化和改变的。[③] 当生产力发展并没有达到使旧有生产关系发生根本性变化之前，原有生产关系需要进行相应的改变即改革，随之而变化的是经济基础与上层建筑的变革，这种变革反映在制度上，就是在不改变现有的制度框架之下，对于社会制度进行的一定程度的修改，使之逐步完善。

第二节　制度经济学的制度理论

制度经济学是西方经济思想中的重要学派，制度经济学在研究经济时把制度作为经济的重要变量或决定性因素对待。按照分析的层次与时间的顺序，制度经济学可分为旧制度经济学与新制度经济学。旧制度经济学以凡勃伦、康芒斯等人为代表；新制度经济学在发展的过程中，根据研究的侧重点可以分为很多

---

① 马克思恩格斯选集(第 2 卷)[M]. 北京：人民出版社，1995：33.

② 苏里. 马克思恩格斯的制度变迁思想[D]. 长春：吉林大学，2015.

③ 马克思恩格斯选集(第 1 卷)[M]. 北京：人民出版社，1995：345.

类。例如，以德姆塞兹、阿尔钦等人为代表的产权学派，以简森和麦克林为代表的组织交易费用学派等。

一、旧制度经济学

旧制度经济学产生于19世纪末20世纪初的美国资本主义社会，它的产生是对美国当时经济生活的一种反映。旧制度主义以反对主流经济学的面貌出现，他们以主流经济学的批判者自居。旧制度经济学派主要以凡勃伦、康芒斯、米契尔等人为代表。

凡勃伦是制度经济学的鼻祖，他认为经济学研究的对象应当是各种制度。在他看来，制度由思想和习惯发展而来，而思想和习惯又是从人的本能进化而来，所以，制度受本能的支配。制度一经形成就会对人产生约束力。凡勃伦甚至极具洞见地意识到了制度及其变迁的认知状态和心理状态。他认为：制度实质上就是个人或社会对有关的某些关系和某些作用的一般思想习惯；而生活方式所由以构成的是在某一时期或社会发展的某一个通行的制度的综合，因此从心理学的方面来说，可以概括地把它说成是一种流行的精神态度或生活理论，说到底，可以归结为性格上的一种流行的类型。① 凡勃伦集中考查了技术对制度的影响，考查了已有的社会惯例和既得利益者阻碍制度变迁的方式。

康芒斯是旧制度经济学派的又一代表，他认为制度经济学就是所有权经济学。在《制度经济学》一书中，他将人类社会中的交换关系归纳为三种交易类型：买卖的交易、管理的交易和限额的交易。这三个交易组成了经济研究上的一个大单位，被称为“运行中的机构”。这种运行中的制度通过业务规则不停地运转，从家庭、公司、协会、组织、国家等，称之为“制度”。康芒斯认为，制度实际上就是集体行动控制个人行动②。从康芒斯的论述中可以发现，业务规则，即组织以及组织的运行规则构成了其制度的概念。同时，康芒斯还认为，组织本身是制度的产物，是一种制度。社会活动主体的活动共同原则是个人行动受集体行动的控制，因此，对一个人行为的约束，其结果与目的对其他人有益。

总体来说，旧制度经济学有两条研究主线，一条是以凡勃伦传统为主线的研究方法；另一条是以康芒斯传统为主线的研究方法。前者可以表述为思想和行为的制度方式与技术方式的二分法或礼仪方式与工具方式二分法。该理论认为，技术对制度安排有积极的促进作用，而社会惯例和既得利益会阻碍社会制度的变迁。而康芒斯传统则强调交易、产权和组织的作用，他认为制度在很大程度上可以被认为是正式和非正式冲突解决过程的结果，所以制度的变化受法律、产

① [美]凡勃伦.有闲阶级论[M].北京：商务印书馆.2004：2.

② [美]康芒斯.制度经济学(上册)[M].于树生，译.北京：商务印书馆，1997：87.

权和组织的影响。米契尔作为凡勃伦的学生，虽然和凡勃伦一样强调技术在制度变迁中的决定作用，但他更重视理论的实效和经济周期变动对制度变迁的影响；另外，他的研究方法也和凡勃伦不同，他是以统计和实证方法来研究制度变迁。

从理论构成看，凡勃伦着重于从社会心理和习俗角度去分析制度，把制度的发展看作思想习惯演进的结果，也有人称他的理论为“社会心理学派”；康芒斯强调从法律角度研究制度演进，他的理论也被称作“社会法律学派”；米契尔把制度研究与“商业循环”(经济周期)的统计结合起来，论证统计检验是说明制度演进的主要依据，他的研究又被称作制度的“经验统计学派”；伯利和米恩斯则从社会和企业结构角度分析了资本主义经济问题，把经济制度微观化为企业制度，具体化为权利结构；加尔布雷斯继承了凡勃伦的心理分析，更多地从制度方面或结构方面论证技术在资本主义社会中的作用，提出“技术发展必然性理论”和“国家干预论”；缪尔达尔注重制度的动态分析，提出了“循环积累因果联系理论”。

二、新制度经济学

新制度经济学是近几十年兴起的西方现代经济学的重要分支之一，新制度学派指以产权和制度为主要研究对象的当代西方经济学流派之一。它运用交易费用理论、企业组织理论、产权制度理论、制度变迁理论等全新的思路和方法，分析和重新解释许多新古典经济学无法解决的问题。该学派主流是以科斯为代表的产权与交易费用经济学和以诺斯为代表的制度绩效和变迁经济学。后来经过科斯本人及威廉姆森、张五常、德姆塞茨、阿尔钦和诺斯等人的发展，形成了一系列包括交易费用经济学、产权经济学、经济分析法学和新经济史学等分支学科的一套完整的体系。

新制度经济学是用经济学的方法研究制度的经济学理论，它着重于研究人、制度与经济活动之间的关系。它非常注重制度的作用，认为在经济发展中制度的作用是决定性的。其基本逻辑是：经济绩效来自人们的经济行为，人们经济行为产生于人们的动机，人们的动机则受到制度造成的。因此，制度是影响经济绩效的最终决定性因素。

新制度经济学包含着几个基本理论：

(一) 交易成本理论

交易费用是新制度经济学最基本的概念，它成为新制度经济学的发端。交易费用思想是科斯在1937年的论文《企业的性质》中提出的。科斯认为，交易费用是获得准确的市场信息所需要付出的费用，以及谈判、履行、监督经常性契约的费用。威廉姆斯对交易费用进行了深入研究，认为交易费用分为两个部分，一是事先的交易费用，即为签订契约、规定交易双方责任和双方的权利所花费的费用；二是事后的交易费用，即签订契约后，为解决契约本身所存在的问题，包括从改变契约到退出契约等所花费的费用。更为具体地讲，交易费用包括度量、界定和保证产权（即提供交易条件）的费用，发现交易对象和交易价格的费用，讨价还价的费用，订立交易合约的费用，执行交易合约的费用，监督违约行为并对之制裁的费用，维护交易秩序的费用，等等。

新制度经济学家们将交易费用的概念应用于广泛的研究领域和研究课题，如代理关系、寻租活动、企业内部运转、外部性问题对各种类型经济组织形态的考查、各种制度安排、经济史研究等。

（二）产权理论

根据《新帕尔格雷夫经济学大辞典》解释："产权是一种通过社会强制而实现的对某种经济物品的多种用途进行选择的权利。"新制度经济学家一般都认为，产权是一种权利，是一种社会关系，是规定人们相互行为关系的一种规则，并且是社会的基础性规则。产权经济学大师阿尔钦认为："产权是一个社会所强制实施的选择一种经济物品的使用的权利。"这揭示了产权的本质是社会关系。只有在相互交往的人类社会中，人们才必须相互尊重产权。产权是一个权利束，是一个复数概念，包括所有权、使用权、收益权、处置权等。当一种交易在市场中发生时，就发生了两束权利的交换。交易中的产权所包含的内容影响物品的交换价值，这是新制度经济学的一个基本观点之一。产权实质上是一套激励与约束机制。影响和激励行为，是产权的一个基本功能。新制度经济学认为，产权安排直接影响资源配置效率，一个社会的经济绩效如何，最终取决于产权安排对个人行为所提供的激励。科斯认为：一切经济交往活动的前提是制度安排，这种制度实质上是一种人们之间行使一定行为的权力。因此，经济分析的首要任务界定产权，明确规定当事人可以做什么，然后通过权利的交易达到社会总产品的最大化。

（三）制度变迁理论

制度变迁理论是新制度经济学的一个重要内容。其代表人物是诺斯，他认为，在决定一个国家经济增长和社会发展方面，制度具有决定性的作用，技术的革新固然为经济增长注入了活力，但人们如果没有制度创新和制度变迁的冲动，并通过一系列制度（包括产权制度、法律制度等）构建把技术创新的成果巩固下来，那么人类社会长期经济增长和社会发展是不可设想的。

制度变迁的原因之一就是相对节约交易费用，即降低制度成本，提高制度效益。所以，制度变迁可以理解为一种收益更高的制度对另一种收益较低的制度的替代过程。产权理论、国家理论和意识形态理论构成制度变迁理论的三块基石。制度变迁理论涉及制度变迁的原因或制度的起源问题、制度变迁的动力、制度变迁的过程、制度变迁的形式、制度移植、路径依赖等。

（四）国家理论

国家既是经济增长的关键，又是经济衰退的根源，这一悖论使国家成为经济史研究的核心。诺斯认为，制度变迁的国家理论既要解释造成无效率产权的政治或经济组织内在的活动倾向，又要说明历史上国家本身的不稳定性，即国家的兴衰。为此，他把自己的国家理论称为“界定实施产权的国家理论”。诺斯提出，国家所提供的基本服务是社会博弈的基本规则，包括：一是以规则和条令形式建立一套行为约束机制；二是设计一套发现违反和保证遵守规则和条令的程序；三是明确一套能降低交易费用的道德伦理与行为规范。基于这一认识，诺斯更明确地指出，国家基础结构的创立旨在界定和实施一套形成产权结构的竞争与合作的基本规则（即在要素和产品市场上界定产权结构），以保证统治者租金的最大化。

第三节　博弈论的制度理论

一、博弈论发展历程

博弈的思想源远流长，而博弈理论的雏形大致出现在19世纪。美国数学家约翰・冯・诺依曼（John von Neumann）和经济学家奥斯卡・摩根斯坦（Oskar Morgenstern）合著的《博弈论与经济行为》（*The Game Theory and Economic Behavior*）（1944）一书出版，标志着系统的博弈理论的初步形成。该书详尽地讨论了二人零和博弈，并对合作博弈作了深入探讨，为社会科学开辟了一些新的研究领域。然而，在现实生活中，合作博弈的情况是很少见的，大多情况下是非合作博弈，合作博弈是非合作博弈的特殊情况，1953年纳什提出了非合作博弈中的纳什均衡理论，非合作理论发展起来，如阿尔・塔克的囚徒困境、重复博弈概念等，博弈论迅速发展。20世纪60年代是博弈论的成熟期。博弈论的基本概念得到了系统阐述与澄清，博弈论形成了完整而系统的体系。豪尔绍尼与泽尔滕正是在这一时期开始他们的工作，豪尔绍尼提出了不完全信息理论，泽尔滕开始其均衡选择问题的研究。20世纪70年代至今是博弈论的丰富壮大期。博弈论在所有研究领域都得到重大突破。博弈论开始对其他学科的研究产生强有力的影响，计算机技术的飞速发展使得研究复杂与涉及大规模计算的博弈模型发展起来。在理论上，博弈论从基本概念到理论推演均形成了一个完整的、内容丰富的体系。在应用上，政治与经济模型有了深入研究，非合作博弈理论应用到大批特殊的经济模型。同时博弈论应用到生物学、计算机科学、道德哲学等领域，如随机策略这样的概念得到了重新解释。渐渐地，博弈论变得大众化起来，不再是仅为少数研究者所知①。

二、博弈论定义及构成要素

博弈即一些个人、队组或其他组织，面对一定的环境条件，在一定的规则下，同时或先后，一次或多次，从各允许选择的行为或策略中进行选择并加以实施，各自取得相应的结果的过程。它有四个基本要素。

（一）局中人(Players)

局中人即博弈的参与者，也就是定义中所指的个人、队组或其他组织，他们是博弈的决策主体行为。局中人独立决策，同时又要独立承担结果。只要在一个博弈中统一决策，统一行动、统一承担结果，不管一个组织有多大，哪怕是一个国家，甚至是由许多国有组成的联合国，都可以作为博弈中的一个参加方。并且，在博弈的规则确定之后，各参加方都是平等的，大家都必须严格按照规则办事。

（二）策略(Strategies)

策略即指每个局中人在对策中可以选择采用的行动方案，但这个方案必须是一个完整的行动，而不是行动的某一步。在不同博弈中可供博弈方选择的策略或行为的数量很不相同，在同一个博弈中，不同博弈方的可选策略或行为的内容或数量也常不同，有时只有有限的几种，甚至只有一种，而有时又可能有许多种，甚至无限多种可选策略或行为。

（三）支付或得益(Payoffs)

支付或得益是指一局博弈的得失。或者说是局中人从各种策略组合中获得的效用，它是策略组合的函数。如果局中人得失的总和为零，则称这种对策为零和博弈；否则，称为非零和博弈。

（四）纳什均衡(Nash equilibrium)

纳什均衡又称为非合作博弈均衡。纳什均衡是以约翰·纳什命名，是博弈论的核心要素。纳什均衡是一种策略组合，使得同一时间内每个参与人的策略是对其他参与人策略的最优反应。假设有 n 个局中人参与博弈，如果某情况下无一参与者可以独自行动而增加收益(即为了自身利益的最大化，没有任何单独的一方愿意改变其策略的)，则此策略组合被称为纳什均衡。

三、博弈类型

（一）按参与人得益情况分

按照参与人得益情况，可以分为零和博弈、常和博弈与变和博弈。指参与博弈的各方，在严格竞争下，一方的收益必然意味着另一方的损失，博弈各方的收

① http://lw.3edu.net/xjlw/lw_166916_3.html.

益和损失相加总和永远为“零”，双方不存在合作的可能。常和博弈是指所有博弈方的得益总和等于非零的常数，参与者的利益根本对立，各自收益之和是一个常数。变和博弈也称非常和博弈，是指随着博弈参与者选择的策略不同，各方的得益总和也不同。参与者之间的利益既对立又统一，既竞争又合作，各自收益之和是一个变数。

（二）按参与人合作与否分

按照参与人之间合作，博弈可分为合作博弈和非合作博弈。合作博弈是指参与人之间有着一个对各方具有约束力的协议，参与人在协议范围内进行的博弈。反之，就是非合作博弈。前者主要强调的是团体理性；而后者主要研究人们在利益相互影响的局势中如何选择策略使得自己的收益最大，即策略选择问题，强调的是个人理性。

（三）按参与人先后顺序分

按照参与人的先后顺序，可分为静态博弈和动态博弈。静态博弈是指博弈中参与人同时选择行动；或者虽非同时行动，但行动在后者并不知道行动在先者采取了什么具体行动。动态博弈是指参与人的行动有先后顺序，而且行动在后者可以观察到行动在先者的选择，并据此做出相应的选择。

（四）按参与人对其他参与人的了解程度分

按照参与人对其他参与人的了解程度进行分类，博弈可分为完全信息博弈和不完全信息博弈。完全信息博弈是指在每个参与人对所有其他参与人的特征、战略和支付函数都有精确了解的情况下所进行的博弈。如果了解得不够精确，或者不是对所有的参与人都有精确的了解，在这种情况下进行的博弈就是不完全信息博弈。

四、博弈论的制度观点

制度形成是博弈合作的结果。从博弈论的角度看，我们会发现个人的效用函数不仅依赖于他自己的选择，而且依赖于人的选择；个人的最优选择应该是其他人选择的函数。制度起源的根源，或者说制度是 n 人博弈的均衡解。因为，人与人之间的关系不仅有竞争，还有合作。因为人的有限理性与信息不对称等方面的原因，导致人自身很难处理好竞争与合作的关系，这时只有依靠制度安排才能有效地解决合作的问题。博弈论研究表明，当囚犯困境模型多次重复比较，博弈的参与者会在多次博弈中逐渐意识到，选择合作策略比不合作策略的预期收入要高，双方会从不合作均衡走向合作均衡。制度是 n 人博弈的均衡解，任何制度的形成都可视为多次博弈的结果①。

---

① 郑伟林.博弈论与制度创新[J].印度洋经济体研究，2002(3).

制度变迁实际上就是对制度非均衡的一种反应。制度均衡是对既定制度安排和既定制度结构的一种满足状态和满意状态，人们无意也无力改变现行制度。制度变迁是制度的替代、转换与交易的过程，即一种效益更高的制度（目标模式）对另一种制度（起点模式）的替代过程，也可以说，制度变迁是从制度均衡到非均衡再到制度均衡的过程。诺斯关于制度变迁基本假定是，制度变迁的诱致因素在于主体期望获取最大的潜在利润。当存在潜在利润时，说明一个社会的资源配置还没有达到帕累托最优的状态，还可进行制度的再安排或制度创新，以求达到帕累托最优状态。从博弈论的角度看，说明这时博弈尚未找到最优解，还可以进一步剔除严格劣势策略，换言之，就是说非均衡的制度结构必然导致制度变迁①。

第四节　政治学制度主义制度理论

新制度主义是20世纪60年代以来经济学领域最主要的流派，这一流派的形成引发了一场经济学研究范式的革命②。伴随着经济学“帝国主义”对其他社会科学攻城略地式的“入侵”，新制度主义已经发展成为一种研究领域广泛、研究方法成熟、研究方式多样化的科学理论范式。政治学在扬弃旧制度主义及行为主义研究范式基础之上，主动接纳新制度主义的研究成果，并在同其他社会科学的不断对话过程中，政治学新制度主义应运而生，并在20世纪90年代迎来了研究的黄金时期。学者们纷纷惊呼：新制度主义因更富有理论性与解释力而位于政治科学研究的中心位置，我们现在都是新制度主义者了③。新制度主义的研究范式经历了传统的旧制度主义研究范式、行为主义研究范式和后行为主义的理性选择以及新制度主义的研究范式④。本节试图沿着这个历史发展线索进行梳理，以期揭示政治学新制度主义研究范式的内在逻辑机理及未来的发展走向。

---

① 郑伟林.博弈论与制度创新[J].印度洋经济体研究，2002(3).

② 范式（paradigm）是科学哲学家托马斯·库恩（Thomas SlKuhr）在《科学革命的结构》（*The Structure of Scientific Revolution*）一书中首先提出（1962）。库恩认为，科学家之所以能对共同研究的课题使用大体相同的语言、方式和规则，是由于他们具有一种解决问题的标准方式，即范式。库恩对科学发展持历史阶段论，认为每一个科学发展阶段都有特殊的内在结构，而体现这种结构的模型即范式。库恩认为范式是指特定的科学共同体从事某一类科学活动所必须遵循的公认的“模式”，它包括共有的世界观、基本理论、范例、方法、手段、标准等等与科学研究有关的所有东西。在1960年之后是指在科学领域和知识论行文中的思维的方式。

③ 石凯，胡伟.新制度主义“新”在哪里[J].教学与研究，2006(5).

④ 何俊志.结构、历史与行为——历史制度对政治学科的重构[M].上海：复旦大学出版社，2004：36.

一、传统制度主义制度

对于制度的研究最早可以追溯到公元前三百多年的古希腊时期。柏拉图在《理想国》一书中就谈到了“什么是最好的国家制度”,并对最好的政治制度进行了种种设想,《法律篇》就是他晚年制度研究的智慧成果。如果说柏拉图对制度研究或对未来制度设计是一种理想“乌托邦”,那么他的弟子——誉为“政治学之父”的亚里士多德则从理想回到现实,他和他的学生对希腊158个城邦政治法律制度的进行调查研究,提出了政体制度理论,他的经典名著《政治学》树立了从制度入手研究政治现象范例。正如美国政治学家艾萨克所说:亚里士多德把他的大部分时间用在描述、比较各种制度上①。

此后,政治学研究的核心内容主要围绕“制度设计与制度建构”展开,即通过制度研究与制度设计来实现某种政治价值目的。也就是说,政治学的研究范式基本“锁定”政治学传统制度研究的这条路径,几乎难以摆脱这种“路径依赖”的研究范式。如奥古斯丁的“双城论”、托马斯的政体制度、马基雅维利的君主制度、霍布斯绝对专制制度、洛克的政府制度、卢梭的民主制度、孟德斯鸠的分权制衡制度、圣西门的“实业制度”、傅立叶的“和谐制度”等,这些无不体现着关于制度设计的智慧。

到19世纪末20世纪初,现代政治学逐渐从史学、哲学和伦理学等领域分离出来,成为独立的学科,与此同时,西方国家相继完成工业革命,资本主义制度纷纷建立。资本主义制度的确立意味着西方政治家及思想家对未来理想制度设计的实现,在他们看来政治学接下来的主要功能就是从对制度设计、建构和解释的研究转移到对制度的运行状况和绩效的评价上来,考虑如何使现有的制度运转得更好,以利于资本主义发展。这样,制度研究传统巩固了其在政治学研究中的核心地位,几乎所有的政治学家都天然地把政治制度当成了自己的研究对象,形成了一套完整的政治制度研究范式。人们一般将这一阶段的政治学发展过程称为旧制度主义时期,这个时期的政治学研究范式被称为旧制度主义研究范式②。旧制度主义研究范式的主要特征:一是坚持结构主义的“制度决定论”,认为政治制度是支配和影响人类行为的根本性和决定性因素,而非人类行为影响制度,因此,旧制度主义关注的是政治系统中政治制度,特别是宪法与法律制度的研究,不包括习俗、惯例等符合系统和认识规范等非正式制度;二是旧制度主义将人性

---

① [美]艾伦·艾萨克.政治学:范围与方法[M].郑永年,等,译.杭州:浙江人民出版社,1987:4.

② 关于旧制度主义分别参见:罗伯特·古丁,汉斯－迪特尔·克林格曼.政治科学新手册(上册)[M].上海:上海三联书店,2006:530;贝蒂·齐斯克.政治学研究方法举隅[M].北京:中国社会科学出版社,1985:6.

假设为常量，漠视政治行为主体的心理、动机、情感等偏好方面的研究；三是旧制度主义注重政治制度的历史-比较研究的方法，如各种制度之间的比较与国家制度之间的比较，这种历史-比较往往是静态性的、抽象性的、描述性的，彼得斯把旧制度主义这些特点概括为法律主义、结构主义、整体主义、历史主义、规范分析[①]。不可否认，传统制度研究对政治学发展的奠基性贡献是巨大的[②]，但其研究方法上的静态性的、描述性的、抽象性的僵化模式又制约了政治学进一步发展的动力机制，这需要研究范式创新来推动政治学的发展。

二、行为主义制度

随着资本主义制度步入稳定的发展时期，政治学关注的中心开始从制度建构、制度解释、制度设计转移到公共政策上来，但这种转变并不是制度研究传统的根本性变革，只是原有研究方法对象上的转移。因此，旧制度主义研究范式的缺陷遭了到来自不同声音的责难。实际上，早在 1908 年，美国政治学家本特利在他发表的《政府过程：社会压力研究》一书中，就主张政治学研究核心是人的行为即各种利益集团互相冲突和妥协的活动而不是政治制度本身，他首次把政治过程当作政治分析的中心，这种转变标志着行为主义的诞生，也宣告政治学研究范式的转变。此后，出现了一大批行为主义代表人物，如华莱士、梅里亚姆、达尔、拉斯韦尔、杜鲁门、阿尔蒙德、伊斯顿等[③]，他们不同程度地对行为主义政治学做出了贡献，推动了行为主义政治学的发展，到 20 世纪 60 年代，行为主义政治学达到顶峰，其研究理论被学界广泛采纳，行为主义政治学逐渐取代旧制度主义政治学，制度研究被排除在主流政治学研究视域之外。

尽管行为主义理论研究方法多种多样，但在价值祛除、方法至上和政治研究对象上表现出高度一致性。

过分强调价值祛除、保持“价值中立”是行为主义研究范式的主要特征，其基本主张就是在政治学研究中反对传统政治学的道德或伦理探讨，在行为主义者看来，陈述事实和价值判断之间存在着不可逾越的鸿沟。主张“价值中立”和进行纯学术性研究，将旧制度主义范式所谈论的核心内容之一，即道德准则或规范

---

① B. Guy Peters. Institutional Theory in Political Seience: The New Institutionalism. London and New York: Wellington House Press, 1999: 6-11.

② 有学者把传统制度研究分两个小传统：一是现代政治学兴起之前的制度研究传统；二是现代政治学兴起之后的制度研究传统。参见：高春芽. 方法论范式变迁视野中的新制度主义政治学[J]. 政治学研究，2010(5).

③ 主要代表著作：G. 华莱士的《政治中的人性》；梅里亚姆的《政治学的新视角》；罗伯特·达尔的《现代政治分析》；拉斯韦尔的《政治学——谁得到什么？何时和如何得到？》；西蒙的《公共行政》；阿尔蒙德，鲍威尔的《比较政治学：体系、过程和政策》；戴维·伊斯顿的《政治生活的系统分析》。

性传统完全排除在政治学研究范围之外，使政治学变成一种“非政治性的科学”。这种过分强调政治学研究“价值中立”及研究方法的纯学术化，忽视现实社会问题的做法，使政治学研究疏离了现实政治生活，同时也束缚了自身发展。事实上，社会科学不可能做到事实与价值的完全分离，做到“价值中立”。政治学一项重要功能就是对政治制度、政治现象、政治活动进行评论，在政治评论中往往是事实与价值两者交融，离不开道德或伦理价值评判。事实上，行为主义奉行价值中立原则，但在现实面前不可避免地陷入价值冲突之中，如当行为主义者面对20世纪60、70年代出现的美国民权运动、学生运动和越南战争等一系列政治事件和政治现象进行解释时就显得束手无策。

行为主义政治学针对旧制度主义政治学只注重静态制度、法律文本描述的逻辑推理而忽视现实政治行为研究倾向进行了批评，综合运用心理学、社会学、人类学的科学理论及实验、模拟、调查、问卷、统计等现代技术方法，从而根据被观察到的和能观察到的人类行为来说明所有的政治现象①，其目的就是将政治学研究中的科学化情结与现代自然科学研究的新成果相结合分析政治现象，通过对政治行为的实证分析把政治学改造成可验证、可量化、可动态的纯粹“真正”科学。从达尔、沃尔多和伊斯顿等人的观点看，政治学行为主义的核心信条是按照自然科学的方法论及模式来塑造政治学②。政治行为主义这种模仿自然科学的精密性和精确性的研究方法，促进了自然科学和社会科学之间的融合，提高了政治学研究的系统化水平，但这种过分注重政治形式、忽视实际内容的形而上学的研究方法，极有可能陷入对伪命题研究的迷恋而放弃对真正问题的探讨。

在行为主义者们看来，政治活动根植于人类的行为，历史是由人类的行为构成的；制定、遵守和违反法律的是人，制度也只不过是行为模式的集合③。因此，政治科学的研究对象应以实际观察到的和可能观察到的政治行为为出发点和基本分析单位，要注重对个体的政治心理、动机研究，注重对政治现象的定量化研究。行为主义政治行为主要集中层面：一是公民的个体政治行为研究，主要指公民的投票活动和其他政治参与行为的研究；二是精英行为的研究，主要对立法者、政治领导者和政府官员的决策生态环境研究；三是利益集团的研究，主要对利益集团和政党的活动研究；四是国家或非国家组织单位行为规律的国际层面上的研究④。应该说，行为主义对传统政治学“制度决定论”的批判及对政治行

---

① 薛晓源、陈家刚. 全球化与新制度主义[M]. 北京：社会科学文献出版社 2004：106.

② 陈振明. 政治学[M]. 北京：中国社会科学出版社，1999：57.

③ [美]艾伦·艾萨克. 政治学：范围与方法[M]. 郑永年，等，译. 杭州：浙江人民出版社，1987：5.

④ David Sanders. Behavioural Anazysis, in David Marshand Gerry stoker edited, Theory and Methods in Political Seience, Wales: Creative & Design Press, 1995: 58.

为在政治学研究中的地位肯定，对政治学的发展和对现实的解释都是有重要意义的，但把行为看成是政治学唯一的研究对象，这与事实严重不符，也很难解释复杂多变的客观世界。

显然，行为主义的方法论创新在推动政治学发展的过程中，也暴露其学科自身无法克服的悖论，走向终结是行为主义政治学的历史命运。1969年，新任美国政治学会会长伊斯顿发表题为《政治学的新革命》的就职演说，宣告了行为主义走向衰落的命运。

三、新制度主义

针对行为主义政治学研究范式，西方政治学家进行了深刻反思，认为行为主义政治学研究注重形式、注重方法、推崇自然科学技术应运，而忽视政治实际问题、排斥历史与哲学方法、排除价值成分等缺陷，是导致行为主义政治学走向衰落的主要原因。通过理论上的反思、梳理、构建、分化，此后行为主义政治学研究沿着两条路径发展：一是后行为主义政治学研究范式，它在批评、修正行为主义政治学范式基础上，倡导政治学与现实政治相关联，加强应用性研究为要旨；二是新制度主义政治学范式，坚信行为主义失效的主要原因在于对制度研究的轻视，提出“价值回归”“制度回归”“国家回归”的主张。

政治学界一般认为1984年詹姆斯·马奇和约翰·奥尔森在《美国政治科学评论》上发表的《重新发现制度：政治的组织基础》一文，揭开了新制度政治学的研究序幕。新制度主义政治学的诞生除了通过对行为主义政治学研究范式反思外，最主要是得益于在60～70年代经济学研究范式革命或制度经济学的崛起。新制度主义首先兴起于经济学研究领域，在经过其创始人科斯及其后继者加尔布雷斯、威廉姆森、诺斯、布坎南、斯蒂格利茨等许多经济学家的努力后，形成了以交易费用理论、产权理论、企业理论、制度变迁理论等为基础的经济学理论体系，其研究是以制度为核心架构起来的逻辑范式①。新制度主义研究范式的成功范例，对政治学研究产生了很大的影响，注入了新的活力。新制度主义政治学家几乎全盘借鉴制度经济学的制度内涵、制度变迁、路径依赖、“委托—代理模型”、博弈论等合理“内核”，并融入其他社会科学的研究成果，从新的全方位的角度研究政治问题，从而推动了政治学研究范式的巨大变革，经过近30来的发展，新制度主义作为一个理论学派已经日益成熟，并已占据西方政治学研究主流

---

① [德]柯武刚，史漫飞.制度经济学[M].韩朝华，译.北京：商务印书馆，2000；[美]道格拉斯·C.诺斯.制度、制度变迁与经济绩效.刘守英，译.上海：上海三联书店，1994；[美]道格拉斯·C.诺斯.经济史中的结构与变迁[M].陈郁，等，译.上海：上海三联书店、上海人民出版社，1994；[美]布坎南.自由、市场与国家[M].平新乔，译.北京：生活·读书·新知三联书店，1989.

地位。

新制度主义政治学到目前为止还没有形成统一的学派，它包括诸多分类，其中最著名的分类是彼得·霍尔（Peter A. Hall）和罗斯玛丽·C. R. 泰勒（Rosmary C. R. Taylor）1996年在英国《政治研究》杂志上发表的《政治科学和三个新制度主义》一文中提出的三分法，即把新制度主义分为“历史制度主义”、“理性选择制度主义”和“社会学制度主义”①。此外，盖·彼得斯把新制度主义分为规范性制度主义、理性选择制度主义、历史制度主义、实证制度主义、利益代表制度主义、社会学制度主义，国际新制度主义七种②。新制度主义“三分法”以其独到的分类标准受到学界的推崇及运用。历史制度主义主要批判地吸收了结构-功能主义一些观点，并借鉴了比较政治学中政治发展的观点，其研究的基本思路就是以制度手段去研究历史上各国宪法和政治制度、国家结构、利益集团、政治网络等政治过程，从历史发展和比较中探索制度变迁所导致的政策选择及对政府的持久性影响。历史制度主义的代表人物及其代表作有：斯文·斯特默的《建构政治学：历史制度主义的比较分析》，斯科克波的《国家和社会革命：法国、俄国、中国的比较分析》《对资本主义危机的回应：国家的新马克思主义理论及“新政”的案例分析》《国家能力以及早期“新政”中的经济干涉》，埃文思的《回归国家》等③。理性选择主义是与经济学联系最密切的新制度主义学派，它以“经济人”基本假设为基本点，运用交易成本、产权理论、寻租及博弈论等工具来分析个体行为与制度之间的关系，即一方面，制度通过塑造人的行为影响政策结果，制度构成了一种“策略背景”。另一方面，个人也塑造了制度，制度是基于个人的需要才被创造出来的，即个体通过制度的创新提高收益水平④。其代表作有对国会、内阁、官僚制的研究，如马修·D. 麦卡宾斯（Mathew D. McCubbins）和特里·沙里文（Terry Sullivan）主编的《国会：结构和政策》、加里·考克斯

---

① Peter A. Hall & Rosmary C. R. Taylor. Politic Science and the Three Institutionalisms, Political Studies (1996), XLIV, pp. 936-957.

② Guy Peters. Institutional Theory in Political Science: The“New Institutionalism”, Continuum, London and New York, 2000.

③ 代表性文献：Sven Steinmo, Kathleen Thelen, Frank Longstreth. Tructuring Politics: Historical Institutionalism in Comparative Analysis, Cambridge: Cambridge University Press, 1994. Skocpol, T. States and Social Revolutions: A Comparative Analysis of France, Russia, and China, Cambridge: Cambridge University Press, 1979. Political Response to Capitalist Crises: New Marxist Theories of the State and the Case of New Deal, 1980. Skocpol and Finegold. State Capacity and Economic Intervention in the early New Deal, Political Science Quartely, 97, pp. 255-278.

④ 魏姝. 政治学中的新制度主义[J]. 南京大学学报，2001(1).

(Gray Cox)和麦卡宾斯的《立法利维坦》①；有对公共事物治理的研究，如文森特·奥斯特罗姆的《制度分析与发展的反思》，埃莉诺·奥斯特罗姆的《公共事物治理之道》等②。社会学制度主义批判继承了传统组织理论，认为组织作为一种制度与文化是不可分离的，组织所表现的规则、规范、程序是特定的文化形式，它对个体行动者有较强的教育和引导功能，对政治结果或公共政策有预测性，所以，制度本身就是一种文化。社会学制度主义的解释重点集中于组织采用特定制度形式、程序或象征符号的原因及其在组织内传播的方式。社会学制度主义代表作有：马奇和奥尔森的《重新发现制度：政治的组织基础》，保罗·J. 迪马乔(Paul J. DiMaggio)和沃尔特·W. 鲍威尔(Water W. Powell)主编的《组织分析中的新制度主义》，约翰·W. 迈耶(John W. Merye)和 W. R. 斯科特(W. R. Scott)的《组织环境：仪式和理性》等。尽管新制度主义各流派间存在着许多分歧，但这些内部分歧只反映出制度研究角度差异及体现出制度本身的复杂性③。实际上，新制度主义在共同的话语及研究范式下，表现出共同的研究范式，而这些观点是在批判地继承旧制度主义与行为主义的基础上形成的，具体如下。

一是从制度决定或行为决定到制度与行为并重。旧制度主义政治学的研究对象主要是政治制度，它把制度当作政治现象的决定性因素，政治制度是按照自身需要而自主行动的力量，坚持“制度决定论”；行为主义政治学抛弃了制度，坚持把政治主体的政治行为作为自己的主要研究对象，认为政治的真正演员是个人，政治系统行为就是个人行为的集合，制度产生、运行都是个人行为的结果，行为才是政治现象的决定性因素。新制度主义政治学，特别是理性选择制度主义政治学摒弃了传统政治学“非此即彼”的研究方式，认为制度与行为的关系上，存在着制度对个体行为的影响以及个体行为对制度的影响两个维度，它坚守制度与行为互动论或相关论的思维路径。

二是从整体主义或个体主义到整体主义与个体主义并重。旧制度主义政治学方法论上把制度看成是政治学研究的唯一对象，一切政治问题都是制度研究的展开或深化，在于力求政治制度研究的完整性或系统性；行为主义政治学遵循

---

① M. D. McCubbins and T. Sullivan. Congress: Structure and Policy, Cambridge: Cambridge University Press, 1987.

② [美]埃莉诺. 奥斯特罗姆. 公共事物的治理之道[M]. 余逊达，陈旭东，译. 上海：上海三联书店，2000. L. Kiser & E. Ostrom. The Three Worlds of Action: A Metatheoretical Synthesis of Institutional Approaches, in E. Ostrom, ed., Strategies of Political Inquiry, Beverly Hills, CA, 1982, p. 179.

③ Simon Reich. The Four Faces of Institutionalism: Public Policy and a Pluralistic Perspective, Governance: A International Journal of Policy and Administration, Vol. 13, No. 4, October 2000, pp. 501-522.

是个体行为决定政治现象的分析思维，因此其研究是个体主义方法论。新制度主义政治学打破了传统政治学整体主义或行为主义个体主义方法论，吸取了理性主义、实证主义等积极成分，引入复杂科学理论工具，并将管理科学、行为科学、信息学等理论相互交叉与融合，形成了新制度主义政治学独特的体系完整的研究范式①。

三是从静态分析或动态分析到动静相结合。旧制度主义政治学研究方法大多采取柏拉图的政治哲学研究方法，过多注重静态制度层面哲学思辨和抽象论证，忽视政治活动中主体人的心理、动机的研究，所以，这种研究被后人视为一种形式主义的研究②。政治行为主义分析方法由于受到科学主义和逻辑实证主义方法的影响，反对传统政治学长期运用的那些静态的、定性的、内省的等僵化的分析方法，主张用动态的、定量的、不带价值偏见的研究方法，这种过分注重研究纯技术性、忽视规范分析的方法，束缚了学科自身的发展。新制度主义政治学由于把制度与政治行为关系纳入到其研究范围之内，因此有动静结合、定性与定量统一、规范与实证嵌入等研究特征，从而展现出较好的发展前景。

四、新制度主义局限性及发展趋势

无疑，新制度主义研究范式的创新开拓了政治学发展的新领域，但任何理论的发展都存在着缺陷，新制度主义在扬弃旧制度主义与行为主义研究范式的过程中，也暴露出自身研究范式的困境，如社会学制度主义个人偏好与政治行为的冲突与协调，理性选择制度主义政治学的个人理性与制度互动所产生的理性悖论，历史制度主义对制度比较所进行的滞后性描述，缺乏对制度发展的预测性，以及新制度主义派别之间对制度主要观点的差异性甚至对立性，减缓了新制度主义理论发展的步伐。另外，新制度主义政治学对其他学科中吸收的基本概念，如制度变迁、路径依赖、制度均衡等经济学概念，必然存在着术语转换的难题③。如果对不同语境下概念与术语的内涵不进行区分而生硬地套用，又会削弱政治学自身发展的自主性或独立性。实际上，这些缺陷导致了新制度主义政治学派别之间的相互批评与指责，在一定程度上，降低其学科理论存在价值。因此，新制度主义政治学研究的当务之急应该建立学派之间的交流平台，探寻相互对话的切入点，尽快结束各派纷争的“战国时代”。

实际上，新制度主义政治学各流派的形成主要是因为各自理论假设的差异所构成的理论体系不同，要建立共同的交流平台，首要的任务就是放宽各流

① 汪华余.政治理论中的制度分析：在批判中超越[J].教学与研究，2003(12).

② 魏姝.政治学中的新制度主义[J].南京大学学报，2001(1).

③ 祝灵君.理念与制度：新制度主义政治学的最新发展[J].浙江学刊，2003(4).

派在理论起点的基本假设。理性选择制度主义要放宽“理性经济人”的核心假设，融入社会学制度主义“文化”与历史制度主义“结构”的要素，从“无限理性”转向“有限理性”，其制度内涵的表现形式也随之将规则与程序的正式制度扩大到非规则的习俗、习惯与文化范畴。与此同时，历史制度主义“文化动物”的假设和社会学制度主义“政治人”的假设如果能够注意到有限理性的作用，那么在它们的分析框架中也就能够分享一些理性选择制度主义的成果①。这样，不同流派理论假设的同相趋势及制度内涵的一致性，就为各流派之间搭建起基本的对话平台。

交流平台搭建后，就要探寻各流派之间对话的切入点，一些学者为此进行了卓有成效的研究，如卡瑟琳·瑟伦在研究理性选择制度主义与历史制度主义之间的交叠关系时，指出理性选择制度主义与历史制度主义之间已经产生出四个切点：一是理论与经验之间的切点；二是偏好形成的外在性与内在性之间的切点；三是微观基础与宏观历史之间的切点；四是功能主义与制度主义的切点。此外，霍尔和泰勒与德国学者塞瑞特在这方面都同样具有开创性的贡献②。当然，到底如何在共同交流平台基础之上通过切入点去整合现有的成果资源，形成一个各派共同认可的研究范式，还需要学者们进行不懈的共同努力。

通过分析，我们可以看到，新制度主义政治学研究范式是政治学长期发展不断演进的逻辑产物，是政治学发展的新成果，其研究范式的创新也昭示政治学发展新阶段的到来，相信随着各派对话交流的加强，政治学将会迎来新一轮发展的春天。

【案例】

中国农村土地制度的形成、演变与完善

在由众多制度构成的中国农村制度体系中，土地制度居于基础性地位。新中国成立后，社会主义农业经济体制的建立，首先从土地制度开始，而肇始于20世纪70年代末期的中国农村改革也是从土地制度破题的。

“土地”的概念非常宽泛，按照《中华人民共和国土地管理法》，土地可分为农用地、建设用地和未利用地。“农用地是指直接用于农业生产的土地，包括耕地、林地、草地、农田水利用地、养殖水面等。”

本文所讨论的土地特指农用地，限于篇幅，主要讨论耕地占有、使用等一系列相关制度，首先讨论新中国成立后农村公有土地制度的形成，然后讨论改革的过程及发展趋势。

① 何俊志．新制度主义政治学的交流基础与对话空间[J]．教学与研究，2005(3)．

② 何俊志．任军锋．朱德米．新制度主义政治学译文精选[M]．天津：天津人民出版社，2007：10．

一、农村公有土地制度的形成及特点

1. 1949～1956年：农村土地公有制度的初步形成

新中国成立后，全国范围内的土地改革，使获得土地的农民生产积极性极大提高。一些缺少生产资料的农民为了解决生产中遇到的困难，按照自愿互利的原则，开始在私有财产的基础上进行互助合作，成立了互助组。

1951年发布的《中国共产党中央委员会关于农业生产互助合作的决议（草案）》把互助组分为三种：简单的劳动互助、常年互助组和以土地入股为特点的农业生产合作社。

1953年，中共中央发布了《中国共产党中央委员会关于发展农业生产合作社的决议》，致力于通过合作社引导农民过渡到更高级的社会主义。

1955年颁布了《农业生产合作社示范章程》，1956年颁布了《高级农业生产合作社示范章程》，至1956年4月，全国绝大多数地区已经基本完成了初级形式的农业合作化，10月底，多数省市实现了高级形式的合作化。

至此，我国农村土地集体所有制初步形成，集体所有制和部分集体所有制的合作经济已经在农业经济中占据了绝对优势地位。

2. 1957～1978年：人民公社时期的土地制度

1958年8月，中共中央发布《关于在农村建立人民公社问题的决议》。决议推行的人民公社规模，以一乡一社、两千户左右农户为标准，并给出了小社并大社进而升级为人民公社的做法和步骤。由于规模过大，不可避免地导致了生产效率下降、社员收入平均化和“四多四少”问题。为此，1959年8月，中共中央政治局通过了《关于人民公社的十八个问题》，首次明确了人民公社的三级所有制，即人民公社所有制、生产大队（原高级社）所有制和生产队所有制，其中生产大队所有制为主导。

1962年9月公布的《农村人民公社工作条例修正草案》（即人民公社“六十条”）明确了人民公社的基本核算单位是生产队，实行独立核算，自负盈亏，直接组织生产，组织收益分配。

直到1978年启动农村改革前，尽管中间略有调整，中国农村一直实行“三级所有，队为基础”的土地集体所有制度。

综上，新中国成立之后，第一代领导人致力于构建一个集体所有、统一经营的农村土地制度。从产权经济学角度看，只有明晰的产权加上适度的经营规模才能达到最大的产出效果，因此，自1959年起，中共中央就在探索最佳的基本核算单位。1959年，把基本核算单位界定为生产大队；1960年以后，则下放到生产队，并不断强化生产队对土地的所有权和使用权。

但问题在于，以生产队为基本核算单位的这种生产关系仍然不适应生产力发展的需要，具体表现在农民生产积极性低下，农产品供给增长缓慢甚至下降。集体化的21年间，粮食净征购数增长仅21%，棉花收购增长48%，食用油收购反而减少了14%，均远低于人口和劳动力增长速度。农业劳均粮食净征购年递减1.09%，棉花收购年递减0.15%，食油收购年递减2.69%。粮、油均由合作化开始时的净出口国变为净进口国。

粮食由"一五"时期的年净出口20亿公斤变为"五五"时期的年净进口70亿公斤，为同期年净征购数的16%。29个省市区中，有11个由粮食调出省区变为调入省区，到20世纪70年代末期，只有3个省能够调出粮食。

在这种情况下，土地制度改革已经成为必然。

二、土地制度改革与"统分结合的双层经营体制"的形成与演变

1978年底，在党的十一届三中全会精神的鼓舞下，安徽省凤阳县小岗村等一批村庄率先突破传统体制，在村内实行了以"包产到户""包干到户"为主要内容的各种承包责任制，后被中央文件统一界定为"家庭联产承包责任制""家庭承包经营"。自此至今，中国农村土地制度改革经历了三大阶段。

概括地看，从20世纪80年代前半期的5个中央1号文件，到1993年的《农业法》和中央11号文件、1998年党的十五届三中全会通过的决定、2002年的《农村土地承包法》、2008年党的十七届三中全会通过的决定和新世纪以来的12个中央1号文件等等，政策逐步深化，构建了相对完整的土地制度框架。

1. 1978～1993年："统分结合的双层经营体制"形成时期

1979年9月通过的《中共中央关于加快农业发展若干问题的决定》中，把"不许包产到户，不许分田单干"，改为"不许分田单干。除某些副业生产的特殊需要和边远山区、交通不便的单家独户外，也不要包产到户"。正是这一改动，使广大农民和基层干部看到了制度创新的希望。到1979年底，全国包产到户的比重已经达到9%。1982年中央1号文件下发，正式承认了"双包"责任制的合法性。这个文件还初步阐述了"统一经营"中"统"的内涵。1983～1986年的几个中央1号文件都对"统"和"分"的内涵作了越来越明确的界定。

1991年，党的十三届八中全会通过了《中共中央关于进一步加强农业和农村工作的决定》，把这一体制正式表述为"统分结合的双层经营体制"，指出"要在稳定家庭承包经营的基础上，逐步充实集体统一经营的内容。一家一户办不了、办不好、办起来不合算的事，乡村集体经济组织要根据群众要求努力去办"。

1993年3月，《宪法》修正案正式把这一体制纳入宪法。同年7月2日，第八届全国人民代表大会常务委员会第二次会议通过《农业法》，第五条指出："国家长期稳定农村以家庭承包经营为基础、统分结合的双层经营体制。"至此，农村基本经营制度正式确立。

2. 1993～2008 年:土地承包经营权稳定时期

1984 年中央 1 号文件规定:“土地承包期一般应在十五年以上”,而到了 1993 年,小岗村等村实行责任制的时间就达到了 15 年。因此,1993 年的中央 11 号文件对承包期限作了进一步规定,即“为了稳定土地承包关系,鼓励农民增加投入,提高土地的生产率,在原定的耕地承包期到期之后,再延长三十年不变”。并提倡“增人不增地,减人不减地”,推进了土地承包经营权的稳定。

1998 年 10 月召开的党的十五届三中全会总结了农村改革 20 年的经验,强调要“长期稳定以家庭承包经营为基础、统分结合的双层经营体制”,“关键是稳定完善土地承包关系”。

2002 年,《农村土地承包法》出台,其第四条为:“国家依法保护农村土地承包关系的长期稳定。”从而把土地经营权的稳定上升到法律地位。

2007 年出台的《物权法》把土地承包经营权界定为用益物权,进一步强化了土地承包经营权的法律地位,从财产权角度保障了农村基本经营制度的稳定。

3. 2008 年以后:“长久不变”和土地制度的动态稳定时期

所谓动态稳定指土地承包经营权在流转中实现并促进农村基本经营制度的稳定。实际上,早在 1984 年,中央 1 号文件就“鼓励土地逐步向种田能手集中”。1993 年中央 11 号文件、2008 年中共十五届三中全会、2002 年《农村土地承包法》等,都有鼓励土地流转的内容。但从现实中看,农村集体对农户承包土地“小调整”以及集体侵犯农户承包经营权等现象依然存在,农民不能放心流转土地。2007 年之前,土地承包经营权流转面积占家庭承包经营总面积的比例始终比较低,2007 年才达到 5.2%。因此,农村土地承包经营权的稳定和固化已经成为现实中的迫切需要。2008 年召开的党的十七届三中全会指出:“赋予农民更加充分而有保障的土地承包经营权,现有土地承包关系要保持稳定并长久不变。”这是第一次提出“长久不变”问题,在政策上强化了这种稳定性;2009 年,中央 1 号文件强调在此基础上“抓紧修订、完善相关法律法规和政策”,落实“长久不变”政策。

目前,《农村土地承包法》正在修订,其核心内容之一就是体现“长久不变”精神。而农村集体土地所有权和农户承包经营权的确权、登记、颁证正是为实现“长久不变”作准备。

2008 年以来,以“长久不变”为核心内容的一系列农业政策的实施,给广大农民吃了一颗“定心丸”,土地转出和转入的积极性都大为提高。到了 2015 年底,全国家庭承包经营耕地流转面积 4.43 亿亩,占比达 33.3%;转出农户 6 542.1万户,占家庭承包农户总数的 28.4%。流转促进了土地承包经营权的动态稳定。

现实中，农村土地至少具备三种权利：一是所有权，属于农村集体所有；二是承包权，属于农村集体成员所有；三是经营权，农村集体成员承包土地后，自然获得了经营权，二者是合一的，但当他把土地流转出去时，他就失去了经营权，而转入者则得到了相应的经营权。

因此，土地的三种权利在现实中是分离的。但《农村土地承包法》中，承包经营权则是一个概念，没有分开。为了解决这一法律和实践的矛盾问题，2014 年中央一号文件提出了“三权分置”的政策思路，进一步促进了农村土地制度的动态稳定。这一重大政策创新不仅要体现在正在修订的《农村土地承包法》中，中央层面也要出台相应的政策文件。从现实中看，土地承包经营权的稳定深受农民的欢迎，也是粮食生产“十二连增”、农民收入“十二连快”的基础①。

思考题

运用本章提供的理论分析中国土地承包制度的变化。

① 孔祥智. 中国农村土地制度的形成、演变与完善[J]. 中国特色社会主义研究，2016(4).

第三章 制度的起源

第一节 制度起源的含义及路径

一、制度起源含义

“起源”一词，出自田北湖《论文章源流》：象者天所生也，数者物所呈也。字者人所制也，列象数而成字形，乃斯文之起源。其基本意思是指事物产生的根源，因此，制度起源的核心问题，就是研究制度产生的根源，或回答“制度为什么会产生，怎样产生的”的问题。制度起源包含两个基本含义：

一是最初制度产生。从没有制度到有制度，这就需要追溯到人类社会最初的制度的产生。制度是人类社会相互交往的规则，其中包括正式制度和非正式制度，制度的历史和人类社会的历史一样久远，有了人类社会之后，就有了人与人之间的交往，于是就产生了制度。从人类产生之日起，就有了制度的萌芽，例如，在原始社会中，人们之间分工、合作、分配产品的这些规则的起源，当然，在当时极其简单的生产关系条件下，所谓的制度也只是一些非正式制度，不能称其为严格意义上的制度，因为这些制度都是人们在长期交往中无意识形成的，在原始社会，国家还没有出现，正式制度还没有形成，那个时代的人们仅仅依靠这些简单的制度得以生存。正式制度的形成要从国家的建立才开始出现。因此，国家的起源意味着正式制度的起源，因为只有国家才能够有意识地创立制度，并保证制度实施①。

二是制度变迁。制度变迁实际上是特定制度环境下的制度起源。所谓制度环境，是指一系列与政治、经济和文化有关的法律、法规和习俗，是人们在长期交往中自发形成并被人们无意识接受的行为规范。制度环境是随着人类社会演进而处于不断变化之中，于是就产生对新制度的需求，也就是制度变迁，或更进一步讲，制度变迁是制度创立、变更及随着时间变化而被逐步打破的方式。一般讲，制度变迁也有两层含义。第一层含义是制度创新，即新的制度安排如何产生的问题。1971 年，戴维斯和诺斯提出了制度创新理论，在《制度变迁和美国经济

① 董景荣. 制度经济学[M]. 北京：科学出版社，2015.

增长》一书中，研究了制度变革的原因和过程，提出了制度创新的模型，形成了制度创新理论。他们认为，制度创新的动力是个人期望在现存制度下获取最大的潜在利润，而这种潜在的外部利润来源于以下四个方面，这也正是制度创新的四个诱因：首先，追求规模经济；其次，实现外部性的内在化；再次，克服对风险的厌恶；最后，纠正市场失灵和市场不完善。戴维斯和诺斯认为，制度创新需要有一个相当长的过程。第二层含义是如何从旧制度安排过渡到新制度安排，即新旧制度转轨的问题，从这个意义上，制度变迁问题实际上就是制度起源问题。

二、制度起源路径

制度起源有两个基本路径理论，一是制度自然演化生成论，二是制度人为建构论。就目前看，大部分学者将两种理论融合于一体，既强调制度的自然演化，也强调制度的人为建构。如英国学者马尔科姆·卢瑟福曾指出：人类是有目的的行动者，制度是个人有目的的行为的预期或未预期结果。个人可能（经常通过某种集体选择）设计或修正制度，使之发挥或更好地发挥某种作用。与此同时，制度也可能以未加设计的方式产生和延续，成为有意行为的无意结果①。德国学者柯武刚和史漫飞同样指出了制度起源的两种可能性：制度是如何产生的？一种可能性是规则及整个规则体系靠人类的长期经验而形成。人们也许曾发现过某些能使他们更好地满足其欲望的安排。例如，向约见的人问好的习惯可能已被证明是有用的。有用的规则如果被足够多的人采用，从而形成了一定数量（临界点）以上的大众，该规则就会变成一种传统并被长期保持下去，结果它就会通行于整个共同体。当规则逐渐产生并被整个共同体所了解时，规则会被自发地执行并被模仿。不能满足人类欲望的安排将被抛弃和终止。因此，在我们的日常生活中占有重要地位的规则多数是在社会中通过一种渐进式反馈和调整的演化过程而发展起来的。并且，多数制度的特有内容都将渐进地循着一条稳定的路径演变。我们称这样一种规则为"内在制度"。……其他类型的制度因设计而产生。它们被清晰地制定在法规和条例之中，并要由一个诸如政府那样的、高踞于社会之上的权威机构来正式执行。这样的规则是由一批代理人设计出来并强加给社会的。这些代理人由一个政治过程选举出来，并高踞于社会之上。这样的规则最终要靠强执行法律手段来执行，如通过司法系统。我们称这些制度为"外在制度"②。肖特在《社会制度的经济理论》一书中，通过对经济学说史研究，他认为，制度产生无非有两条路径：一是亚当·斯密-门格尔的演化生成论传统，

① ［英］马尔科姆·卢瑟福．经济学中的制度［M］．陈建波，等，译．北京：中国社会科学出版社，1999：98.

② ［德］柯武刚，史漫飞．制度经济学［M］．韩朝华，译．北京：商务印书馆，2000：35-36.

其中，哈耶克的“自发社会秩序理论”、诺齐克的“最小国家理论”为集大成者；二是康芒斯的“制度是集体行动控制个体行动”的制度设计论传统。这些传统代表理论，有当代新古典主义经济学家赫维茨的激励经济学的机制设计理论、布坎南的“同意的计算”为核心的宪政理论、新制度经济学者道格拉斯·诺斯的制度建构设计理论①。总体来说，制度起源的两种路径已经得到学界的广泛认可。

第二节　制度经济学关于制度起源理论

制度起源是制度经济学研究的重点之一，以凡勃伦、康芒斯为代表的旧制度经济学派与以科斯、诺斯、威廉姆森、德姆塞茨为代表的新制度经济学派提出了不同的制度起源理论。

一、旧制度学派的制度起源

（一）凡勃伦的制度演化论

在凡勃伦看来，社会习俗、惯例、规范等产生于群体的“生活习惯”，产生于思想和行为模式，而思想和行为模式又主要来源于当时流行的生活方式，而生活方式又是由物质和技术环境塑造的，并逐渐成了常规。生活习惯中包括某些已经成为常规的思维方式，而这些思维方式包括共同体的技术知识以及普遍持有的价值信念。很显然，凡勃伦认为，制度或社会惯例产生于群体内部，这些群体中的个体有着相同的生活模式，并且最终都沿着相同的路线习惯性地行动和思考。随着时间的推移，这些惯例最后获得了规范性意义，成为社会习俗、惯例、规范，即成为制度。这样，制度是在共同体内部长期的共同生活中逐渐形成的，并且由于群体中人们面对的技术和物质环境相同，能够按照相同的方式行事、思考，强化了生活习惯、生活模式成为规范和惯例。凡勃伦在《有闲阶级论》中对男人和女人分工的分析，就体现了这种演化论的思想。他认为，在原始社会成员中，体格与生理上的特征以及气质在男女之间的差别并不显著，无关紧要。但他们在体格和意志方面毕竟存在差别，从这种差别出发，会形成业务上的分化，而这种分化会扩大男女之间的差别，这种差别又进一步促进业务上的分化，最终像打猎和战争这样的掠夺性活动主要由在性格上坚定、敏捷、奋勇的男性承担，而生产性活动主要由女性承担②。

（二）康芒斯的制度演化与建构论

与凡勃伦“制度源在于人性本能”的观点不同，康芒斯从利益冲突分析制度

---

① ［美］安德鲁·肖特．社会制度的经济理论［M］．陆铭，陈钊，译．上海：上海财经大学出版社，2003：30-31．

② 黄少安．制度经济学［M］．北京：高等教育出版社，2008．

起源问题。他认为,由于制度产生于经济稀缺事实造成的困境。资源稀缺会造成人类利益的冲突,如果缺乏制度约束,这种冲突将通过损害生产效率的私人暴力来解决,制度的产生在于约束人们的自私本性,防止或者避免冲突的发生。在康芒斯看来,制度无非有两个来源:一是最高统治者的权力或其他绝对命令,或者是"立法机关有意识的决定";二是习俗、普通惯例以及法院在解决争议时所做出的裁决。如果惯例或习俗的争议由法院处理的话,法院还可能决定现存的惯例或习俗。在此基础上,康芒斯认为,制度的演进就是自发过程与设计过程紧密地互动,习俗的演化很大程度上是自发的,而成文法主要属于制度设计问题①。

(三)哈耶克的自发秩序论

哈耶克继承了斯密、门格尔关于制度演化的传统,在他的《法律、立法与自由》一书中提出了"自生自发的社会秩序"。在哈耶克看来,全部社会秩序,都是自生自发的。自生自发秩序,是那些追求自己目的的个人之间自发生成的一种秩序,不是人类有意设计的结果。哈耶克强调,自由、一般规则和竞争是维持"自生自发秩序"的基本条件。自由和竞争,在哈耶克的社会理论中是"自发社会秩序"维持的必要条件;又因为自由和竞争只有在一般性规则前提下才能存在,所以,一般性规则乃是"自发社会秩序"之生成和存在最重要的条件②。

哈耶克认为,社会秩序包括两部分:一是在进行调适和遵循规则的无数参与者之间形成的互动网络的秩序,即行动结构;二是作为一种业已确立的规则或规范系统的秩序,即规则系统。实际上,哈耶克对社会秩序两种类型的划分包括了制度经济学中的所有制度,既包括正式制度,也包括非正式制度。一方面,人们要按照已经形成或存在的规则行事,存在既定规则,另一方面又在不断行事的过程中使规则发生变化或产生出新的规则。这些自生自发的秩序是如何产生的?他认为,自生自发的秩序并不是自然产生的,而是这些秩序的要素在回应它们的即时环境时遵循某些规则的结果,或者说只有当个人遵循那些会产生一种整体性秩序的规则的时候,个人对特定情势所做的应对才会产生一种整体性秩序。如果他们所遵循的规则都是这样一些会产生秩序的规则,那么即使他们各自的行为之间只具有极为有限的相似性,也足以产生一种整体性秩序③。这表明:① 制度或者秩序是在人们行动的互动中产生出来的;② 这种互动体现自己行为规则与他人行为规则的相互作用;③ 即使是人们有意识地设计出来的正式制

---

① 黄少安.制度经济学[M].北京:高等教育出版社,2008.

② 蒋俊杰.哈耶克的"自发秩序观"初探[J].江淮论坛,2004(2).

③ [英]哈耶克.法律、立法与自由[M].邓正来,等,译.北京:中国大百科全书出版社,2000:65.

度——按照新制度经济学的说法——如法律，也是自生自发的，因为设计这种法律、而不是另一种法律，本身就隐含着自生自发的过程①。

二、新制度经济学的制度起源

新制度经济学家在一定制度背景下讨论新制度的起源问题，代表性理论有：科斯引入交易费用论述了企业制度的产生，德姆塞茨从资源稀缺程度论述了产权界定及制度产生，尤伦和考特则从一个假想的实验模型论述了制度产生于人们的合作结果。

（一）科斯定理与制度起源

1937年，罗纳德·科斯发表了《企业性质》论文，文中引入交易费用，论述了企业制度的产生问题。科斯认为，价格机制不能自动调节产品的供求，不能自动调节人们的协作关系，否则企业存在的合理性就消失了。主要原因是，“价格机制”是有成本的，即交易费用，因而通过建立企业，可以节约成本，企业制度就产生了，这就是企业制度起源。

1960年，科斯发表了《社会成本问题》，同样运用交易费用分析了制度的起源问题。科斯第一定理表明，如果交易费用为零，权利的初始配置不论怎样都是有效率的，不会影响资源的利用。科斯第二定理表明，如果交易费用大于零，权利的初始配置则会影响资源利用的效率，权利通过制度界定配置最有效率的一方。从科斯第一、二定理可以看出，如果交易费用不等于零，权利的初始配置就是重要的，制度就是必要的，这就是制度起源的本质。

（二）戴维斯和诺斯的制度创新与制度起源

戴维斯和诺斯从制度创新角度论述了“制度起源”问题。1971年，戴维斯和诺斯出版了《制度变迁与美国经济增长》一书，书中对制度创新的概念及内容进行了完整表述。他们认为，制度创新指的是能够使创新者获得追加或额外利益的、对现存制度的变革。有三个重要的因素对制度创新需求的产生起作用②：一是制度安排创新的潜在收入可能增加，这可能是由于某些外部性变动导致了从前未曾存在的外部效应的产生，风险得到调整，交易费用转移以及服从报酬递增的新技术得到了应用；二是组织或操作一个新制度安排的成本可能改变，这可能是由于新安排的技术有了改变，非经济部门的安排有了变化，或者在新的或竞争性安排中使用要素的价格发生了变化；三是法律上或政治上的某些变化可能影响制度环境，使某些集团实现一种再分配或趁机利用现存的外部利润机会成本

---

① 黄少安. 制度经济学[M]. 北京：高等教育出版社，2008.

② [美]R. 科斯，A. 阿尔钦，D. 诺斯，等. 财产权利与制度变迁——产权学派与新制度学派译文集[M]. 刘守英，等，译. 上海：上海三联书店、上海人民出版社，1994.

可能。

诺斯和戴维斯把制度创新过程分为以下五个步骤①。第一步:形成"第一行动集团"。这是指在决策方面支配着制度创新过程的一个决策单位,它预见到潜在利润的存在,并认识到只要进行制度创新,就可以得到潜在的利润。第二步:"第一行动集团"提出制度创新方案。第三步:"第一行动集团"对实现之后纯收益为正数的几种制度创新方案进行选择,选择的标准是最大利润原则。第四步:形成"第二行动集团"。这是在制度创新过程中,为帮助"第一行动集团"获得预期纯收益而建立的决策单位。制度创新实现后,"第一行动集团"和"第二行动集团"之间可能进行追加的收益再分配。第五步:"第一行动集团"和"第二行动集团"共同努力,使制度创新得以实现。诺斯和戴维斯提出,在经过上述这些步骤而使制度创新实现后,这时就出现了制度均衡的局面。制度均衡是指外界已不存在可以通过制度创新而获得潜在利益的机会,也就没有制度创新的可能性。当然,制度均衡不是永久不变的,一旦条件发生变化,制度均衡就会被打破。

这一制度创新的分析实际上阐明了一种新的制度是如何起源的。他们将制度看作是构建或者设计出来的,特定的集团或个人之所以构建或设计一种新的制度,是意识到制度创新的潜在利润能通过创新实现,否则就不能够获得。制度方案的设计和选择都是特定主体追求自身利润最大化的结果②。

第三节 政治学关于制度起源理论

政治学关于制度起源理论,集中体现在对国家制度起源的研究上,本节主要介绍国家制度起源的几种学说。

一、暴力起源论

暴力论也称武力论和战争论,其基本观点是,国家的产生源于族群间的掠夺和征服,而掠夺和征服是经过战争实现的,战争的胜利者成为统治者,战争的失败者成为被统治者,并不得不臣服于统治者和接受统治者的剥削,因而国家乃是战争或暴力的产物,其主要代表人物法国的伏尔泰,德国的杜林、考茨基,奥地利的龚普洛维奇,美国的奥本海默和卡内罗等人都是暴力论者。考茨基在他的《唯物史观》一书中说:战胜的部落使战败部的部落经常为战胜的部落做工,并强迫他们纳贡和缴租。每当发生这种情况时,便产生阶级划分。但这并不是将一个团体划分成几个小团体,而是相反地把两个团体结成一个,其中一个就做了统治

① 张宇燕.经济发展与制度选择[M].北京:中国人民大学出版社,1992:189.

② 黄少安.制度经济学[M].北京:高等教育出版社,2008.

阶级与剥削阶级，而另一个则成为被压迫与被剥削的阶级，战胜者为了统治被征服者而建立的强制性的机关就成为国家了。龚普洛维奇在他的《国家概论》中说：国家经常是以一个部落对另一个部落施以暴力的结果而出现的。它表现为较强的部落对较弱的部落的土著居民的征服和奴役。

奥尔森发现了暴力论的这个致命缺陷，遂提出常驻土匪说加以挽救。这个说法的基本逻辑是：人类早期是无政府的社会状态，由于个人都是理性自利人，社会上流行的是弱肉强食的丛林原则，结果土匪到处流窜抢劫。后有某匪帮想到找一个人多的地方常驻下来，将抢夺行为由全部抢光变成按“最佳抢夺率”抢夺。这就是只抢一部分，这个部分的边界定在不会让被抢者因被抢而逃跑或失去生产积极性的临界点，并将对这个部分的抢夺改称为“收税”，于是匪帮从此可以不费力地年复一年地小收渔利，达到自己利益的最大化。由于常驻匪帮知道，只有老百姓生产得越多，他们的抢夺率或税率才会越高，所以常驻匪帮继而就会主动维持社会秩序和生产、市场的秩序，做些保护居民人身财产安全，不让其他匪帮来抢，也不许居民互抢，以及调节、仲裁居民利益纠纷之类的“德政”，而最早的政府和国家制度就这样形成的①。

二、契约起源论

契约论是资产阶级关于国家起源的最有影响的学说。16～18世纪，许多著名的资产阶级哲学家、法学家和政治学家在国家的起源上都主张契约说。

社会契约论的渊源可追溯到古希腊。前苏格拉底时期的古希腊智者学派已经有了社会契约的观念。如原子论者伊壁鸠鲁说：自然法是一种求得互不伤害和都不受害的对双方有利的契约。近代自然法学派在国家起源问题上有三种典型的社会契约论。

一是专制政体的契约论。代表人物是霍布斯，认为在政府出现之前，人们处于自然状态，虽享有自由，但由于三大自然原因(竞争、猜疑和荣誉感)引起人们之间的纷争，人对人像狼一样，使自然状态成了一切人反对一切人的战争状态，人们出于自我保护，为了中止相互争斗，人们相互之间便通过契约建立了国家，把自己所有的权力交给一个人，即主权者。由于产生主权者的契约是授权者相互之间订立的而不是授权者与主权者之间订立的，所以这种契约不能撤销。主权者具有至高无上的权力，授权者必须服从主权者的任何命令，不能撤销其权力。霍布斯赞美君主制，认为君主政体是最好的形式。

二是君主立宪政体的契约论。代表人物是洛克。他认为在政府出现之前，人们处于自然状态。但洛克认定的自然状态是和平和睦的，人们是自由的，相互

① 蒋雅文．国家理论的争论与发展[J]．天府新论，2004(5)．

之间是平等的,任何人不得侵犯他人的生命、健康、自由和财产。但由于人们的无知与片面(不是霍布斯认为的自私与敌意),也会出现不便与不正义,人们正是为了弥补这些缺陷而建立了国家。洛克采用的是双重社会契约论,即人们相互之间通过契约首先建立了市民社会,然后人们与统治者又通过契约建立了政府。由于建立政府的契约是被统治者与统治者之间建立的,所以契约对统治者也有约束力,被统治者对政府的行为具有限制的权力。

洛克自然法思想的不少方面都为18世纪的美国人所接受。其一是在自然状态下存在着一些规则,洛克将它们称为自然规则或者叫作自然法。他提到:"自然状态下有一种为人人所遵守的自然法对它起着支配作用……任何人不得侵害他人的生命、健康、自由或财产……"这样的一种描述,在托马斯典·杰斐逊起草《独立宣言》中被概括为"自然法和上帝之法",带着一种与人类存在的历史共同诞生的天赋之规则的意味。根据洛克的理论,他还提到政府需经过创建活动才能够存在,一个合法的政府要经过人们的同意并接受它的统治时,它才能存在。杰斐逊同样认可了这种观点,他在《独立宣言》中这样描述道:"政府产生于人民,其正当权力源于受治者的同意。"只有人民接受了政府这样一种公权力的存在形式并且愿意服从它的安排,那么政府的权力产生的来源才是具有正当性的,也才具有普遍的认同感,人民的授权是一项不可动摇的基础。其二,洛克认为没有人或组织有权统治你,你也无权统治别人。任何一个人如果想取得统治其他任何人的权力,唯一的方法就是征得他们的同意。这也源于他的契约法思想。也就是说,就原本的状态而言,每个人,任何一个人,彼此之间都是生而平等的,没有谁能够自带高人一等的权力去统治他人,唯一的例外情况就是,得到他的同意,当他甘心被统治时,你也就具有了正当的统治他的权力,但如果这样的授权不存在,那么还是回到大家地位平等且自由的自然状态,没有统治的说辞可言。如果受治者不同意创建政府,则不存在合法的政府,在洛克的逻辑中,通过暴力创建政府和国家是非法的,那将把人类带入新的自然状态。其三,通过运用其理性来决定自然法规定什么权利之后,洛克接着又自问道:"不管人们信仰什么、不管他们生活在何时何地,什么才是所有人一直需要和期盼的呢?"他的解答可概括为:生命权、自由权和财产权,并将这些权利称为自然权利,如果其他人想要剥夺这些权利,你就有权防卫。而自然权利区别于其他政治权利的关键在于,前者是永恒不变的,不会随着人的社会状况而改变,而其他的则是不一定的。其四,每个人从根本上说都是理性的、社会性的,但他们同样也是自利的,每个人都会从自身出发去寻找最适合自己的福祉,由于人们借以保护其自然权利的唯一保障就是他们的力量或狡诈,较为强壮或聪明的人通常企图剥夺弱者的生命、自由和财产来维护其自然权利。其五,柔弱的人可能通过联合其他人的方式来对抗强者以保护自己。其六，由于没有每个人都同意的法律、没有政府执行法律，所以每个人的权利都不安全，这里说的不安全的权利，大致指的就是洛克所说的自然状态下的人们的自然权利。

可见，基于洛克的自然权利而建立的政府，才可能是真正的服务性质的政府，它的权力也才是真正来源于人民，它的成立目的也才真正是为了切实保障人民的自然权利。洛克和其他自然权利的哲学家认为，政府的目的是保护自然权利。托马斯·杰斐逊同意此观点，并在《独立宣言》中提出这一主张。杰斐逊在《独立宣言》中陈述的洛克的另一个观点是，政府因人民的同意而获得统治权，其权力由受统治者授予。洛克还主张，如果一个政府不能保护人民的权利，人民就有革命的权利。在《独立宣言》中同样有相关的论述："任何政府不论何时戕害这些权利，人民就有权变更或推翻它，建立新政府……"然而通过暴力革命的方法去更换政府属于下策，仍有很多其他方法可以避免这种方式的发生而又能够保护人民的权利，比如将政府加以设计变成有限政府等。尽管到第一次大陆会议召开之时，仍有人反对自然权利的说法，但事实上洛克的自然权利理论以及有关人民有权反抗政府压迫的正当权利理论仍然成了《独立宣言》的哲学基础。

三是民主共和政体的契约论。代表人物是卢梭，他认为在自然状态中，人与人是平等的，人类的不断发展，出现了私有制，引起了人类的不平等，形成了社会上的强弱之分。为了寻求新的平等，人们先形成公意，然后通过缔结社会契约，建立平等、自由、博爱的新社会。在新社会里，主权者既不是个人，也不是一部分人，而是所有缔约者。缔结社会契约的每一个人既是与公众缔约，又是与自己缔约，因为每一个缔约者既是主权者，又是授权者。由于主权来自于公意，所以，主权在民，且不可转让。主权的不可转让性蕴涵着直接民主制的思想，是最激进的民主理论。

社会契约论具有潜在的革命性，成为近代西方宪政制度的理论基石。英、美、法等国的宪政制度就反映了社会契约思想。社会契约论是一种假说，无法得到科学的证明。在注重实证的19世纪，曾一度衰微。但在20世纪后半叶，由于美国著名政治学家罗尔斯的提倡，社会契约论再度复兴，成为当代自由主义思想的一个重要的理论基础。美国经济学家布坎南也用社会契约论解释一些经济问题。

三、群演论

群演论有若干不尽相同的具体说法，但基本观点都是把国家的起源解释为人群不断演化的结果，并都认为这种演化过程总共经历了四个阶段，只不过对四个阶段的划分及表述，不同学者有不同的说法。美国著名人类学家摩尔根持"氏族—部落—部落联盟—国家"的演进模式；另一位美国学者塞维斯提出以"酋邦"

为重心的演化模式，即原始群（游团）—部落—酋邦—国家；还有一位美国人类学家弗里德则提出“分层社会”的演化模式，即原始平等社会—等级社会—阶层社会—阶级社会①。

四、社会管理说

该学说认为，在人类历史的三次大分工（分别是农业部落和游牧部落从狩猎、采集者中的分离；手工业和农业之间的分离；商人阶层的产生）出现之后，使得人类的生产活动更加复杂，产品的种类更加丰富。随着生产活动和产品交换的大发展，需要有一个权威组织来保证生产以及交换的顺利进行，同时脑力劳动与体力劳动相分离并成为某些人的职业，使得这种权威组织不仅十分被需要而且成为可能，因此对国家产生了巨大的需求，最终国家产生了。

社会管理学说认为，由于社会分工的加剧，需要有一个权威组织来保证生产以及交换的顺利进行，所以建立了国家。这种说法本身没有错误，是正确的废话，因为社会分工在前，国家的产生在后，该学说是在承认了社会分工之后，才推导出对国家的需求，因此该学说的漏洞在于，没有真正的回答为什么会出现社会的大分工？权威组织（即国家）是如何保证生产以及交换的顺利进行的？

五、神权说

这种观点认为，国家是由神或上帝直接或间接创造的，是神或上帝为了保护人类而创造的。在创造过程中，人并不重要。一切政治权力都是神或上帝的赐予。统治者是上帝在世间的代理人，人民应绝对服从。除了神或上帝，君主不对任何人负责；人民如果反抗国家、国家的权力及统治者，都是不可饶恕的弥天大罪。国家神权说在东西方的封建社会都很发达，但在现代文明社会中，绝大多数人的已经越来越认识到其荒谬之处，但在当今社会某些独裁专制的国家，仍然有一定的“市场”。

国家起源问题一直备受学者关注，特别是20世纪以来，西方学者注重从人类学、考古学、历史学、社会学等各方面入手研究国家起源。从人类学的视角来说，塞维斯和弗里德提出了著名的酋邦理论和分层学说。与此同时，各种具体理论也不断出现，如城市革命、贸易和战争。由于单一因素不能解释国家的产生，因此综合理论应运而生。生态学理论注重利用气象数据并与合理的推测相结合，社会理论则以更具体的权力、意识、性别和团体进行研究，而这些都推动着国家起源理论的发展②。

---

① 刘军．国家起源问题研究述评[J]．北京行政学院学报，2003(6)．

② 孙晓茹．西方国家起源理论研究述评[J]．内蒙古民族大学学报(社会科学版)，2006(6)．

第四节 马克思主义关于制度起源理论

马克思主义关于制度分析的理论是以唯物史观为基础的。马克思认为，在人类社会产生之初，由于个人抗御和利用自然、获取生存资料的能力十分有限，为维持生存、延续种族，原始先民不得不在血缘联系基础上，以氏族、部落和公社的形式结合为共同体。在这种社会形态中，离开共同体的孤立的个人无法生存下去，更谈不上进行社会生产活动，所以在社会生产过程中，人与人之间必定要发生经济关系，对这种经济关系做出规范的安排就是制度①。

马克思从人类与自然界的出发，从生产力的发展导出了第一个层次的制度起源，即社会生产关系的形成过程；进而又从社会生产关系中不同集团和阶级的利益矛盾和冲突出发，从社会生产关系中导出第二个层次的制度的起源，即包括政治、法律、道德规范等在内的上层建筑。不管第一个层次的制度，还是第二个层次的制度，归根结底是为了维护统治阶级的自身利益②。

一、产权的起源

马克思对社会制度变迁的分析是围绕产权的变革而展开的，可以说，要探究马克思对制度起源的问题，就离开不马克思关于产权的理论。马克思认为，产权绝不是一个孤立的范畴，其本质是全部生产关系的总和，这些生产关系是在社会生产过程中形成的，并最终以国家政治法律制度、道德规范和习俗等上层建筑形式得到确认、保护和体现。

那么产权是如何产生的呢？马克思指出：人们为了能够创造历史，必须能够生活。但是为了生活，首先就需要衣、食、住以及其他东西。因此，第一个历史活动就是生产满足这些需要的资料，即生产物质生活本身。生产活动至少需要三个要素：劳动者、劳动资料和劳动对象。其中，劳动资料和劳动对象构成了生产资料，因而人类在生产过程中会形成两方面的关系：一方面是劳动者与生产资料的关系；另一方面是劳动者之间的相互关系。劳动者与生产资料的关系，本质上反映的是人与自然的关系。人类的生产活动并不是单个人的活动，而是根据生产条件，在一定范围内，按照一定方式组织起来进行的。人类生产活动的集体性质决定了人们在生产过程中必然会发生各种各样的联系。如谁占有生产资料，

---

① 林岗，刘元春.诺斯与马克思：关于制度的起源和本质的两种解释的比较[J].经济研究，2000(2).

② 林岗，刘元春.诺斯与马克思：关于制度的起源和本质的两种解释的比较[J].经济研究，2000(2).

谁来安排资源的使用，谁在哪个岗位上完成什么样的工作，谁决定产品的分配，按什么样的标准分配，等等。这些问题的解决方式界定了每个成员的经济利益，从而形成了人与人之间的经济关系，这些关系的总和就构成了社会的所有制结构，也就是产权制度。产权制度是在一定的物质生产条件下形成的。

在马克思看来，产权是随生产力的发展而不断变化发展的，是一个历史范畴，生产力发展的不同阶段，相应的产权制度也各不相同，到共产主义社会最终会废除产权制度。

二、企业制度的起源

马克思虽然没有专门著作系统地进行过企业理念研究，但他在《资本论》各章中对资本主义企业进行了深入的分析，就企业的起源、性质，企业演化的动力机制，企业形态的发展，企业的产权制度等问题进行了深入研究，同时也考察了企业的分工协作以及企业的产权制度对经济增长和经济发展的作用。马克思认为，分工和协作是生产关系的表现形式，由于生产力的发展而出现的分工和协作是企业制度的起源和演进的根本原因，企业制度的演进是一个自然的历史过程，企业制度的变迁也是资本主义生产关系演变的表现。企业制度形态的发展演变与经济发展的阶段紧密相连，是生产力、生产关系和市场等因素合力作用的结果。①在企业制度起源问题上，他主要提出了以下几点：

（一）生产力水平是企业制度演变的决定性因素

马克思主义认为：生产方式是人类社会发展的决定力量，生产方式决定社会制度的性质，决定社会制度的更替，在生产方式的矛盾运动中，生产力决定生产关系。从长期来看，科学技术是社会重大历史变革的杠杆。正如恩格斯所指出的：在马克思看来，科学是一种在历史上起推动作用的、革命的力量。任何一门理论科学中的每一个新发现——它的实际应用也许还根本无法预见——都使马克思感到衷心喜悦。②

（二）企业制度演变受制于企业所处的生产关系

企业制度是生产关系是一部分，生产关系通过企业制度安排决定了企业的生存和发展。制度决定了市场交易成本。历史地看，有利的环境是企业发展演变的推进器，相反，不利的制度环境则会延缓技术创新和企业发展的进程，同时企业本身构成制度的一部分，企业的变化发展又会影响制度变化的路径和过程③。

---

① 汪宗田. 马克思主义制度经济理论研究[M]. 北京：人民出版社，2014.

② 马克思恩格斯选集(第 3 卷)[M]. 北京：人民出版社 1995：777.

③ 汪宗田. 马克思主义制度经济理论研究[M]. 北京：人民出版社，2014.

(三) 企业制度的演变受市场的影响和制约

马克思指出,衡量市场的规模、贸易的规模,要看它们借以表现为交换价值的商品系列。进入市场的商品数量越多,市场规模越大。市场的容量也表现为进入市场的商品生产者的数量,卖者与买者越多,表明市场规模越大。交易活动的集中,特别是买卖双方集中于一个市场,提高了市场配置资源的效率,也降低了交易成本。随着交易规模的扩大,使用人数的增多,则减少了建立和实施程序、规则等缔约成本,从而影响企业的演变。①

三、国家制度的起源

国家不是从来就有的,曾经有过一个时候是没有国家的②。在人类社会发展的最初阶段,即原始氏族公社时期,生产力水平低下,没有私有制、阶级、剥削,也就没有国家。与此相适应的人类的社会制度和社会组织是原始公社制度和氏族社会组织。氏族组织既是原始社会的社会组织,又是生产组织,生产发展到社会第一次大分工(农业与畜牧业的分离)时,就已经有奴隶出现,而在第二次社会大分工(农业与手工业分离)时,奴隶已成为农业、手工业的主要劳动力。这时,国家尚未出现,只有当社会上出现了剩余产品及产生了对剩余产品分配和占有问题时,阶级才形成。当两个对立阶级的矛盾不可调和时才出现了国家。也就是说,占有大部分剩余产品的阶级开始采用暴力手段保护自己的既得利益,这个暴力工具就是国家。所以马克思认为:国家就是暴力机器,是一个阶级用来镇压另一个阶级的有组织形式的暴力。恩格斯在《家庭、私有制和国家的起源》一书中,批判地利用了摩尔根关于古代社会的研究成果,揭示了原始公社制度产生、发展及瓦解的规律,国家的出现是人类社会发展的必然结果。

【案例】

猴子与香蕉实验

把5只猴子被关在同一个笼子里,笼子顶上挂有一串香蕉。实验人员装了一个自动装置,一旦侦测到有猴子拿香蕉,马上就会有水喷向笼子,5只猴子都会一身湿。

首先,有一只猴子肚子饿了想去吃香蕉,结果它去碰了香蕉,导致5只猴子都被水淋湿了。过了一会儿,另外一只猴子也肚子饿了想吃香蕉,去碰了香蕉,这时候5只猴子又被水淋湿了。之后,这5只猴子经过多次的尝试,发现莫不如此。于是猴子们达成一个共识:不要去拿香蕉,以避免被水喷到。

此后,实验人员把其中的一只猴子换出,换进一只新猴子A。因为是新来

① 汪宗田.马克思主义制度经济理论研究[M].北京:人民出版社,2014.

② 列宁选集(第4卷)[M].北京:人民出版社 1995:27.

的，新猴子 A 不知道之前发生了什么，所以这只猴子看到香蕉，自然马上去拿。结果，其他 4 只猴子就对新来的猴子一顿暴打，这让新来的猴子感觉莫名其妙。

过了一会儿，新来的猴子肚子饿了，又去碰那根香蕉，其他 4 只猴子又对它一顿暴打。A 尝试了几次，虽被打得满头包，依然没有拿到香蕉。当然，这 5 只猴子就没有被水喷到。新来的猴子挨了几次打后，就再也不去拿香蕉了，原因是——怕挨打。至于为什么其他猴子要打它，它自己也不清楚。

接着，实验人员再把第一次实验中留下来的 4 中猴子中随机抽选 1 只猴子，换出笼子，然后换进另外一只新猴子 B。B 猴子一进笼子，就迫不及待想要去拿香蕉。当然，和之前发生的情形一样，香蕉最后没吃到，反而是吃了其他 4 只猴子的一顿暴打。最后，新来的 B 猴子很快地适应了"不碰香蕉"的规则。

实验人员发现一个有趣的现象，上次挨打的猴子，这次出手最积极，下手最重。原来，其他猴子是因为自卫才暴打新猴子，而这只猴子是出于报复，因为它从未被水淋过，之前被打显然很无辜，它得发泄它不公平待遇的情绪。

就这样，实验人员不断地把旧的猴子换出，不断地换成新猴子。最后，最初的 5 只猴子都被换走了，剩下的都是新的 5 只猴子，它们都不知道水的存在，它们只知道一件事——谁去碰那串香蕉，谁就要被暴打一顿。

实验继续——不过这一次改变了喷水装置，即一旦侦测到有猴子去拿香蕉，马上就会有水喷向拿香蕉的猴子，而不是全体。实验人员换进去一只新猴子 C。C 特别威猛有力。发现 C 去拿香蕉，其他四只猴子也想暴打 C 一顿，结果反被 C 揍了一顿。于是猴子 C 拿到了香蕉，当然也被淋了个透湿。C 一边打着喷嚏一边吃着香蕉，但是也美中不足。其它猴子没有香蕉吃却也比较快乐，毕竟没有被淋到嘛！后来，C 发现只有拿香蕉的那个才会被淋到，他就要最弱小的 A 替他去拿，A 不想被打，只好每天拿香蕉然后被水淋，剩下的猴子也非常快乐，于是，5 只猴子形成了三个团体。

思考题

通过猴子实验，说明传统习惯是如何形成的。

第四章　制度功能与制度困境

第一节　制度功能

制度是一个复杂的系统，即分领域、有层次、多形式的“制度之网”，它们之间相互制约、相互作用，共同导向、规范、协调、整合人们的政治、经济、文化、生态及社会行为。制度从结构上可分为规定社会根本性质的基本制度、规约人们基本关系的体制制度和调控社会生活微观领域的具体规章制度；制度按内容可分为经济制度、政治制度和文化制度等①；按制度价值又可分为应然制度与实然制度；从共性与个性关系看，制度功能可分为一般功能与特殊功能，一般功能即不同领域、不同层次、不同形式、不同内容制度所具有的共同制度功能，特殊功能即不同领域、不同层次、不同形式、不同内容制度功能的特殊作用，本章仅限于对制度经济功能、政治功能、道德功能进行介绍。制度的复杂性决定了制度功能多样性。

一、制度的一般功能

（一）制度具有规范秩序功能

这是制度最直接的功能。英国学者边沁认为，法律控制的首要目的是平等和安全，即要有良好的社会秩序。亨廷顿也曾说过，现代国家的首要问题是建立一个合法的公共秩序。制度作为人们行为的规范体系，它首先是人们行为的“游戏规则”，对于生活于该规范体系的任何组织和个人都必须遵守规范，否则就得付出代价。制度作为一种有效规范和约束人们行为的游戏规则，能为人们的行为追求和社会交往提供一个相对稳定有序的活动空间，规范和约束人们非理性和非制度化的行为，减少和缓解人们之间的行为冲突，减少人们行为环境的复杂性和不确定性，提高人们行为追求和相互合作成功的效率②。

（二）制度具有激励功能

制度规范具有能动性和导向性特点，良好的制度是鼓励竞争、鼓励创造的制

① 刘再春.论制度的本质、功能和创新[J].山西高等学校社会科学学报，2004(8).

② 刘再春.论制度的本质、功能和创新[J].山西高等学校社会科学学报，2004(8).

度，它能够通过优胜劣汰来充分激发人的潜能和活力，给人的个性、才能和主观能动性以充分施展的空间。这就是诺斯所说的“制度框架提供激励”①。也正如华盛顿所说，开始是人创造制度，后来是制度创造人，“后来是制度创造人”。实际上就是强调制度对人的激励功能。

（三）制度具有治理功能

良好的制度能形成开发、配置、利用资源的有效机制，提高治理能力。通过制度治理能使大家理性地交往，有效地减少冲突，避免托马斯·霍布斯所说的“人对人是狼”、“人人相互酣战”，从而降低交易费用和社会运行成本，提高社会发展效率，就是说制度治理，能避免治理过程出现的各种风险。制度治理已经成为现代治理的重要方式之一。

（四）制度具有整合性功能

社会是复杂的关系集合体，社会关系的本质就是利益关系，人们为了各自的利益追求，会出现各种不同的并可能会产生冲突的利益关系和社会力量。如果不能对各种不同的社会力量进行合理整合，不仅会极大地提高人们的社会交易成本，造成社会资源的巨大浪费，而且还会因种种利益冲突的加剧和各种社会力量内耗的加剧，造成社会发展的停滞甚至倒退。制度作为一种在一定历史时期、一定程度和一定范围内的社会关系的规范体系，能够对社会资源和财富进行形式合理性配置。因而它能够在一定程度上协调和平衡人们之间的各种利益关系，把人们的利益矛盾和冲突控制在一定范围内，并能够整合因利益分化而出现的各种社会力量，防止和减少各种社会力量的内耗，形成促进社会发展的“合力”。政治强权和意识形态等精神因素，固然也具有这种协调整合功能，但政治强权的作用是建立在制度的形式合理性和合法性之上；而意识形态等精神因素的作用则要通过社会成员的内心觉悟才能实现。

（五）制度具有预防功能

确定性是制度的重要特征之一，通过立法建制，标出是与非、罪与非罪的界限，它明确告诉人们哪些事能做，哪些事不能做，这样就能使人产生心理预期，遵守制度将成为人们行为选择，并逐步内化为道德习惯，从而达到“从心所欲不逾矩”的境界。

二、制度的特殊功能

（一）经济制度功能

关于制度的经济功能，近年来西方重大的制度经济学派对制度的经济增长

---

① ［美］道格拉斯·C.诺斯.制度变迁理论纲要［M］//文池.在北大听讲座（第1辑）.北京：中国城市出版社，2001：245.

功能进行了深入研究，提出了一系列观点。新制度经济学派的代表人物道格拉斯·诺斯在其代表作《经济史中的结构和变迁》和《制度·制度变迁和经济绩效》中指出：在长期的经济变迁中，经济增长的主要因素是制度因素，而非技术因素。通常经济学家是将技术创新、规模经济、教育和资本积累看作经济增长的源泉，而诺斯却认为这些都取决于制度的激励与保障①。新制度经济学家的基本逻辑：制度通过影响个人选择从而影响长期的经济变迁，长期的经济变迁乃是由直接或间接影响经济绩效的政治和经济组织（可以把它们作为人格化的个人看待）的无数短期决策累积影响而成的。也就是说，个人在微观层次上所从事的经济活动的总和构成了宏观经济结果②。那么制度又是如何影响个人选择的呢？

1. 制度影响个人选择的偏好动机

个人的行为动机总是在追求自身利益最大化，而个人利益是由一组目标或效用如财富、权力、地位、职业保障等构成的，在这组目标中，制度因素决定着实现各种目标的难易程度及目标替代函数，从而影响着个人偏好的形成③，也就是说：个人正是在制度限定范围内，参照制度提供的相关信息，做出从事何种经济活动的选择的。如果特定的制度安排鼓励人们从事发明创造和生产性活动，经济就会持续增长；如果这种制度为人们提供的是不良刺激（如从事寻租活动更为有利可图），那么非生产性活动就会盛行不衰，经济也会走向停滞和衰退。④

2. 制度为个人选择提供激励系统

正是基于个人利益最大化的追求，趋利避害就成为个人选择的主要原则。通过制度奖惩机制就为个人选择提供了如何取舍的某些信息。据此，个人不仅可以预知行为的后果，而且可以计算采取何种方式实现自己的目标最为合算。所以制度的有效性决定着个人选择的有效性，从而决定着经济绩效，一个社会如果没有实现经济增长，那就是因为没有为经济方面的创新活动提供激励，也就是说，没有从制度方面保证创新活动的行为主体应该得到的最低限度的报偿或好处⑤。诺斯以经济增长的一大要素——技术创新活动为例说明了这一点：我们可以看到新技术不断地被开发出来，但步伐缓慢，时有间断，主要原因在于对发

---

① 周瑞华. 制度功能析[J]. 湖北师范学院学报（哲学社会科学），1999(1).

② 何增科. 新制度主义：从经济学到政治学[M]//刘军宁，等. 公共论丛：市场社会与公共秩序. 北京：生活·读书·新知三联书店，1996：346.

③ 何增科. 新制度主义：从经济学到政治学[M]//刘军宁，等. 公共论丛：市场社会与公共秩序. 北京：生活·读书·新知三联书店，1996：348.

④ 何增科. 新制度主义：从经济学到政治学[M]//刘军宁，等. 公共论丛：市场社会与公共秩序. 北京：生活·读书·新知三联书店，1996：346.

⑤ 周瑞华. 制度功能析[J]. 湖北师范学院学报（哲学社会科学版），1999(1).

展新技术的激励仅仅是偶然的，通常创新可以被别人无代价地模仿，而发明者得不到任何报酬。直到现代，不能在创新方面建立一个系统的产权，仍是技术变化迟缓的主要根源。①

3. 制度为个人选择提供稳定的行为预期

在市场经济体系中，人的经济活动关系具有高度复杂的关联性，对他人行为的预测是个人选择的必要前提。但由于信息的不完全、理性选择的有限性及道德判断的分歧使人的行为确定非常困难，只有在一定的制度框架下，人的行为才具有可预知性。因为一定的制度框架作为行为体责、权、利的明确划分和强制规范，就使每个行为体的目的、手段及与之伴随的后果之间具有客观的因果关系，因此每个行为体的行为不仅具有最大程度的可预知性、可计算性，而且具有相对的稳定性。

（二）政治制度功能

1. 政治管理权威的合法化、独立化功能

现代政治管理任务繁多，功能各异，机构种类复杂，有政党机构、政府机构、司法机构，还有一些社会政治组织机构，而每一机构又是由不同层级的分支机构所构成，不同机构的权力与义务错综复杂地交织在一起，这就要求政治机构之间定位明确、权限清楚，否则就会造成政治管理效率低下，甚至会造成管理上混乱。如英美等国出现政党政治的早期，就曾出现政、党不分的现象，政党控制政府，采取“分肥制”方式，结果影响了政治管理的效率，还导致政治腐败，后来西方采取了常任文官制度的形式来实现党同政府的分立，文官制度保持中立，这对政府管理的正常起到了积极的作用②。可见通过一定的法律制度，特别是宪法制度将各政权组织，使其依法行使职权是极为重要的：一方面，它使政治管理机构的权威合法化，由此政治管理权力具有法律保障，免遭来自于社会的冲击；另一方面，它使政治管理的权限相对独立化，责任明确，分工合作，由此政治管理方可实现高度的规范化，效率化，就像马克斯·韦伯描述的那样：精确性、速度、清晰性、持续性……统一性、严格的服从、减少摩擦、降低物力和人力消耗等等，在严密的官僚制的行政管理中这些被提高到最适宜的程度③。

2. 政治管理权力的遏制功能

政治权力作为一种公共权力，有其扩张性和腐蚀性，对此孟德斯鸠曾指出：

---

① ［美］道格拉斯·C.诺斯.经济史中的结构与变迁［M］.陈郁，罗华平，等，译.上海：上海三联书店、上海人民出版社，1994：185.

② 周瑞华.制度功能析［J］.湖北师范学院学报（哲学社会科学版），1999(1).

③ 苏国勋.理性化及其限制——韦伯思想引论［M］.上海：上海人民出版社，1988：214.

越是具有权力，就越是想拼命取得权力；正因为它有了许多，所以要求占有一切。有权力的人们使用权力一直到遇到有界限的地方才休止。① 经济学家布坎南也认为，政治活动家似乎有一种“天然的”倾向去扩展政府行为的范围和规模，去跨越任何可以想象的公共，界限，军队和政府机关很少或不会顾及政府行为的适当界限。只有政治的、集体的、政府的或国家的活动范围受到可强制执行的宪法的约束，方可阻止此种过分的扩张②。权力具有强大的支配力量，掌权者在行使权力过程中，在提供公共服务的同时，一旦自私和滥用权力，把它变成交换价值，就会带来高额收益，这对意志不强的掌权者具有极强的诱惑力，因此：一个被授予权力的人，总是面临滥用权力的诱惑，面临着逾越正义与道德界线的诱惑。一切有权力的人都容易滥用权力，这是万古不易的经验。③ 面对这种极强的诱惑力，任何道德说教都无济于事，只能通过外在的制度力量才能遏制。

3. 政治管理过程非人格化、稳定化功能

在社会发展的进程中，“人治”是传统管理的重要方式，高效率是它的基本优势，但管理者往往凭个人主观臆断，凭经验、凭传统决策；管理者行为常以个人意志而定，因人而异，因“情”而异，因“关系”而异，这种以言代法、以权代法的行为，会导致腐败层出不穷，政治不稳定。政治管理的制度化、法制化能够克服管理上的“人格化”弊端。管理制度化要求管理者必须遵循“制度至上”或“法律至上”的理念，严格法定程序，按公平原则进行科学决策，这样就能避免管理者“徇私枉法”，做到“公事公办”。

4. 民主保障功能

民主与制度（或法制）是相辅相成、不可分开的，民主是制度的基础，制度是民主的保障，民主是内容，制度是形式，这是民主与制度的基本关系。民主是任何人都不可侵犯的公民基本人权，这种基本权利不能靠口头承诺，需要制度保障。制度不仅规范了民主权利内容，而且规范了实现民主的基本程序，从而最大限度地保障公民根本利益的实现。当然，我们讲的民主不是绝对的，是相对的，是在一定范围内的民主，如果打着“民主自由”的幌子随意妄为，置国家民族利益和他人合法利益于不顾，必然导致暴民政治，因此，建立完善的制度是实现民主政治管理的必由之路。

（三）道德制度功能

道德伦理是社会稳定发展的必要条件，然而道德伦理的确立、维持虽根源于

① [法]孟德斯鸠.论法的精神(上)[M].张雁深，译.北京：商务印书馆，1961：154.

② 刘军宁.共和·民主·宪政[M]//刘军宁，等.公共论丛：市场社会与公共秩序.北京：生活·读书·新知三联书店，1996：39.

③ [法]孟德斯鸠.论法的精神(上)[M].张雁深，译.北京：商务印书馆，1961：154.

文化、传统、习俗等,却离不开制度的支撑作用。

1. 协调功能

由于人趋利避害的本性,道德作为一种利他原则不可能绝对地存在,它只能存在于“利己”与“利他”的统一中,或者说,道德只有在与个人利益协调一致时才能被行为者选择(特定的信仰、情感行动不在此论)。在现代社会关系日益复杂广泛的条件下,这种体现利益协调的道德原则已很难自然形成,唯有通过制度安排才能实现①。正如哈耶克所讲:在排除了制度安排的情况下,不存在利益的自然协调,任何有效的个人主义秩序都必须是非常有组织的,以使个人能预期到其能力和资源的不同使用所产生的相对收益,并使个人收益与给他人带来的效用一致②。可见,一定的制度安排作为个人利益的保护、让渡和交换的行动规则,使个人利益与他人利益相容,使利己与利他一致,有利于促进刺激行动者采取利他道德行动。大公无私、公而忘私、公私兼顾、自私自利、损人利己、损人不利己,市场经济是私有制经济,要实现集体主义、大公无私,必须要有制度保障。

2. 引导功能

依据西方经济学家曼瑟·奥尔森认为,个人理性并不会必然导致集体理性,基于个人趋利避害的本性,总是用最小的成本获得最大的收益,而希望他人付出更多以便对自己有利,因此,个人对集体往往采取不负责任的态度而坐享其成,可见集体利益的实现或集体道德形成不可能在个人理性基础上产生,必须依靠制度引导,正如张宇燕所讲:不管个人如何精明地追逐自己的利益,社会的理性也不会自发地出现,此时此刻,只有借助于“引导之手”或是适当的制度安排,才能求得有效的集体结果。③

这说明,制度作为集体公共利益的体现、通过其约束激励机制,有助于促进刺激个人的集体道德行为。

3. 强制约束功能

道德是一种社会意识形态,是人们共同生活及其行为的准则与规范。道德往往通过社会舆论、内心信念和传统习惯来评价人的行为,调整人与人之间以及个人与社会之间相互关系的行动,这一特性决定了道德不能总是被人自觉地遵守。在相当的场合下,道德仍是他律的,是通过他人的监督得以维持的社会规范,道德在它便于被监督的社会关系中,或者是在确信有监督存在的情景中有作

---

① 周瑞华. 制度功能析[J]. 湖北师范学院学报(哲学社会科学),1999(1).

② 张静. 经济:道德? 不道德[J]. 读书,1997(11).

③ 张宇燕. 奥尔森和他的集体行动理论[M]//刘军宁,等. 公共论丛:市场逻辑与国家观念. 北京:生活·读书·新知三联书店 1995:170.

用①。因此,道德需要具有带有惩罚性功能的制度强制约束"失德"行为,从而达到自觉遵守道德规范之目的。

4. 教化功能

道德是催人奋进的引路人。它培养人们良好的道德意识、道德品质和道德行为,树立正确的义务、荣誉、正义和幸福等观念,使受教育者成为道德纯洁、理想高尚的人。这种应然的道德功能在现实生活中并不能有效发挥出来,因为人们的行为不是由规则驱动的行为而是自利偏好推动的行为,制度作为一系列权利、义务、责任的强制规范,作为一定社会行为方式的强制约束,一经诞生,就会释放出强大的教育功能,使整个社会行为模式卷入其中而不自觉②。

第二节 制度失灵

制度的功能决定了制度设计的必要性,但有的制度设计出来,并没有人们想象那样能够发挥其应有的作用,有些制度的实际效果并不乐观,即制度失灵现象时常发生,其内在的原因是什么?

一、制度失灵含义及构成要素

何谓制度失灵,就目前研究文献看,大多数学者进行了模糊描述,当然也有部分学者进行了明确定义。如有学者从经济学视角进行定义,认为制度失灵是指社会的结构、决策、政策,特别是价格机制等无法促使资源达到社会最优化配置状态,或者说,这些结构、决策、政策以及由此形成的价格机制会引导或倾向于使社会远离最优资源配置状态③。杨圣坤对制度失灵进行了比较准确的界定:制度失灵主要是对制度执行过程中出现的偏离、背离、妨害制度目标实现的一切制度执行行为的理论统称。具体说来,制度失灵是指在制度执行过程中,制度执行者有意实施偏离或背离制度目标的行为,或者以消极不作为的方式来妨碍、干扰、逃避制度对有关利益的分配和调整,从而使制度目标出现不能实现的现象和情形④。从目前研究文献看,这是比较科学的定义,它具有以下几个特点:

(1) 目标的偏离性。任何制度设计都有其基本的价值目标,它贯穿于制度设计、制度执行与制度评价的全过程,是制度失灵检验的重要标准,它是制度设计的起点,也是制度执行的终点,一旦制度执行没有达到预期的设计目标,就意

① 张静. 经济:道德? 不道德[J]. 读书,1997(11).

② 周瑞华. 制度功能析[J]. 湖北师范学院学报(哲学社会科学),1999(1).

③ 杨圣坤. 制度失灵的基础理论问题探析[J]. 山东工商学院学报,2013(1).

④ 杨圣坤. 制度失灵的基础理论问题探析[J]. 山东工商学院学报,2013(1).

味着制度失灵。

(2) 内容的变异性。制度内容一般是由制度设计目标、制度基本原则、行为规则、惩罚措施等内容构成，当制度失灵时，就会导致原有制度的内容貌合神离、残缺不全、支离破碎，或被替换执行，或被扩大执行，或未被执行，制度本质上就发生了变化。

(3) 行为的隐蔽性。制度失灵行为具有相当的欺骗性和隐蔽性。在制度执行过程中，执行者为了实现自己的个人利益，巧妙地规避制度，即使制度执行者偏离制度目标，在表面上也表现出执行的合法性、合理性，此时往往打着“因地制宜”的幌子，公然违背制度。

(4) 主客观结合性。制度失灵既有主观因素，也有客观因素。从主观方面看，制度失灵产生于制度执行者自身的知识水平与对制度的执行力或是执行者对利益的追求；从客观方面看，制度失灵产生于制度本身的缺陷或者受制于执行体制因素影响。制度失灵往往是主客观因素共同作用的结果。

一般来讲，制度失灵由三大要素构成。一是制度失灵主体。制度失灵的主体也就是制度主体，包括制度的设计者、制度的执行者和制度约束对象。二是制度失灵行为。即偏离或违背制度目标的行为，包括完全偏离制度目标、不完全偏离制度目标或者完全违背制度目标、不完全违背制度目标等。制度失灵行为既可以是制度执行者机械的、消极的、不作为的行为，也可以是制度执行者主动的、积极的、有意的行为。虽然这两种行为在主观方面存在明显不同，而且行为的表现形式也有明显差异，但它们都妨碍了制度目标的实现，这是二者造成的共同的不利影响①。三是制度失灵后果。由于人的行为或制度自身的原因无法实现制度设计的最初预期的目标，这是判断制度失灵的重要标准。

二、制度失灵的类型

制度失灵类型有不同的划分方法，如根据划分的依据不同，分为结构性失灵和变迁性失灵②；根据资源配置方式不同，分为市场制度失灵与政府制度失灵；根据制度失灵原因和程度不同，分为制度意识性失灵、制度缺陷性失灵、监督乏力性失灵、惩罚不力性失灵③。制度意识性失灵，是指制度意识淡薄造成的制度失灵。制度意识包括制度执行意识与制度维护意识，前者主要表现为制度执行者对制度建设重要性、自觉性和责任感不强，仅停留在表面；后者强调制度执行

① 杨圣坤.制度失灵的基础理论问题探析[J].山东工商学院学报,2013(1).

② Musbtaq Kban. State Failure in Weak States[Z]. New York: The New Institutional Economics and Third World Development, Routledge, 1998.

③ 杨圣坤.制度失灵的基础理论问题探析[J].山东工商学院学报,2013(1).

者要不断完善制度,使之更加科学合理。制度缺陷性失灵,是指由于制度设计缺乏前瞻性、系统性、针对性和可操作性,制度有缺陷。这些情况有的是缺乏深入调查,没有考虑实际情况导致制度失灵;有的是因为对旧的制度缺乏清理,导致制度之间发生冲突导致的制度失灵;有的是由于制度规定过于笼统、原则,没有具体实施细则,缺乏可操作性,导致制度失灵。监督乏力性失灵,是指对制度执行力的监督机制不健全,监督乏力,不能为制度运行提供有效的保障,使制度失灵未能得到有效的遏制。惩罚不力性失灵,是指对违反制度的责任追究不到位,弱化了制度应有的权威,结果导致制度失灵。

三、制度失灵的表现形式

由于制度失灵原因众多,也导致制度失灵表现形式多种多样。① 制度替换,是指制度执行者以本地区、本部门的特殊性或者制度的僵硬性和抽象性为借口,对制度的部分内容或精神实质进行歪曲、曲解,根据自己的需要对制度进行解释和执行,从而导致制度内容发生实质改变,甚至被与原制度相差甚远的"新"制度完全替换。② 制度违背,是指制度执行者有意违反现行制度的行为,一是"应为而不为",制度执行者拒绝实施制度的规范要求;二是"不应为而为",制度执行者做出制度明确禁止的行为。③ 制度投机,是指制度执行者将制度视为一种用来满足或获取自身特殊利益的资源,通过以"打擦边球"的方式来执行制度和分配"特殊"制度这种遵守制度的形式,实现违背制度或者规避制度的目的。④ 制度抵制,是指当某项制度的执行不符合制度执行者利益时,便会根据自身的利益诉求对制度的内容或精神实质进行取舍,仅执行符合相应利益诉求的部分,致使制度无法完整地落到实处。⑤ 制度敷衍,是指制度执行者在制度执行过程中只做表面文章,对制度执行所需要的人财物保障措施漠不关心。⑥ 制度附加,是指在执行制度的过程中,制度执行者将不恰当的内容附加到了原有的制度中,在制度的调整范围、调整对象、调整目标、调整力度等方面超出了原来制度的要求,从而导致制度执行偏离了制度目标,出现了制度执行的扩大化。⑦ 制度误用,是指有的制度执行者自身在政治素质、思想素质、业务素质等方面存在不足,缺乏对制度精神的深刻领会,甚至曲解制度精神实质,进而使得制度在贯彻执行中出现了走样或变形。⑧ 制度照搬,是指制度执行者不顾实际情况,机械地照搬照抄制度。从表面上看,制度照搬似乎是在不折不扣地执行制度,但实际上,制度照搬的这种"不折不扣"却对实现制度目标存在消极意义[①]。

① 杨圣坤.制度失灵的基础理论问题探析[J].山东工商学院学报,2013(1).

第三节 制度异化

一、制度异化含义

“异化”词源自拉丁文，有转让、疏远、脱离等意，后在德国古典哲学中被使用，指在一定条件下，把自己的素质或力量转化为跟自己对立、支配自己的素质或力量，是以此表达本质的存在、主体向客体转化关系概念。黑格尔以此说明主体与客体的分裂、对立，并提出人的异化。马克思主义哲学认为，异化是人的生产及其产品反过来统治人的一种社会现象。

制度异化就是将制度的主体与客体对立起来，将制度的目的与手段颠倒过来，割裂了制度的本意，扭曲制度的本质，最后将制度变成社会和人发展的桎梏。具体表现：制度同自己的目的相异化，制度同自己的功能结果相异化①。

二、制度异化表现形式

（1）制度从促进人的发展走向压制人的发展。制度的本质价值就是规范人的行为，通过对人的行为约束，从而使人与人之间、人与自然之间达到一种和谐关系，但制度规则的有限性和人的发展无限性之间的矛盾及制度主体之间的不平等性往往导致制度异化。对一部分制度主体来说，他发现遵守制度不是为人自己遵守制度，而是为另外一种与自己不平等的主体在遵守制度，或者说是为遵守制度而遵守制度，这个时候人就会发现自己遵守制度的效益不是为自己所有，而是为要求自己遵守制度的别的主体所有②。

（2）制度从形成秩序走向破坏秩序。“制度悖论”是制度实施过程中存在的普遍现象，它既是秩序之源，又是混乱之源。比如，为了建立市场经济秩序，需要一系列的强有力的规章制度作保障。但当我们赋予这些制度以足够的权威力量时，却发现这些制度规则会发生一种质的变化，一种与出发点相反的变化，成为某些群体“卡、管、要、罚”，压制别的群体，形成部门垄断工具。从政如此，经营企业的道理也同样如此。我们有不少制度，在制定的时候往往对它充满了希望，但是在执行中，经常会偏离初衷。比如奖金的发放，初衷是调动积极性，但到后来，积极性没调动起来多少，嫉妒、红眼、不平衡心态等却统统调动了出来，导致领导人在发奖金时首先考虑如何“摆平关系”，只要不引发矛盾就谢天谢地了；质量检验制度，本意是为了提高产品和服务质量，但执行中，常常是把本来应该关注的质量放在脑后，而把功夫放在了如何对付质检部门上；高校评职称，本来评价的

① 辛鸣．在应然与实然之间：关于制度功能及其局限的哲学分析[J]．哲学研究，2005(9)．

② 辛鸣．在应然与实然之间：关于制度功能及其局限的哲学分析[J]．哲学研究，2005(9)．

是学术水平，但实际操作中或多或少都异化为“评待遇”。这种现象已经过于普遍，普遍到了管理者熟视无睹、司空见惯的地步。而一旦制度发生了这种异化，就别指望它能收到预期效果。

第四节 制度失灵与制度异化原因

通过对制度失灵种类分析，可以看出导致制度失灵的原因很多，既有主观原因，又有客观原因，主要原因有以下几点：

一、主观方面原因

（一）主观认识局限

从认识论观点看，由于人们受到知识、阅历、能力等方面限制，人的有限理性不可能认识无限的客观世界。西蒙在研究管理者或决策者的人性时用“管理人”取代“经济人”，并提出了有限理性的假设。他认为，由于人的知识、时间和精力是有限的，其价值取向和多元目标并非始终如一，而是经常相互抵触，而现实决策环境则是不确定和极其复杂的，人的理性是在完全理性和非理性之间的一种有限理性；在诺斯看来，人的有限理性包括两个方面的含义，一是环境是复杂的，在非个人交换形式中，由于参加者很多，同一项交易很少重复进行，所以人们面临的是一个复杂的、不确定的世界，而且交易越多，不确定性就越大，信息也就越不完全；二是人对环境的计算能力和认识能力是有限的，人不可能无所不知。① 正是由于这种认识能力的限制，人们在主观动机层面上即使想要设计出最完善的制度来，也是非常困难的。

（二）主观动机的利益驱动

任何制度设计与制度安排都是利益的再分配，实际上每一次制度设计和制度安排都是一次围绕利益的实力较量。在一定时期，社会财富——“蛋糕”的数量是既定的，分享者之间必然存在着所得的此消彼长效应，因此，利益矛盾在所难免，人们在制度设计的目标就难以达成共识，不同的个人、组织、阶级或社会集团，对什么是良好制度的理解就不会完全相同，一种合理的制度安排就会遭到利益受损者的质疑、否定和反对，一种既无效率又不公平的制度也会受到既得利益者的积极拥护，这样的制度失灵与异化就不可避免。如美国的禁酒法，在这样一个法治国家里，禁酒法却得不到有效实施。美国人最初以为是法律的地位不高、权威不够，于是把禁酒规定到宪法修正案的高度，结果，对法律十分尊崇的美国人依然对禁酒法执行不力。原因无它，就是除了私酒贩子，无论是公民还是政府

① 卢现祥．西方新制度经济学[M]．北京：中国发展出版社，2003：16.

都没有在禁酒中获得利益，所以谁也不把它当回事。

二、客观原因

（一）技术难题

公平与效率是制度设计必须要平衡的两个价值目标，但公平与效率又是非常难以平衡的一对矛盾，这是许多政治家或学者都无法克服的技术难题。此外，无论我们的研究对象是客观的外界事物还是人类行为本身，这种对象都有许多属性和关系是我们所无法精确地加以把握和比较的。这种无法把握性和不可比较性或者是根源于对象本身的客观性质，或者是根源于人类主观自身的认识能力的限制。这样一来，一方面，经济效率与公平目标的实现，要求我们必须对这些对象的属性和关系进行精确的把握和比较；另一方面，这种精确把握和比较对于我们来说，是一种根本不可能完成的任务①。因此，公平与效率的平衡困境和对客观事物与人类行为的掌握缺陷，都会导致制度设计公平与效率双重目标难以实现，制度执行结果就会偏离价值目标方向。

（二）成本约束

任何制度设计与制度运行，都要付出制度成本。制度成本是一个综合成本指标，既包括人的付出时间成本也包括财物的投入成本，正是因为制度设计与制度完善受到制度成本约束，所以，在制度设计与制度运用过程中，要考虑制度成本的投入与产出，即考虑制度的社会效益，要以最小的成本投入，获得最大的社会效益。如果制度设计与制度运用需要成本过大难以承受、得不偿失，这种制度绝不是最理想的制度。在任何一个现实的社会中，对于小偷，并不是要把他们抓得一个不剩才算最好；对于腐败分子，也不是要把他们全部清除干净才是最佳方案②。正如肖特所说：人们在现实生活中之所以容忍甚至主动选择一些并不完善的制度规则，是因为改进规则所投入的时间与精力导致的成本可能远远超出了收益。仅单独从这一点来说，制度可能导致问题的“满意的”但并不必然是“最优的”结果。它们主要的好处在于，通过快速对付不重要的问题，使经济中的行为人能够把他们的精力用于别处去解决更重要的问题。③ 所以，在制度设计与制度运用过程中，一定要考虑制度成本约束。

（三）利弊共生

任何制度都有两面性，即积极性与消极性共生，完美的制度只存在于设计者

---

① 于喜繁.制度失灵的原因与制度建设的对策[J].韩山师范学院学报，2013(1).

② 于喜繁.制度失灵的原因与制度建设的对策[J].韩山师范学院学报，2013(1).

③ [美]安德鲁·肖特.社会制度的经济理论[M].陆铭，陈钊，译.上海：上海财经大学出版社，2003:208.

的脑海中，在现实社会中是不可能存在的。如前所述，制度设计不仅受设计者知识水平、社会阅历及利益诉求的限制，也受到客观情况的影响，人们设计出来的制度只能是相对好的制度，随着社会的变化，制度总会表现出它的不足。制度的利弊共生性不仅体现在一个制度通常既有其优越性又有其缺陷和不足，而且还体现在不同的制度之间的相互影响和相互制约方面。由于在一个制度体系中有多种作为子系统的制度规则存在，因此，只有这些制度规则之间具有良好的匹配性和协调性，才能使制度系统（体系）的功能得到充分的发挥。通常情况下，一种制度规则即使从它自身的运行来看是功能良好的，如果从它对其他制度的影响来看，其影响和作用也极有可能是负面的，①比如当下中国高校教师考核制度，一方面有效地调动了高校教师科研热情，但另一方面也刺激了各种造假之风和违规现象的发生。不管人们选择多么优越的具体制度，在享有它的制度优势的同时，必然也要接受它所特有的制度缺陷。

此外，单一的制度结构、相关冲突制度以及权威缺失、原有制度的约束力趋弱，也是制度失灵或制度异化的客观原因。

【案例一】

明清“巡视”制度异化与弊害

中国古代监察制度始建于秦汉，经过 1500 多年的发展，及至明清，它达到了最完备的程度，也最具有帝国政治的特色。明清高度发展的监察制度为其政治运行起到过一些正面作用，但它产生的弊端也最为严重和显著。

从制度设计的初衷而言，中国古代历朝设立严密而庞大、位重而职大的监察机关，赋予监察官员远远超过他们品级的巨大权力，是希望他们凭此而有效地纠察百官、防治腐败，事实上，在这方面也收到了一定的成效，但是也带来了一个严峻的问题，即监察官员因拥有过大的权力、凌人的威盛和特殊的地位而自身严重腐败。作为反腐者的“清洁剂”反而成了腐蚀剂，“在我无瑕，方可律人”，统治者这种反复申明的训谕只能成为美好的愿望。孟德斯鸠说过：“一切有权力的人都容易滥用权力，这是万古不易的一条经验，有权力的人们使用权力一直到遇有界限的地方才休止。”明清御史的腐败十分有力地验证了这一条万古不易的经验。

明清对监察制度的重视前无古人，朝廷赋予监察官的权力远超前代，但悲剧也因此而生，明清监察官贪墨成风，势不可遏。在监察官这一贪腐大军中，巡按御史更是劣迹昭著，声名狼藉。根据有关法律的规定，御史外出巡按是“代天子巡狩”，其行事方式是“大事奏裁，小事立断”，他们拥有广泛的职责，其中最令地方官员害怕的是“举劾”之权，举则可以升职升级发财，劾则降级处分甚至锒铛入

① 于喜繁. 制度失灵的原因与制度建设的对策[J]. 韩山师范学院学报，2013(1).

狱。所以毫不夸张地说，明清巡按御史顶着特殊的光环，手握特殊的权杖，拥有特殊的威势，是肥差中的肥差，让他们不腐败都难。

明清巡按御史的腐败首先表现为竭尽奢侈糜烂，大肆挥霍公款公物。地方官员为了“祈举免劾”，对巡按御史总是百般讨好，大献殷勤。路跪送迎、结彩铺毡、擂鼓放炮、盛宴招待、名物馈赠，这些是最起码的规矩。明朝有一县官为了特别讨欢，竟以貂皮饰溺器，以茵褥铺厕中，御史照样“受而安之”。更有一些厚颜无耻的地方官员为了拍马御史而竭尽卑躬屈膝之丑态。御史对地方官员是否殷勤献媚也十分在意和计较，往往将其作为举劾的一个重要因素。清代御史出巡也是百弊丛生，伍廷芳对此曾有痛切陈议：“既需给以盘川，又累地方之供应。所带不法人役，时或狐假虎威，苛索抽丰，沿途骚扰，是为耗费病民之一害。”

明清巡按御史的腐败更表现为公然索贿受贿。他们所到之处，颐指气使，“有司公行贿赂，剥上媚下，有同贸易”。对于“民间疾苦不问一声，邑政长短不谈一语”。有关明清巡按御史的受贿贪赃，史不绝书，举不胜举。嘉靖末年，御史陈志先巡按江西，受贿“不下数万”。天启年间，崔呈秀巡按淮扬，对“地方大害”的强盗，“每名得贿三千金辄放”，对“地方大恶”的访犯，“得贿千金辄放”。“不肖有司应劾者，反以贿得荐，不应荐者，多以贿荐。”这种明码标价式的受贿招来民怨沸腾：“淮扬士民无不谓自来巡按御史，未尝有呈秀之贪污者。”

清朝监察官员的贪腐也相当严重。如乾隆十三年，山东省遭受自然灾害，出使查办赈务的监察官及其家人、吏役等却不顾“民食艰难”，借机勒索，加重了灾民的负担。嘉庆十三、十四年，御史广兴两次出使山东审案，“擅作威福，赃使累累，声名狼藉”，而与其一同前往的长官左都御史周延栋竟然听之任之，其本人也是每日所费白银十余两。于是有民谣说：“周全天下事，广聚世间财。”

目睹明清御史触目惊心的贪腐之状，似乎他们真是到了无法无天的地步。其实不然，天还是有的（皇权始终在他们的头上），法也是有的，而且还很细密和严厉。明代《出巡事宜》等法律对御史出巡的方方面面都规定得明明白白，如不得泄露机密、不得私自出界、不得擅自离职、不得和买货物和铺张浪费、不得携带家属和枉道回家、不得因私受谒等等，其中伙食标准是日廪五升，一菜一鱼，交通工具先是骑驴，宣宗朝开始方可骑马。御史与地方官员如何相见、如何对拜作揖等都有细文，这些规定多为清朝所继承。尤其是《大明律》和《大清律》都规定，风宪官贪赃，比其余官加二等治罪，并且受赃的类型十分广泛，包括受财、索财、借贷人财物、买卖多取价利、受赠送等。但是，法律规定得再明白、再严厉，御史们似乎视之具文，你做你的规定，我行我的腐败。这里，我们看到一个发人深省的现象，专制集权有时表现得非常刚强暴虐，而有时又显得十分软弱无能。其中缘由，应该引起我们好好思考。

中国古代监察机关的性质从一开始就被定为皇帝的“耳目之司”。明太祖在敕谕中反复重申:“风宪作朕耳目,任得其人,自无壅弊之患。”明成祖也说:“御史,朝廷耳目,非老成识体者不任。”清世宗也说:“科道乃朝廷耳目之官,所关甚大。”作为“耳目”,不能不听从耳目主人的意旨;作为“耳目之司”,其本质就是皇帝御民御臣的工具。御史们弹奏可以不请示台主或院主,甚至可以弹奏台主或院主,但不能不听命于皇帝。明代御史纠弹“皆承密旨”,出使时持有霜简,回朝经赴御前面奏。尤其是涉及用人、赏罚、生杀等大事,御史们更不能越雷池一步,否则轻则遭到训斥,重则被处惩罚,有清一代,此类事例经常可见。例如乾隆十一年,御史周礼奏请将户部侍郎李元亮开缺守制,遭到高宗训斥:“国家用人,朕心自有权断,臣下不可意为进退。”嘉庆八年,给事中鲁兰枝为图萨人命案上奏辩驳,仁宗极为恼怒,“生杀予夺大权,操之自上”,该科道官执简而争,“成何政体”!最后以“欲擅朝政”将其降三级调用。

明清监察机关的工具性、附庸性实质,不能不使监察职能发生异化。本来,朝廷设立监察制度的目的是惩恶扬善,激浊扬清,整肃腐败,但实际上,监察制度沦为君主驾御臣民、强化君权的工具。我们可以清楚地看到,在“钦承宸断”的体制下,监察官员对自己行为的选择无非是以下三种:一是秉公执法,刚正直言;二是缄口默语,但求自保;三是揣摩上意,专事迎主。在三种选择中,第一种必然是少数,第二种、第三种必然是多数。因为,在刑赏生杀悉由乾断的政体下,秉公执法、刚正直言主要是其卓尔不群的个人素养和品德使然,而缄口默语和专事迎主则是体制使然。在明清,随着专制体制的强化,虽然监察立法的完备超过以往各代,但监察官员的行为也消极退化到了十分严重的程度。在《大清会典事例》《钦定台规》等法律文献中,我们时时会看到皇帝对监察官员唯恐失言、危及身家性命而疏于监察的训斥。有些监察官为应付考核,逃避怠工旷职之责,专挑无关痛痒之毛举细故滥竽充数。嘉庆针对科道官相互推诿、随同画诺的颓废之风,还特制《谏臣论》一篇,令所有科道官员每人照录一遍,进行大学习、大讨论,但仍难以收效。监察官工于心计、曲意迎主,更是比比皆是。

明清御史沦为朋党争斗的工具。明清御史职能的异化,还有一个突出表现不能不说,这就是御史沦为朋党争斗的工具。朋党之产生,或因皇权之需要,或因皇权之弱化,本质上都是皇权政治母体上的一个毒瘤,是皇权极端化滋生出的一个怪胎。不过,从根本上说,宦官干政和朋党争斗会使国祚不定,朝纲败坏,是帝国政治的一大祸害。《钦定台规》就明确规定:“结党恶习诚朝廷之大患。”因此,明清法律都将纠弹大臣奸邪、小人构党、擅作威福列为科道官的首要职责。实践中,科道官纠弹朋党的事例也屡见不鲜。但是,在很多时候(尤其是宦官干政和朋党炽烈的时期)许多科道官都身陷其中,充当朋党争斗的枪手和工具,走向了御史正常职能的反面。

明英宗时，宦官刘瑾专权，在监察机关大肆安插亲信党羽，左都御史刘宇紧随刘瑾，用严刑强迫御史屈服，都察院成为刘瑾专权的附庸。明熹宗年幼昏庸，魏忠贤阉党乘机专权，许多科道官不顾名节，投于门下，双方互为利用，狼狈为奸，“权珰报复，反借言官以伸；言官声势，反借权珰以重”。清统治者对明代朋党记忆犹新，殷鉴不远。然而在顺治、康熙、乾隆等各朝都发生了激烈的党争，许多科道官也串通其间。如康熙时，左都御史王鸿绪与少詹事高士奇“植党为奸”，招权纳贿，给事中何楷等也“依附坏法”。乾隆年间，左副都御史仲永檀与大学士鄂尔泰家族“结党营私，纠参不睦之人”。明清监察官沦为朋党工具，既为朝廷所不允，更为民众所切恨，极大地损害了监察官的社会形象和地位。

（艾永明.明清“巡视”制度异化与弊害[J].人民论坛，2013(19).略有改动）

思考题

通过所学的制度理论谈谈你的认识。

【案例二】

美国禁酒令

从1920年1月17日凌晨0时，美国宪法第18号修正案——禁酒法案（又称“伏尔斯泰得法案”）正式生效。根据这项法律规定，凡是制造、售卖乃至于运输酒精含量超过0.5%以上的饮料皆属违法。自己在家里喝酒不算犯法，但与朋友共饮或举行酒宴则属违法，最高可被罚款1000美元及监禁半年。21岁以上的人才能买到酒，并需要出示年龄证明，而且只能到限定的地方购买。

颁布禁酒令，理由就是酒是犯罪的根源。简单来说是妇女运动造成的。由于酗酒造成了很多家庭暴力问题，为了保护妇女权益就实施了禁酒令。美国人向酒宣战，实始自他们立国之初。许多早期移民是出于宗教原因而抛弃欧洲故土、奔赴这片蛮荒的。这些被称为“清教徒”的美国创始者，把他们的一腔宗教热情带过了大西洋，使之成为美国民族形成中一个极为重要的因素。“清教徒”，力主敬畏上帝、清廉度日者之谓也。至19世纪中期，美国一些地方的居民开始诉之于法律手段约束贪杯之人，这个民间运动时起时伏，绵延不绝，终于在20世纪初掀起大潮。

修正宪法以达禁酒目的，决心不可谓不大，联邦政府执法也算积极有力，但从一开始，禁酒之事便遇到巨大阻力。因为贪杯者颇多，他们当中的大多数平时只是浅尝辄止，并非酗酒之徒，酒罐子一下完全打破，大家一滴也喝不成，他们觉得有过激之嫌。这些人始则悻悻然，后则人前身后作些小手脚，偷饮几盅。如此一而再，再而三，涓滴成河，美国的禁酒大业也就难以维持了。

更重要的是，美国禁酒令带来了严重的社会问题，禁酒令根本无法消除人们喝酒的欲望和需求，在正规市场被禁的同时，地下黑市却得到了飞速的发展。非法制造和买卖酒类制品带来的暴利深度挖掘了酒贩子潜力：有人把福特汽车的中间掏空，有人用婴儿车来偷运葡萄酒和白兰地，有人在家里藏酒的地方安装假门。尤其严重的是，在禁酒令实施之前，因为没有财政依据，美国的黑社会波澜不兴，而在实施禁酒令之后，依靠私酒贸易带来的暴利，美国的黑社会开始发展壮大。与此同时，警察也日益腐败，犯罪率不断上升。

禁酒令实行后，却没能如预期一样，实现美国人道德情操的净化。市场上没有合法的酒类出售了，秘密酒馆取代了合法酒馆，酒的走私活动由于获益甚丰，日渐猖獗。至 20 世纪 30 年代初，即美国禁酒令颁布 10 年之后，许多美国人开始呼吁解除禁令。当时正值美国经济大危机，全国上下惶惶不可终日，美国人希望飘香的美酒能缓解他们紧张忧虑的心情，唤起他们对新生活的渴望，希望重启的酿酒业、售酒业以刺激深陷危机中的经济，使之早日复苏。1932 年，民主党总统候选人富兰克林·罗斯福，把开放酒禁作为其竞选纲领之一，获得了美国人民的支持。1933 年 2 月，美国国会通过第二十一条宪法修正案，该修正案也分三款，第一款规定："美利坚合众国宪法修正案第十八条现予废除。"第二款规定："在合众国任何州、准州或属地内，凡违反当地法律为在当地发货或使用而运送或输入致醉酒类，均予以禁止。"第三款规定："本条除非在国会将其提交各州之日起七年以内，由各州修宪会议依本宪法规定批准为宪法修正案，不得发生效力。"第二年，随着犹他州作为第三十六个州签署此弛禁法案，美国的禁酒令便正式明令废止了，曾经轰轰烈烈的禁酒运动也随之结束。

思考题

请运用制度基本理论分析美国禁酒令被最终解禁原因。

第五章　制度的人性假设

第一节　制度与人性假设关系

“人性”在汉语中指的是“人的本性”，人性假设是对人性的设定。“人性”在制度设计中具有非常重要的意义和价值。著名的管理学家道格拉斯·M.麦格雷戈认为，每一种管理决策或管理措施都以关于人性及人的行为的假设为后盾。[①]制度设计是一种基本的管理方式，必须以一定的人性假设为出发点或依据，没有人性假设就无法进行制度设计，以错误的人性假设为基础来进行制度设计，可能会与制度设计的本来目的背道而驰。[②]

一、制度是人类实践活动交往的产物

生存与发展是人最基本层次的需求，为了维持生存与发展的需要，人必须持续不断地与自然界和社会进行物质、能量和信息的交换，在与自然界和社会界两种交往过程中，体现出人的社会关系本质。交往使人与人之间的社会关系得到确认，同时，交往过程中，也产生了许多利益冲突和人与人之间的关系紧张，这就需要制定相应规则维持人们之间正常的交往关系，避免因矛盾冲突造成的损失，制度由此产生。正如马克思、恩格斯在《德意志意识形态》中指出：现存的制度只不过是个人之间迄今所存在的交往的产物。[③]

社会关系是人在实践活动中形成的，通过社会关系人才能确认自我的存在以及人自身的价值，也才能真正体现出人的本质。制度是人的社会关系的规范化，制度确定的关系是人的现实关系，人的现实关系是通过制度所规定的权利与义务所决定的，同时制度所确定的人的现实关系既包括确立自己的关系，也包括确立与他人的关系。制度反映每一个人在社会关系中的地位，并以一定的形式将其明晰化与确定化。制度具有维护、稳定、固化社会关系的功能，一旦某种社会关系被制度化，这种社会关系就取得了“合法”地位，就能够比较长久地保存下

---

① 郑石桥.内部控制学[M].北京：中国时代经济出版社，2013：471.

② 郑石桥.内部控制学[M].北京：中国时代经济出版社，2013：471.

③ 马克思恩格斯全集(第3卷)[M].北京：人民出版社，1960：79.

来。正是在这个意义上制度是人的本质的确证①。

人与制度的关系是对立统一的，是一种互为因果、双向影响的过程。一方面人在实践活动中不断创造着社会关系，不断改革、创新制度，使制度安排更符合人的内在本性；另一方面，制度又范导着人的行为，型塑着人的活动，通过限制、约束、规范使人不断受到社会教育，不断社会化，从而也不断地创造出属人的世界②。

二、人性假设是制度设计的逻辑前提

人们在设计不同的社会制度模式时，不管在主观意图上，还是在客观实践上，都是以不同的人性假设作为理论前提的。从古希腊亚里士多德的“人是政治的动物”基本假设所奠定的西方民主制度基础，英国亚当·斯密“经济人”基本假设所奠定的资本主义制度基础，再到中国的孔子、孟子、荀子所进行“人性论”基本假设所奠定的中国封建社会制度基础，都说明了制度设计离不开人性假设。

从人性与人性假设的角度来认识制度和制度设计，为我们进行制度研究提供了一种新思路。任何一项制度设计都是关于人的制度，最终都要服务于人，制度的这种属人性决定了人们在研究和制定制度时首先要先认识自我。实际上，人们在进行制度设计时，都自觉或不自觉地把对人性的假定作为自己理论的界定。从制度研究的角度来看，每一种制度理念与制度体系的背后都反映了制度制定者对制度所作用的范围内人们最基本的行为做出的预期，而这一预期又以一定的人性本质为假定前提。人性假设是制度研究和制度设计的逻辑前提③。

人性不是单一的、永恒不变的，而是一个复杂的矛盾结构，这就要求制度设计者在进行制度设计时要把握人性及其变化的特点，要贴近现实需要。需要指出的是人性复杂性特点，给人性假设提出了非常苛刻的要求。人性假设作为一种假设，是人类为了更好地认识人性而做出的，在人类完全认识人性之前，这种假设不可能成为真正的、现实的人性，也不可能被证明是正确的或不正确的。人性假设寻求的不是一种绝对的正确性，而是一种相对的合理性；制约这种相对合理性的是人性的复杂性和现实制度环境的变化。总之，人性假设是制度设计中必须充分重视的前提条件，但是这种假设只是一种假定，不能等同于现实中的人性。

三、人性假设在制度设计中的作用

由于人性的复杂性、多样性，我们很难对人性假设在制度中作用做出系统化

① 张志勇.人与制度的哲学研究[D].北京：中共中央学校，2010.

② 张志勇.人与制度的哲学研究[D].北京：中共中央学校，2010.

③ 谭希培，邱建明.论制度设计中的人性假设基础[J].现代大学教育，2004(4).

理论分析。从历史上看,人性假设对人类的历史发展所起到的不同作用。西方社会对人性的认识基本可以划分为两个阶段:从封建社会的"人类原罪说"到近代社会的"理性经济人"。起源于基督教的"人类原罪说"的基本逻辑是:人是上帝创造的,上帝创造人赋予了人类聪明智慧,同时,也给人类种下了"恶"的根源。建立在这种人性假设基础之上的制度主要采用防范的措施和震慑的力量来弥补人类的"原罪"。建立在"性恶论"基础上的制度设计首要考虑的虽然只是对"恶"的抑制,并不直接考虑增进社会效益,但是这样的制度设计在客观上却增进了社会效益。资本主义国家的三权分立制度就是优先考虑防止专制和权力滥用,而不是增进效率①。

"理性经济人"假设摆脱了人性善、性恶的探讨,主要从经济利益上假设人性。"理性经济人"假设认为:人都是理性的、自利的,都有一种趋利的倾向,社会要通过合理的制度设计来引导和保护人的正当利益追求。这种制度设计具有极强的激励作用:一方面大大刺激了资本家的逐利动力,推进了资本主义发展,当然也给资本主义带了许多弊端;另一方面这种设计更多地倾向于运用利益机制,通过利益分析,增加权力滥用的成本、减少权力滥用的收益,形成建立在利益导向上的监督制约机制②。

四、人性假设离不开现实制度环境

如前所述,制度是人类实践活动交往的产物,人们为了更好地认识自身,将人性简单化后做出的一定预设,目的是为了更好地研究人与社会,促进社会的进步。所以人性假设只是一种基于对人与社会及其基本关系一定认识基础上的假定,它具有强烈的现实性和现实针对性。

就是说,对人性的考查不能仅仅停留在一般的、抽象的层面,而要结合特定历史时期的制度环境,注重对制度和个人的现实关系的层面进行具体的考查,以现实社会的基本制度作为人性假设的制度环境。人性假设依赖于社会的基本制度环境,如果人性假设脱离了这个环境,人性假设就必然会与现实社会产生错位,即"人性假设的错位"。基于错位的人性假设建立的社会制度必然产生"制度的异化",制度非但达不到预期的效果,反而会出现"奴役人"、阻碍社会进步的情况,所以称之为"制度的负效果"③。

不管人性怎么变化,任何制度的选择和设计都毫无疑义地要体现人性的要求,这样制度的选择和设计才能体现人自身的意义、价值。当然,由此反观制度

---

① 谭希培,邱建明.论制度设计中的人性假设基础[J].现代大学教育,2004(4).

② 谭希培,邱建明.论制度设计中的人性假设基础[J].现代大学教育,2004(4).

③ 谭希培,邱建明.论制度设计中的人性假设基础[J].现代大学教育,2004(4).

的设计，都必须以某种人的预设为前提。正如诺贝尔经济学奖获得者、奥地利经济学家哈耶克所说：从“好人”的假定出发，必定设计出坏制度，得到坏质量。从“坏人”的假定出发，则能设计出好制度，得到好结果。因此制度设计时，要慎重“人性”假定。

第二节 人性善与人性恶假设

古今中外，论及人性善恶问题的文献汗牛充栋，总体讲，有关人性善恶的假设，大致分为性本善、性本恶、可善可恶或无善无恶三种主张。

一、人性本善

人性本善是中国传统人性论的主流。在《三字经》的开头就有：人之初，性本善；性相近，习相远。孔子应该是儒家性善论的创立者，其性善论的核心是“仁”作为支撑的，克己复礼为仁，一日克己复礼，天下归仁焉。（《论语·颜渊》）在孔子看来，“仁”就是“爱人”，爱他人不仅是人性修养的理想境界，也是人性的本来面目。孟子继承发展了孔子的思想，提出了“四端”说：恻隐之心，仁之端也；羞恶之心，义之端也；辞让之心，礼之端也；是非之心，智之端也。人之有是四端也，犹其有四体也。（《孟子·公孙丑上》）四端是人之本性的自然呈现，是人与动物的不同之处。所以孟子认为没有四端，则不能成为人。

在人性假设与制度的互动关系上，孔子认为，制度是扩充人性善的工具。理想的治国模式应该是，统治者施行“仁政”以塑造臣民的良善本性。在孟子看来，人性向善就像水往低处流一样自然和确定无疑：恻隐之心，人皆有之；羞恶之心，人皆有之；恭敬之心，人皆有之；是非之心，人皆有之。恻隐之心，仁也；羞恶之心，义也；恭敬之心，礼也；是非之心，智也。仁义礼智，非由外铄我也，我固有之也，弗思耳矣。（《孟子·告子上》）因此，统治者只需因势利导，施仁政于民，省刑罚，薄税敛，深耕易耨，壮者以暇日修其孝悌忠信，入以事其父兄，出以事其长上，就能实现良好的统治。

性善论是中国古代的治国理政的基础或出发点，既然人的本性是善良的，那么治理国家就不需要法律，而是依靠统治者的良心治国，所以中国封建社会大都奉行性善论，采用“德主刑辅”的治理方式。

古希腊哲学家苏格拉底认为，善的理念存在于每个人心中。人们之所以做恶的事情，是因为不知道那是恶的。柏拉图把整个宇宙都看成是善的理念的体现，认为宇宙的本原就是最高的善，善是宇宙的本体，万物都从这个最高的善当中产生出来。柏拉图认为，应由“哲学王”当政、治国，“哲学王”是智慧和善的化身，是能力至上的、真正关心国家利益甚于个人利益的人，由掌握真理的哲学家治国的目的在于追求人性中的“至善”，使城邦公民在至善的生活中实现至善的人性。在这种治国模式下，作为统治的手段，刚性的法律及其他制度是没有存在空间和用武之地的。一个具有真知的统治者用不着法律，统治者本身即为善的化身，其治国的手段应该是道德教化，国家的任务是实现德行，国家的目的在于善。但“三十寡头”暴政和苏格拉底的死，使他清醒地认识到，道德治国存在极大危害性，自己戏称为“一个老人清醒的消遣”。柏拉图开始从人性的角度说明法律的必要性，他说：人性总是把人类拉向贪婪和自私，逃避痛苦而毫无理性地去追求快乐。不能过分相信统治者的智慧和良心，即使是一名年轻英明的统治者，权力也能把他变成暴君。人类必须有法律并且遵守法律，否则他们的生活将会像最野蛮的野兽那样坏。① 柏拉图的学生亚里士多德认为人是有理性的，人能用理性支配自己的行为，控制自己的欲望，也就是说，人的本性是向善，人所追求的最终目标就是“至善”。

二、人性本恶

在中国古代，荀子是主张“人性本恶”最为著名的哲学家。荀子认为，人是由天而生，因此，人情也就出于天情，人之命在于天。他说：好恶、喜怒、哀乐，夫是之谓天情。性之好恶、喜怒、哀乐，谓之情。荀子和孟子一样，认为食、色、喜、怒等是人的先天性情，是人情之所不能免，是人所共有的。所以，凡人有所一同。饥而欲食，寒而欲暖，劳而欲息，好利而恶害。是人之所生而有也，是无待而然者也，是禹桀之所同也。目辨白黑美恶，耳辨音声清浊，口辨酸咸甘苦，鼻辨芬芳腥臊，骨体肤理辨寒暑疾养。（《荀子·荣辱》）据此，推出人性是恶的，正因为人性是恶的，所以，就需要道德规范，需要政府和法律，需要礼仪和刑罚并重。

法家也多认为人性本恶，天下之人，皆自私自利，都是只知趋利避害之人。商鞅认为，人的本性都是趋利避害，好逸恶劳的，每个人都有追逐利益、满足自身的需要和逃避危险以求自我保护的本性，商鞅比较主张“人性向利”，由于人这种自然需求与趋利避害的本性，使得人权衡利弊维护自己的私利。商鞅基于这种人性恶论进行变法，改变了土地制度，确立了各种刑罚，为秦国统一天下起到了积极作用。另一个法家代表人物韩非继承和发扬了荀子的性恶论，认为：好利避害，夫人之所有也（《韩非子·难二篇》），人与人之间是一种相互对立的利害关系，人有“自利之心”、“自为心”、“自为互利”、“计算之心”等，正因为这样，所以只能用赏罚的法律手段，而不能用仁义德教来进行统治。

英国16世纪朴素唯物主义哲学家托马斯·霍布斯也同样秉持“人性恶”主张。霍布斯在《利维坦》一书中，霍布斯把人类进入社会、组成国家之前的时期设

① 张桂琳．西方政治哲学[M]．北京：中国政法大学出版社，1999：21.

想为人人自危的普遍争斗的自然状态。在这个“自然状态”下，人自私自利、贪婪而又残暴无情，人与人彼此离异、敌对，又互相防范、争战不已。因而，在人性不受公权力和制度之刚性约束的自然状态下，人与人在相处和打交道时奉行“丛林法则”，弱肉强食，人们的生活“孤独、贫困、卑污、残忍”，且像兽类一样“随时处于暴力死亡的危险”之中①。显然，“丛林法则”的社会是赢者通吃的社会，是强者的天堂、弱者的地狱。对于弱者来说它是一个悲惨的世界，在那里他们没有人权、平等、自由，等待他们的是强者的奴役和欺凌，人类需要秩序建构，摆脱自然的无序状态，保护弱者的利益。

英国哲学家、历史学家和经济学家大卫·休谟在《人性论》中提出了一条著名的“无赖原则”。认为，制度设计或制度安排，必须把人看成是“理性”的谋利动物，“人人应当被假定为无赖”，因而每一个进入权力机构的人都可能是无赖，也就是说，政治家们在设计任何政府制度和确定几种宪法的制约和控制时，应把每个人都视为无赖，不仅要对“无赖”行径实施有效的钳制，而且要能防止和遏止人们萌发各种损公利已的“无赖”冲动。因此，在进行权力机构的体制设计时，就必须紧紧盯着人性的弱点，确保从制度上对“无赖”进行严格的防范。

法国伟大的启蒙思想家、法学家孟德斯鸠提出权力无“休止界限”预设。他有一句著名名言：一切有权力的人都容易滥用权力，这是万古不易的一条经验。有权力的人们使用权力一直到遇有界限的地方才休止。孟德斯鸠这句话其深刻含义是：从权力的本性上说，它总有着一种越出它自己的范围而发展的本能倾向……和一种特殊诱惑。权力总是倾向于增加权力……它喜欢自己是一个目的而不是一个手段②，这说明对权力限制的必要性，通过制度设计或制度安排确定权力的行使边界，是控制权力最好选择。

三、无善无恶说或亦善亦恶说

与孟子同时代而略早的告子提倡“性无善无恶说”。《孟子·告子上》云：性犹湍水也，决诸东方则东流，决诸西方则西流，人性之无分于善与不善也，犹水之无分之东西。

北宋政治改革家王安石把人性看成人的生理本能，认为“性”是事物的客观属性，不可言善恶，并指出“性情一也”，即性与情不可分离，反对性善情恶，废情而论性善的思想。③王安石反对孟子的“性善论”与荀子的“性恶说”，他认为，孟子人性善的理由即“四端”之说，如果以人有恻隐之心就断言人性善，那“怨毒忿

① [英]霍布斯著.利维坦[M].黎思复，黎廷弼，译.北京：商务印书馆，1985：95.

② [法]J.马里旦.人与国家[M].霍宗彦，等，译.北京：商务印书馆，1964：10.

③ 陈桂蓉.中国传统道德概论[M].北京：社会科学文献出版社，2014：19.

戾之心”就无从解释了;荀子人性恶的理由是他认为人性善是后天修习的结果,如果以为善都是后天修习而非先天生成,就必须全然否定孟子“人皆有恻隐之心”的主张,但事实上我们无法否认这一点。王安石主张人性本就无所谓善恶,强调善恶的后天性,这就为“修以成性、学以成性、友善习贤”提供了理论依据。[①]

东汉王充在《论衡·本性篇》中也阐明了人性有善有恶。昔儒旧生,著作篇章,莫不论说(人性善恶),莫能实定(人性善恶),周人世硕以为人性有善有恶。举人之善性,养而致之则擅长;性恶,养而致之则恶长。如此,则性各有阴阳善恶,在所养焉,故世子作《养书》一篇,密子贱、漆雕开、公孙尼子之徒,亦论情性,与世子相出入,皆言性有善有恶。王充接着分析了孟子、告子、荀子、董仲舒和刘子政等人的人性观,认为:自孟子以下,至刘子政,鸿儒博生,闻见多矣,然而论情性竟无定是……未必得实。实者,人性有善有恶,犹人才有高有下也。(《论衡·本性篇》)

杨敬年在《人性谈》中指出,人性既有善的一面,也有恶的一面。从其善者为善人,从其恶者为恶人[②]。杨先生进一步指出,孟子说人性善,荀子说人性恶,他们并不是没有看到人性的另一面,而是为了政治上的需要(孟子提倡仁政,荀子提倡礼治),只强调各自想要强调的那一面。相比于人性全然善或全然恶的主张,“人性有善有恶”是得到较多共识的人性观。

哲学家黑格尔从辩证法角度分析了善恶关系,认为,唯与人是善的,只因为他可能也是恶的,善与恶是不可分割的;当他们说人本性是善的这句话时,他们就说出了一种伟大的思想,但是他们忘记了,当人们说人性是恶的这句话时,是说出了一种伟大得多的思想[③]。

第三节 经济人假设

经济人假设是西方经济学关于人类行为的一个基本假设,“经济人”又称“理性人”或“实利人”,是指会计算、有创造性、能寻求自身利益最大化的以市场为分析对象的经济活动主体的总称。

效用最大化假定最早奠基于亚当·斯密在《国富论》中的“经济人”分析。亚当·斯密在其著作《国富论》中首次提出了人们行为动机的自利原则,并把它引入经济学理论体系之中,表达了他的“经济人”思想。我们每天所需的食料和饮

① 陈桂蓉.中国传统道德概论[M].北京:社会科学文献出版社,2014:19.
② 杨敬年.人性谈[M].天津:南开大学出版社,2013:78.
③ 马克思恩格斯选集(第4卷)[M].北京:人民出版社,1995:237.

料，不是出自屠户、酿酒家或烙面师的恩惠，而是出于他们自利的打算。我们不说唤起他们利他心的话，而说唤起他们利己心的话。① 亚当·斯密认为，人的本性是自私的，一切经济现象都根源于人的利己主义本性。可以看出，尽管亚当·斯密虽然没有明确提出"经济人"概念，但他已经明确了"经济人"思想，所以被后来经济学家公认为"经济人假设"的倡导者。约翰·穆勒依据亚当·斯密对经济人的描述和西尼尔提出的个人经济利益最大化公理，明确地提出了经济人假设。

以贝克尔为代表的芝加哥学派把最大运营推广到非市场领域，坚持了市场至上主义②。美国学者詹姆斯·布坎南在正式引入政治学研究领域，在经济人假设的基础上发展出"公共选择"这一预测人在政治领域之行为的理论。在关于政治行为的看法上，公共选择理论摒弃传统的人在公共领域大公无私的假设，主张在政治环境中，个人同样追求利益最大化。这样，公共选择理论放弃了二元性假设，为经济领域和政治领域人的行为设定了统一的逻辑起点。

经济人假设包含三个基本含义：一是假定自利是人的全部行为动机。追求自身利益是驱使人的经济行为的根本动机，这种动机和由此而产生的行为有其内在于人本身的生物学和心理学的根据。二是设定人们有意愿并且有能力通过计算做出最有利于自身的理性选择。经济人是理性的，经济人能根据市场情况、自身处境和自身利益之所在作出判断，并使自己的经济行为适应于从经验中学到的东西，从而使所追求的利益尽可能最大化。三是只要有良好的法律和制度的保证，经济人追求个人利益最大化的自由行动会无意识地、卓有成效地增进社会的公共利益。这是经济人假设中最有意义的问题，也被称为"经济人的灵魂"③。

不可否认，经济人假设有明显的局限性。一是忽视了人的需求的多样性。人作为一种社会关系的本质而存在，除了物质经济利益需求之外，还有安全、自尊、情感、社会地位等需要；经济人假设仅仅把人的需求局限在物质利益的最大化，显然存在着片面性。二是现实中的人的追求很难达到物质利益最大化。现实中的人受到自身经历、知识背景与计算能力方面的限制，以及信息不完全、时间有限的制约，只能在力所能及的范围内进行选择，不可能实现个人利益最大化。三是适用的研究领域有限。有相当多的研究领域，如经济体制、经济分配、

---

① [英]亚当·斯密.国富论(上卷)[M].北京:商务印书馆,1996:13-14.

② [美]加里·S.贝克尔.人类行为的经济分析[M].王业宇,等,译.上海:上海三联书店、上海人民出版社,1995:8.

③ http://www.360doc.com/content/13/0919/19/6850818_315627984.shtml.

福利有效性、就业、货币、资本流动、区域合作等就不适合运用“经济人假设”。四是适用的时限有限。在经济发展初期，特别是市场化和工业化水平较低时期，市场主体受价格约束较大，生产者和消费者的选择有限，这种条件下，“经济人假设”是有较为广泛的适用性的。但是，随着经济发展阶段的变化，人们的知识水平的提高、个性化需求和情感需求的扩大，人们的经济行为越来越脱离“经济人假设”的条件。尤其是“绿色经济”等运动的兴起，更使人们关注个人、社会、经济与环境的协调，从而使“经济人假设”适用的范围更趋狭窄。

在公共管理领域，经济人假设主要遭受到赫伯特·A.西蒙的有限理性主张的质疑。在制度学内部，有学者从人的社会性对单维度的“经济性”进行批判。这些批评表明，经济人假设自身面临着这样或那样的问题与不足，但必须认识到，任何理论都只是对社会事实的简化和抽象，不应对经济人假设在预测和理解人类行为方面抱有过高的期待。从西方国家在进行制度设计和安排的经验事实来看，“经济人”理念和逻辑在制度中的体现从未缺席，这说明了经济人假设在理论和实践中具有的持久生命力。

第四节 社会人假设

“社会人”假设认为：在社会上活动的人不是各自孤立存在的，而是作为某一个群体的一员有所归属的“社会人”，是社会存在。人具有社会性的需求，人与人之间的关系和组织的归属感比经济报酬更能激励人的行为。“社会人”不仅有追求收入的动机和需求，他在生活工作中还需要得到友谊、安全、尊重和归属等。“社会人”强调的是人的行为中表现出的“社会性”维度，是对“经济人”假设单纯关注“经济性”维度的一种反对和超越。

“社会人”假设学说最早由美国心理学家、行为科学学派奠基人乔治·埃尔顿·梅奥在20世纪30年代组织实施的霍桑实验中观察和证实，霍桑实验表明，人并非是仅仅关心个人物质利益的“经济人”，在人的行为动机中，个体还会特别注重追求人与人之间的友情、安全感和集体归属感。

“社会人”假设的基本内容为：① 人是由社会的需求而引起工作的动机的，并且通过与同事的关系而获得认同感；② 工业革命与工业合理化的结果，使工作本身失去了意义，因此只能从工作上的社会关系去寻求意义；③ 员工对同事们的社会影响力要比管理者所给予的经济诱因和控制更为重要；④ 员工的工作效率随上司能满足他们社会需要的程度而改变。

“社会人”假设主张，在激励人的行为的诸因素中，物质因素只具有次要意义，而良好的人际关系才是调动工作积极性的决定性因素。因此，在有关管理方式和制度设计的决策上必须注重以下方面①：

(1) 管理人员和制度设计不应只注意完成生产任务，还应该把注意的重点放在关心人、满足人的需要上；

(2) 管理人员和制度设计不能只注意指挥、监督、计划、控制和组织等，还应重视员工之间的关系，培养和形成员工的归属感和集体感；

(3) 在激励制度和决策上，提倡集体而非个人的奖励制度，培养集体精神；

(4) 践行"参与管理"的新型管理方式，此种管理方式为组织成员参与组织决策提供了可能和参与空间。

从"经济人"到"社会人"的分析是对人本质认识的进步，使人们对人性的认识更加丰富、深刻。一方面，人作为"社会人"对感情和情绪的需求是必不可少的，但因此而否定人追求经济利益的一面是不全面的，毕竟经济利益所创造的财富是社会生活的根基，亦是人们基本的生活保障，过分否定则不利于经济效率的提高；另一方面，对人性假设和人的行为假设的研究仍处于发展、深入的阶段。尽管同"经济人"假设相比，"社会人"假设对于人的行为动机的认识在广度和深度上走得更远，但"社会人"假设远非对人之行为动机的全面认识，后来美国心理学家亚伯拉罕·马斯洛提出的需求层次理论表明，"经济人"假设对个体行为动机的假定只是人的需求层次中物质性的、较低层次的需要，"社会人"假设注重人际关系的需要只是人的需求层次中属于精神方面的、较高层次的需要，但人的需要并不止步于追求物质和精神，个体还有自我实现的需要，也就是在工作中发挥自己的潜力，充分展示和发挥个人才能，实现个人理想与抱负。

第五节　自我实现人假设

一、马斯洛"需求层次论"

所谓"自我实现人"又称"自动人"，指的是个体需要发挥自己的潜能与才智，也只有在充分发挥和展示个人才能、实现个人理想与抱负的时候，个体才会感到最大程度的满足。"自我实现"概念强调人的自主、挑战以及个人成长等。

"自我实现人"是亚伯拉罕·马斯洛、克里斯·阿吉利斯等美国著名心理学家提出的一种人的行为假设，其中亚伯拉罕·马斯洛的影响最大。亚伯拉罕·马斯洛对自我实现人的最早论述出现在1943年出版的《人类激励理论》一书中，在《动机与人格》中，亚伯拉罕·马斯洛又一次论及自我实现假设。马斯洛的"需要层次

① 相里六续.组织行为学[M].北京：机械工业出版社，2014：22.

论”中，把人的需求分为五个层次，最高一级需要是自我实现的需要①。

(1) 生存需要，主要包括衣、食、住、行、性，这是人们生存的最基本的需要，这些需要(除性以外)任何一项得不到满足，人类个人的生理机能就无法正常运转，人类的生命就会因此受到威胁。

(2) 安全需要，主要包括人们对失业保障、医疗保障、养老保障、生产安全、社会治安、生态环境等方面的需要。马斯洛认为，整个有机体是一个追求安全的机制，人的感受器官、效应器官、智能和其他能量主要是寻求安全的工具，甚至可以把科学和人生观都看成是满足安全需要的一部分。

(3) 社交需要，主要包括人们需要交往、结社、归属团体的需要，建立友谊、爱情、良好人际关系的需要。

(4) 尊重需要，主要包括受人器重、赏识、表扬、荣誉、地位、晋升等，自尊和受别人尊重的需要。人人都希望自己有稳定的社会地位，要求个人的能力和成就得到社会的承认。马斯洛认为，尊重需要得到满足，能使人对自己充满信心，对社会满腔热情，体验到自己活着的用处和价值。

(5) 自我实现需要，主要包括人们充分地发挥个人聪明才智，有所建树、事业有成，实现个人价值的需要。这是人们最高层次的需要。马斯洛提出，为满足自我实现需要所采取的途径是因人而异的。自我实现的需要是在努力实现自己的潜力，使自己越来越成为自己所期望的人物。

马斯洛认为，人的需要遵循递进规律，在较低层次的需要得到满足之前，较高层次的需要同时存在，只是各自的需要强度不同，呈现出不同的需要结构。在若干个需要中间，总有一个最强烈的需要起主导作用，叫作主导需要；在若干个动机中间，总有一个动机强度最大，叫作优势动机。主导需要产生的优势动机是人们行为产生的直接原因。

二、X 理论与 Y 理论

X 理论和 Y 理论是由美国著名行为科学家麦格雷戈提出，他在 1957 年美国《管理评论》杂志上发表了《企业的人性面》，首先把传统的管理理论及其人性假设称之为 X 理论，并针对 X 理论存在的问题提出了自己的新理论，称之为 Y 理论②。

X 理论对人性的假设如下：

(1) 大多数人是懒惰的，他们尽可能地逃避工作。

(2) 大多数人都没有什么雄心壮志，也不喜欢负什么责任，而宁可让别人

① 刘烨. 马斯洛的人本哲学[M]. 呼伦贝尔：内蒙古文化出版社，2008.

② [美]道格拉斯·麦格雷戈. 企业的人性面[M]. 韩卉，译. 北京：中国人民大学出版社，2008.

领导。

(3) 大多数人的个人目标与组织目标都是自相矛盾的,为了达到组织目标必须靠外力严加管制。

(4) 大多数人都是缺乏理智的,不能克制自己,很容易受别人影响。

(5) 大多数人都是为了满足基本的生理需要和安全需要,所以他们将选择那些在经济上获利更大的事去做。

(6) 人群大致分为两类,多数人符合上述假设,少数人能克制自己,这部分人应当负起管理的责任。

针对上述假设,麦格雷戈认为传统的指挥和控制的管理哲学已不再适用于激励人,因此,需要一种对人进行管理的不同的理论,从而提出自己的新理论——Y 理论。

Y 理论对人性的假设如下:

(1) 一般人并不是天性就不喜欢工作的,工作中体力和脑力的消耗就像游戏和休息一样自然。工作可能是一种满足,因而自愿去执行;也可能是一种处罚,因而只要可能就想逃避。到底怎样,要看环境而定。

(2) 外来的控制和惩罚,并不是促使人们为实现组织的目标而努力的唯一方法。它甚至对人是一种威胁和阻碍,并放慢了人成熟的脚步。人们愿意实行自我管理和自我控制来完成应当完成的目标。

(3) 人的自我实现的要求和组织要求的行为之间是没有矛盾的。如果给人提供适当的机会,就能将个人目标和组织目标统一起来。

(4) 一般人在适当条件下,不仅学会了接受职责,而且还学会了谋求职责。逃避责任、缺乏抱负以及强调安全感,通常是经验的结果,而不是人的本性。

(5) 大多数人,而不是少数人,在解决组织的困难问题时,都能发挥较高的想象力、聪明才智和创造性。

(6) 在现代工业生活的条件下,一般人的智慧潜能只是部分地得到了发挥。

麦格雷戈基于上述假设认为,人的成长和发展是完全可能的,通过组织一体化原则,创造一种条件,使组织成员通过努力争取成功,以最好地实现个人目标。但是"自我实现人"假设、Y 理论对人的行为假设是不全面、不充分的。

三、复杂人性假设(超 Y 理论)

美国心理学家爱德加·H. 薛恩在感知到组织理论和管理理论已展示出对人的激励的演变趋向后,提出了复杂人性假设。① 薛恩认为,经济人假设、社会人假设和自我实现人假设都不具备高度概括性,只能用于解释固定的某些个体

① [美]爱德加·H. 薛恩. 组织心理学[M]. 北京:经济管理出版社,1987:116-122.

及状况。由于个体是天然具备复杂动机的，不能简单理解为某个个体只有生理的诉求，也不能随意认知为某个个体只有政治的诉求。因为，人性不仅因人而异，而且就一个人而言，其需要和动机也会随年龄、时间、地点的不同而有不同的表现，会随其年龄、学识、地位的变化而变化。人，既不是单纯的“经济人”，也不是完全的“社会人”，更不是纯粹的“自我实现人”，而是“复杂人”，因而，对人性不能进行简单的归类。对此，爱德加·H. 薛恩进行了复杂人性假设。

第一，个体的诉求会随着其生活历程和生命发展的变化而发生改变；第二，个体的诉求与诉求层次是截然不同的；第三，个体在某一阶段的总动机是其原始诉求与组织经历之间相互关联而形成的，具有一定程度的复杂性；第四，个体的不断发展会使其产生新的诉求与动机；第五，不同的个体在面对管理方式时会产生不同的反应；第六，由于个体的动机不尽相同，管理者在管理策略上需要灵活得当，以调动组织中个体的热情，进而完成组织的目标。

根据“复杂人”的假设，1970 年，美国管理心理学家约翰·莫尔斯和杰伊·洛希在《哈佛商业评论》杂志上发表了《超 Y 理论》一文，提出了超 Y 理论，并在 1974 年出版的《组织及其他成员：权变法》一书中进一步阐述了这一理论。超 Y 理论是要求将工作、组织、个人三者作最佳的配合：

(1) 人们工作的动机和需要虽然千差万别，但其主要需要是取得胜任感。

(2) 实现胜任感的方式取决于一个人的其他需要，如：权力、独立、结构、成就和交往等。

(3) 胜任感的实现和任务与组织的适合密切相关。

(4) 即使胜任感实现了，它仍然起着激励作用，它往往激励一个人树立更高的目标。

实际上，超 Y 理论认为对人性的认识要因人而异，人和人不同；而复杂人性假设则强调一个人的需要在不同的年龄阶段、不同时间和地点会有不同的表现。因此，超 Y 理论具有对人性认识的权变观，因此又称为“权变理论”。

【案例一】

2017 国考最热职位竞争激烈万里挑一

中新网北京 11 月 27 日电：今日，2017 年度中央机关及其直属机构公务员招考笔试将开考。本次国考最终有 148.63 万人通过报名资格审查，较去年增加 9.17 万人，最热岗位的竞争甚至达到“万里挑一”，刷新历史最高纪录。

报名人数今年反弹 平均 55 人竞争 1 个岗位

今天上午 9 点，2017 年度的国考笔试将在全国各省会城市和个别较大城市同时开考。今天上午 9 点至 11 点进行《行政职业能力测验》科目的考试，下午 14 点至 17 点进行《申论》科目的考试。

今年国考,共有120多个中央机关及其直属机构和参照公务员法管理的单位计划招录2.7万余人,计划招录人数与2016年持平。从报名的情况来看,根据国家公务员局的通报,本次国考报名,共有148.63万人通过了用人单位的资格审查,较去年的139.46万人增加了9.17万,同比增加6.58%。从招录比来看,在报考的考生中,平均55人竞争1个岗位。

至此,国考报名已经连续9年在百万人以上,其中2014年度国考报名人数达152万人的峰值,2015年和2016年国考的报名人数分别下降至140.9万和139.46万,本次国考,报名在连续两年降温之后再度反弹。

"弃考"现象需关注 将有多少人参加考试?

今天到底有多少考生走进国考考场?预计或不足148万人。历年国考,都有不少报名考生最终选择放弃考试。据中公教育的统计,2014年度国考弃考人数逾40万人,2015年度国考弃考人数高达50余万人,2016年度的国考有超46万人弃考。

今年国考前夕,国家公务员局考录司副司长彭忠宝在接受媒体访谈中提到,近几年,中央机关及其直属机构公务员招考报名通过资格审查人数与招录计划数之比一般在50%~70%之间。

彭忠宝称:"从这几年情况看,参加考试人数都在100万左右,报名人数和参加考试人数有些年增加几万、十几万,有些年减少几万、十几万,都属于正常的浮动范围,很难用趋热或趋冷、降温或回暖来形容。"

民盟中央一职位"万里挑一"

本次国考,竞争最激烈的岗位为民盟中央办公厅"接待处主任科员及以下"职位。据统计,截至报名结束前半小时,该职位竞争比就达9837∶1,其竞争热度已超过2013年度国考最热职位的9411∶1,创下历史新高。

来自民盟中央的这个最火职位,其具体工作内容为"从事机关公务接待的服务工作,机关会议和活动的筹备工作"。有分析称,每年国考报名中,最热岗位都是在报名中随机出现,今年民盟中央的这一岗位能"脱颖而出",也是因为其报名要求相对宽松。

有岗位"万里挑一",也有些岗位无人问津。彭忠宝在接受媒体访谈中就透露,今年中央机关招考报名结束后,仍有一百多个职位无人通过资格审查。这些职位,一方面,主要还是条件相对艰苦;另一方面,也有对学历、专业和相关工作经历等职位条件设置还不够宽等方面原因。

"最严"国考来临 多部门联合打击作弊

本次考试也是新版《公务员考试录用违纪违规行为处理办法》(以下简称《办法》)实施后的首次国考,一些媒体用"最严"来描述本次国考纪律的严格程度。

根据《办法》规定，对有严重违纪违规行为的报考者取消当次报考资格、不予录用，并记入公务员考试录用诚信档案库，视情形记录5年或者长期记录。报考者如果有串通作弊或者参与有组织作弊等特别严重的违纪违规行为，或将永远不允许进入公务员队伍。

考试前夕，彭忠宝也表示，今年笔试将向各考点和考场选派经验丰富的监考老师，配备身份证识别仪、手机信号屏蔽仪、视频监控等设备。此外，还将联合中央网信办、公安部、工业和信息化部等部门，坚决查处利用网络散发虚假信息、蓄意干扰和破坏正常考试秩序的行为，严厉打击高科技作弊和助考犯罪活动，进一步净化考试环境。

思考题

请运用制度的人性假设分析国家公务员考试的上述现象。

【案例二】

抵制听课说明了什么

镇东初中规模不算大，生源基础参差不齐，师资业务素质总体水平不高，教学质量始终上不去，学生家长反映强烈，领导也有意见。新学期开始后，镇教育委员会针对该校情况决定调教育办公室李主任到该校任校长。李校长任校长一周后，召开了学校领导班子会议，他谈了对提高教学质量的初步设想，他说："要提高质量，摘掉落后帽子，就必须加强教学管理，狠抓教学工作各个环节的检查，尤其是课堂教学的检查，因为这是提高教学质量的关键。我想通过经常性突击听课，促使教师钻研教材，改进教法，提高授课水平，向45分钟要质量。过去，我们学校班子没有重视这项工作，致使少数责任不强的教师混课甚至旷课，这是突出的薄弱环节。因此，我提议，从明天起，所有校长、主任按自己所学专业，分学科到班里随时听课，事先一律不与教师打招呼，希望大家不要走漏风声。"

会议后的第二天，校长、主任根据原定方案，自带凳子分头到班级进行不打招呼的听课。第一次听课后，部分校长、主任肯定了这种做法，有的说："这次不打招呼的听课，确实发现了不少问题，有的教师未备课，就是读读书，有的新教师根本就不会讲课。"有的说："这次听课也发现了不少教师授课能力强，水平高，以后要注意重点使用。"有的还说："这样的听课今后每过一段时间听一次，是很有好处的。"当然，也有一部分干部提出疑问，认为这种听课方式不够妥当，对教师不够尊重，易造成逆反心理。

虽说有不同意见，第二天仍按事先分工，继续进行这项未完的工作，不料情况与前一天截然不同。这位教师说："我这课可主要是让学生做作业。"那个老师说："我这堂课主要是让学生背书。"一句话，就是不愿让领导听不打招呼的课。可想而知，这次校长、主任真的坐冷板凳了。这样的听课已无法进行下去了。

教师的不满，明里暗里的软抵抗行动，李校长耳闻目睹。面对这意想不到的情况，他陷入了沉思。

思考题

请以人性假设理论分析以上案例，并为校长提出新的建议。

第六章　制度的基本价值

根据马克思主义价值论关于人的解放与自由的观点以及目的性价值与工具性价值的分类法，可以把价值分为三个层次：第一层次主要指自由，这一层次的划分是符合马克思关于人的自由全面发展是终极的和最高的价值的观点；第二层次的价值主要指正义、公正、公平、平等、效率、秩序、和谐等，这些价值相对自由而言是工具性的、从属性的和解释性的；[①]第三层次的价值主要指人的生存权，它是人类追求的最直接的价值，它是一切社会价值的出发点。这三个层次构建了社会价值体系的基本框架。制度是实现价值的主要方式，本章主要对秩序、公平、效率，特别是对公平与效率之间的均衡关系进行分析。

第一节　制度的秩序、公平、效率价值

一、秩序

秩序是指人或事物所在的位置，具有整齐、安全、稳定、平衡、协调等意。它强调关系的稳定性、结构的一致性、行为的规则性、进程的连续性、事件的可预测性以及人身财产的安全性。制度价值意义上的秩序指的是社会秩序，即人们交互作用的正常结构、过程或变化模式，是一定生产关系所决定的人们之间的有序活动。

秩序是制度的最基本价值。公平、正义、平等、自由、效率、秩序等都是制度的基本价值，但其中最为基本的价值应是秩序。

第一，秩序是人类一切活动的前提与基础。人类的生存是以"群"、"类"的方式呈现的，而社会则是"群"、"类"的有机整体，即人与人结合并相互作用而形成的统一整体。有了人与人之间的相互作用，矛盾冲突不可避免，社会失序与混乱时常发生，这严重威胁着人类的生存与发展，因此，对秩序的渴望已成为人类社会最基本的价值追求。

第二，秩序是制度追求的最直接的目标。从制度的规范作用来看：制度的指引作用是指引导人们的行为按规定的秩序轨迹施行；制度的评价作用在于判断、衡量人们行为是否符合社会秩序的要求；制度的强制作用就是对违反人员进行制裁、

① 谢鹏程.基本法律价值[M].济南：山东人民出版社，2000：28-29.

惩罚，强制性地将违反制度行为限制在允许的范围之内，保障社会秩序的稳定。从制度的社会作用来看：统治阶级利用制度来控制阶级冲突，建立起有利于统治阶级的社会秩序。总之，制度的功能或作用最终都可以归为社会秩序的目的。

第三，秩序是连接制度与其他价值的中介，是构成制度价值体系的中间环节。制度是由许多价值构成的体系，其中秩序在制度价值体系中具有优先性，其他价值需要以秩序价值作为前提和基础。对于处于现代化进程中的国家，首要的问题不是自由，而是建立一个合法的公共秩序。人当然可以有秩序而无自由，但不能有自由而无秩序①。

那么，制度是如何追求或实现秩序价值的呢？要解决这个问题，必须要从秩序的本质上去探寻。

秩序是人们交互作用的正常结构、过程或变化模式，是一定生产关系所决定的人们之间的有序活动。而社会关系是人们为利益而存在，为自己的利益而从事社会活动，进行社会交往，从而形成的关系。所以，实现秩序关键是要发挥制度的利益协调机制，实现利益秩序的目标，具体有以下三点。

一是发挥制度的利益界定功能，明晰利益归属秩序。制度通过对利益的界定，可以确定各种利益的范围、内容，明晰各种利益的界限。制度对利益的界定有利于社会主体充分自由地享有自己的合法利益，正确地对待他人的合法利益，从而解决社会主体间的利益纠纷。

二是发挥制度的利益配置功能，优化利益分配秩序。利益的配置方式能否被社会成员所认可，往往是社会秩序好坏的先决条件之一。制度通过对利益配置方式的规定，确定利益配置标准，可以减少利益配置上的不公或失衡，从而使利益配置有序化。同时，制度通过对利益分配纠纷案件的处理，可以修复社会秩序，使破坏了的秩序得以恢复，使社会始终处于有序状态。

三是发挥制度的利益协调功能，理顺利益结构秩序。利益结构实质上就是利益关系统一体，在运动变化中形成利益相关者的集合，不同集合之间又通过各种途径处于相互作用之中，最终形成的结构。利益结构的突出特征是对立统一性。利益主体相同的物质条件决定了他们利益的一致性或统一性；而利益主体之间为争夺各自利益又表现出相互排斥性或斗争性。制度可以充分发挥其基本功能，协调相互间的关系，使其减少冲撞、减少冲撞损耗，并在一定时期内共存互补，保障利益结构秩序。

---

① [美]塞缪尔·P. 亨廷顿. 变化社会中的政治秩序[M]. 王冠华，译. 北京：生活·读书·新知三联书店，1989：7.

二、公平

公平是社会价值体系中基本的价值要素之一。为了叙述便利，首先从第二层次公平与其他价值的相互关系进行分析。其中，公平、正义、公正、平等之间的区别非常微妙。公平、公正与正义，在英语词汇中，可以共用一个词 justice，公平与公正，英文可以用 just 和 fair 表示，同时，公平与平等的英文意思又能用 equity 和 equality 表示。受其影响，中国许多学者没有对它们的意思严格区分，许多词典也是在互换的意义上使用这些词的。其实它们之间的含义是有区别的，当然这种区别非常微妙。《现代汉语词典》是这样来定义正义、公平、公正与平等的。正义指公正的、有利于人民的道理①；公平指处理事情合情合理，不偏袒哪一方面②；公正指公平正直，没有偏私③；平等指是人们在社会、政治、经济、法律等方面享有相等待遇④。从以上解释可以看出，正义是人类社会的永恒追求，体现着真、善、美的全部内涵，它比公平、公正与平等的要求都要高。凡是有利于公共利益或人民利益的行为都是正义行为。但正义要通过公平、公正、平等等价值体现出来。凡是正义的一定是公平、公正、平等的，非公平、公正、平等，一定是非正义的。然而，公平、公正、平等并非一定正义。所以公平、公正、平等与正义之间是一种属种关系。从公平与公正的关系来看，公平强调衡量人们在现实利益关系上标准的“均等”性，是公正原则的现实结果，是对社会制度原则的一种补充处理；而公正侧重的是社会的基本价值取向，是一个现实的制度原则，严格按规章制度办事，做到不“偏私”。正如亚里士多德就公平与公正的关系所写的那样：既不能笼统地说两者等同，看起来也不能说它们是互异的东西……如若两者都是好事，那么两者就是一回事了……公平是种优于公正的公平，虽然它优于公正，但并不是另一个不同的种，公平和公正实际上是一回事情，虽然公平更有力些，但两者都是好事。与公平相比，公正更强调它的“合法性”，公平则更注重它的“合理性”，公平是现实中的公正，是对现实中非公正的矫正。实际上，亚里士多德把公平作为法律外的价值目标，而把公正作为“法律上”的价值目标。所以，在分析制度的基本价值时，使用了“公平与效率”而不是“公正与效率”的提法。从公平与平等的关系上，根据平等的含义可以看出，平等是指相等、均等、等同、均一。平等具有理想性色彩，是公正或公平的最高境界，要实现真正的平等，只有在消灭阶级及旧的分工之后，任何超出这个范围的平等要求，都必然流于荒

① 现代汉语词典[M]. 北京：商务印书馆，2005：1740.

② 现代汉语词典[M]. 北京：商务印书馆，2005：473.

③ 现代汉语词典[M]. 北京：商务印书馆，2005：474.

④ 现代汉语词典[M]. 北京：商务印书馆，2005：1051.

谬。① 就是说，只有到共产主义社会才能实现公正与平等的完美统一；在阶级社会，要实现平等还只能是人们美好的愿望。

从公平与民主、秩序之间的关系来看，虽然它们都有目的性价值的因素，但相比较而言，民主、秩序的工具性价值色彩更浓，它们的主要功能就是保障正义、公平、公正、效率等目的性价值的顺利实现。工具性价值从属于目的性价值，这是基本的逻辑关系。其次，从公平与自由关系上看。自由的实质就是指人们在规章制度或其所许可的范围内进行活动。而公平是处理事情合情合理，没有偏私。从这个角度讲，实现公平，也就保障了自由，偏离了公平，自由只能是一句空话。最后，从公平与生存权的关系看，在一定时期，公平是生存权的最低限度或最低标准，达不到这个限度或标准，就是非正义。从以上分析不难看出，与其他价值相比，公平是首要、最基本的价值，正如美国著名学者罗尔斯所说：公平是社会制度的首要价值，正像真理是思想体系的首要价值一样。②

三、效率

效率同样是社会价值体系中基本的价值要素之一。效率有两层基本含义：一是从一个给定的投入量中获得最大的产出，即以最少的资源消耗取得同样多的效果，或以同样的资源消耗取得最大的效果；二是根据预期目的对社会资源的配置和利用的最终结果做出的社会评价，即社会资源的配置和利用使越来越多的人改善境况而同时又没有人因此而境况变坏，则意味着效率提高了。效率价值的基本性也体现在它与其他价值的关系之中。从效率与自由价值的关系来看，自由从质的规定性来说是指人们在规章制度或法律所许可的范围内进行活动；从量的规定性来说，其表现为人们活动的空间范围。这种活动空间实际上就是自由度。衡量自由的尺度，不仅在于对制度遵守与否，更重要的是人们在多大程度上遵守制度，这是衡量自由度的主要标准。而自由度要表现为一定的效率水平，自由度的增加要通过效率的不断提升展现出来。人的全面自由和发展意味着人们逐步获得效率“最大化”的自由度，这是自由的最高境界。效率与公平之间的关系，一直是学界关注的重点课题，许多学者认为公平与效率之间的关系是一种此消彼长的关系或对立统一关系，从一个侧面也表明公平与效率的基本价值定位。与民主、秩序相比，效率更具有基础性地位，效率水平直接决定或制约着民主、秩序的程度和实现的状态。从效率与生存权的关系来看，效率决定着生存权状况，生存权是效率的具体化或重要体现，是效率实现程度的检验标尺。总之，效率作为生产力水平的重要标志，其基础性地位完全符合马克思主义关于

---

① 马克思恩格斯选集(第3卷)[M].北京：人民出版社，1995：146.

② John Rawis, A Theory of Justice, Harvard University Press, 1971, p. 14.

生产力决定作用的基本理论。

第二节　公平与效率的内在均衡关系

在制度价值体系中，公平与效率是两个基本的价值要素，二者的存在与变动直接影响甚至决定着其他价值存在的状况及走向，因此，有必要对二者的关系进行分析。

一、公平与效率均衡的必然性

公平与效率均衡取决于二者是否存在着统一性和对立性，也就是说公平与效率之间是否是对立统一的关系。其统一性表明公平与效率均衡的可能性；对立性说明公平与效率均衡的必要性。下面先谈公平与效率的统一性。

一是公平与效率是人类生存的需要。就人的自身解放来说，只有人类自身才是目的，其他一切都是手段，包括公平、效率在内的其他一切只不过是人借以实现自己本质力量的方式，都不能成为社会发展的价值指归，在这一基本点上来说，二者之间不存在绝对排斥关系，不应顾此失彼，恰恰应契合它们。当然契合的原则是适当地满足各自要求的一种均衡，即承认适当的差别，杜绝起点的不平等，保障过程的高效率，追求结果的真公平（当然不是平均主义）。

二是公平与效率相互依存，互为前提。一方面，公平是效率唯一合法而又持久的动力和源泉，是效率的前提和保证，因为，在影响效率的诸多因素中，人是最关键的因素，而人的才智、积极性、主动性和创造性来自于社会公平机制。从社会总体看，公平会减弱各种消极因素，提高社会整体效率。因而，缺乏公平的社会是一个容易发生动荡和混乱的社会，任何社会只有存在大多数人认可和接受的公平时，社会的各项活动才能有序进行。另一方面，效率是推动公平发展的历史动力，是公平的物质基础，也是衡量公平本身的历史尺度。第一，效率是推动公平发展的历史动力。人类社会发展的目标从终极意义上讲是为了人类存在并更好地存在。效率的不断提高是实现这一目标的主要途径。历史上一切社会公平的建立和演变都源自于效率的要求。第二，效率为公平提供必要的物质前提。效率的提高，蛋糕的增大，政府手中用于再分配的物质财富也必然更为丰富，这有利于提高政府平衡社会贫富的物质实力。缺乏物质内容的公平，只能是乌托邦式的公平，不能成为任何社会制度的现实基础。第三，效率也是衡量公平本身的根本标准，我们评判一种社会制度是否公平，不是看它符合某种原则、某种主义等人为标准，而是看它是否能激发社会成员的普遍热情，创造持久的效率。任何社会长期低效率的背后必然是公平的丧失和公平机制的破坏。

三是公平与效率相互渗透、相互兼容。公平，同时也意味着效率。例如，在就业机会中消除种族歧视和性别歧视,直接表现为一定的公平要求的实现。这些公平要求的实现客观上又使效率得到提高。公平实质上在于将社会资源能够最优配置,使社会资源各去其处,使社会成员各得其所,从而实现"人尽其才,物尽其用,地尽其利,货畅其流"。正如博登海默所言,公平关注的是法律规范与制度安排的内容、它们对人类的影响。如果用最为广泛和最为一般的术语来谈正义,人们就可能会说,正义所关注的是如何使一个群体的秩序或社会的制度适用于其基本目的任务。①

正是因为,公平与效率二者之间具有相互信赖、相互依存、相互渗透、相互贯通等关系,才能为研究公平与效率之间的均衡关系提供可能。

如果说,公平与效率的内在统一性为研究二者均衡关系提供了可能性的话,那么,公平与效率的对立关系则为研究二者均衡关系提供了必要性。公平与效率的对立性主要表现为:一是公平与效率各自的内涵、实现途径、作用机制不同。公平作为历史的、客观的、相对的概念,是人们对一定社会关系的价值判断,它受社会发展阶段和发展水平的制约,受历史传统文化和人们心理因素的影响,在阶级社会里,公平带有明显的阶级烙印。而效率则是一个社会经济增长的数量概念,具有统一的、客观的衡量尺度。公平,在经济领域无论是起点的公平、过程的公平、结果的公平,还是经济活动之外的社会公平,其真正的实现要靠政府对经济活动过程的宏观调控,通过经济的、法律的手段和必要的行政手段来实现。公平,是一种社会稳定机制,其作用在于创造稳定有序的社会环境,调动社会大众的积极性,为效率提供服务。而效率是一种社会发展机制,其作用是以经济主体自身的利润最大化作内在驱动力,最大限度地使经济主体利用其客观物质条件和发挥其主观能动性,为经济社会发展服务,为社会在更高层次上的公平创造物质基础。二是公平是价值理性,效率是工具理性。② 马克斯·韦伯创造了工具理性和价值理性两个术语。所谓价值理性,指行为追求的目标,具有绝对的价值,故此不管条件是否充分具备和努力的结果能否实现,都要毫无顾忌地去完成它,属于"实质合理性";而工具理性是以对功能、效率的计算为条件,用有效的努力达到预期目的。韦伯认为,工具理性符合人的理性常态,但为功利目的所驱使,使人失去价值多元的创造性,属于"形式合理性"。根据韦伯的理论,公平属于价值理性,效率属于工具理性,二者是对立的。三是公平与效率之间存在着相互对抗、此消彼长关系。相互对抗关系(如由于个人天赋的差别)是客观存在的,

---

① [美]博登海默.法理学——法哲学及其方法[M].邓正来,译.北京:中国政法大学出版社,1999:238.

② 郭志鹏.公平与效率新论[M].北京:解放军出版社,2001:106.

根据市场规则承认它，既是公平的，又是有效率的，但是，这可能导致机会的不均等，进而引起收入差距的拉大、贫富悬殊的出现。此消彼长的关系也是存在的，例如，如果对富者的税率重到足以破坏其投资，就会影响到贫者就业的数量和质量，降低效率。① 平均主义是以牺牲效率为代价的；效率绝对至上又是以牺牲普遍人权为代价的。

实践证明，公平与效率具有统一性，没有公平的效率只能是强权效率，它终将被动荡和反抗所破坏；同样，没有效率的公平，只能是公平的幻想，它最终也只能在普遍贫穷中被变革。所以，公平与效率犹如天平的两端，相互依存、不能分割，又相互对立、不能替代。任何一方都不能畸轻畸重，而应当依据社会经济的发展，根据实际表现适时进行预测与微调，使它们处于动态的平衡中。要实现公平与效率的均衡，就必须制定一套完善的“游戏规则”，这是构建社会和谐的核心和根本。如果没有一套公平的分配和有效率的竞争规则，必然导致人类对赖以生存的稀缺资源的无休止纷争，并在资源短缺和尔虞我诈中威胁人类的生存，破坏社会的秩序，摧毁和谐的根基。

二、公平与效率均衡本质的体现

目前，就公平与效率的关系问题，学界持有不同的价值取向和政策选择。归纳起来，主要有三种观点。一是效率优先说。此观点是西方经济自由主义理论的一个延伸，凡属经济自由主义各流派，一般都强调经济增长中市场机制配置资源的重要作用，将与市场相联系的效率放在优先的政策目标上，竭力反对政府行政干预再分配的以收入均等化为中心的“结果均等”，认为这是对社会经济发展的最大损害。效率优先论的看法主要有两点。第一，它认为效率是与市场竞争相联系的，而市场竞争又与自由相联系，因此，如果没有自由，就没有市场竞争，也就没有效率，故效率优先即“自由”优先，将“自由”——西方传统价值观的“天赋人权”放在首位，认为自由既是效率优先的前提，又是效率优先的结果。第二，效率本身意味着“公平”。效率来自个人的努力程度，反映了个人的勤奋，越是勤奋工作的人，就越应该给予较高的报酬；反之，则应受到报酬上的惩罚，故应该把效率放在首位。二是公平优先说。坚持这种观点的不仅有经济学家、哲学家、政治学家、社会学家，还有法学家。他们认为如果任由市场机制充分发挥作用，收入就不可能公平地分配，并强调在政府干预下推行社会福利事业，主张缩小市场的调节范围。公平优先论可以归纳为两个要点。第一，公平是一种“天赋权利”，市场机制中的等价交换原则是以金钱为媒介的交换，市场对公平是失效的。市场竞争所引起分配悬殊，则是对这种“天赋权利”的侵犯。第二，效率本身不是

① [美]阿瑟·奥肯. 平等与效率[M]. 王忠民，等，译. 成都：四川人民出版社，1988：7.

"公平",而是来自于"不公平"。因为在市场经济中,人们在财产占有、接受教育机会、能力方面机会不均等,竞争中不处于同一条起跑线上。此外,市场并不是真正按照人们实际贡献的大小来评价和付酬的,市场本身的缺陷要求政府对公平问题实行一定程度的干预。三是公平与效率最优交替说。坚持这种观点的学者认为,公平与效率两个政策目标同等重要,没有先后次序,二者必须兼顾,即如何用最小的不平等换取最大的效率;或以最小的效率损失换取最大的公平。此外,国内学者还提出了矛盾说、和谐统一说、具体分析说、相互条件说、相互兼顾说、互补说等。之所以在公平与效率关系问题上出现如此众多的学说,这既有主观原因,也有客观因素的影响。主观原因主要是人们的立场观点、知识水平、生活阅历、分析方法等存在着差异,因而其价值取向各异;客观因素主要是人们所处不同的时代和不同的国度,决定着人们的价值取向不同。这些学说或观点都有其合理性和说服力,都在一定程度上反映了公平与效率之间的关系,但我们无法判断哪种学说更合理、更具说服力。这些学说或观点都在不同程度上反映了公平与效率均衡的本质特征。理由如下:

（一）由于分析的范式不同,对公平与效率关系的认识存在着诸多差异

以法经济学为例,法经济学一直存在着两种不同的分析范式:一是作为经济学范畴的法经济学;二是作为法学范畴的法经济学。前者是将效率原则置于法律制度的框架中,以解构经济制度完善与创新的任务。采用这种范式的以经济学家为主,他们习惯于效率至上的思维定式,认为只有优先解决社会资源配置效率问题,使社会总财富不断增长,才能为建立以社会公平为准则的社会补偿制度奠定可靠的经济基础,也就是说,提高"做蛋糕"的效率是解决"分蛋糕"公平性问题的物质前提。因此,得出"效率优先"观点。而后者则是运用经济效率的分析工具,探讨法律制度变迁的方向与路径。采用这种范式的以传统的法学家为主,从公平作为"天赋人权"的基本原理出发,认为制度运行的效率是以制度的合理性为其首要前提的,因此,任何违背公平、正义的制度安排都是无效率的,并且都应当被加以改造。例如,美国学者约翰·罗尔斯在《正义论》中就曾强调,正义是社会制度的首要价值和首要美德。这实际上是一种"公平优先论"。有学者提出了公平与效率最优交替说,这种观点实际上是对"效率优先说"和"公平优先说"的调和与折中。例如,美国学者阿瑟·奥肯在其《平等与效率》一书中说:如果平等与效率受到平等对待,分不出孰高孰低,在两者发生冲突时,就必须寻求调和。有些时候,为了效率就要放弃一些平等;在另一些时候,为了平等,必须牺牲一些效率。但无论哪一方做出牺牲,必得以另一方的增益为条件,或者是为了获得别的有价值的社会目的。尤其重要的是,在做出允许经济的不平等的社会主张时,

一定要保证经济效率得到提高。[1] 尽管学者们对公平与效率的关系的理解因研究范式的不同存在差异，但他们都希望二者之间能够保持一定的适度，这种适度的最优标准就是均衡，即公平与效率都能同时达到最大化。

（二）公平与效率的关系在不同领域显示出不同的特点，都是二者均衡的展现

谢鹏程以交易自由为标准，把社会生活领域分为两类：一是有交易自由的社会生活领域，即市场领域；二是没有交易自由的社会生活领域，即非市场领域。[2] 他认为，在市场领域适用"效率优先，兼顾公平"的价值追求，这是因为市场是遵循价格起决定作用的规律，并按效益进行分配的原则，同时市场本身就是导致经济增长的机制。而非市场领域则适用"公平优先，兼顾效率"的价值诉求，因社会和政府必须保障基本人权，保持社会安定，同时，市场本身是以公平为条件的。[3] 谢鹏程的"二分法"有一定的道理，但他的市场领域适用"效率优先，兼顾公平"、非市场领域适用"公平优先，兼顾效率"的划分过于简单，其实在非市场领域也并非只能适用"公平优先，兼顾效率"的原则。例如，在法律领域，许多经济法律法规其目的不仅在于实现社会的公平，而且要促进社会经济效率的提高，采取"公平与效率交替最优"原则可能更好。总之，不同领域特点与功能存在着差异，公平、效率在不同领域就显示出不同的趋向性，有的领域趋向于"公平"，有的领域趋向于"效率"，所以在实际操作过程中，人们往往采取"公平优先，兼顾效率"或"效率优先，兼顾公平"原则就在所难免。不过这里要指出，不管是"公平优先，兼顾效率"、"公平优先，兼顾效率"，还是"公平与效率交替最优"原则，只是根据各个领域的特点或功能所采取的政策选择，在操作层面上，绝不能绝对强调一方，而忽视另一方，要始终保持公平与效率之间的适应度，最佳标准应是公平与效率双方都能达到最优化。也就是说公平与效率的均衡实质上规制着人们的政策选择。

（三）人类社会的发展是在公平与效率均衡发展中不断前进的

实现公平与效率的同时最大化，即二者的均衡状态，是人类社会的美好愿望。也正是人类社会有了这种美好的追求，才使公平与效率不断地历经均衡—非均衡—均衡的历史演变过程，进而推动人类社会的不断进步。

在原始社会，受生产力水平的限制，生产效率很低，没有剩余产品的出现，一切劳动（采集、狩猎）所获，都是按照原始社会的风俗习惯，在全体成员之间进行平均分配，所以全体成员之间是绝对公平的。原始社会的绝对公平与当时的生

---

① [美]阿瑟·奥肯.平等与效率[M].王忠民，等，译.成都：四川人民出版社，1988：122.

② 谢鹏程.基本法律价值[M].济南：山东人民出版社，2000：202.

③ 谢鹏程.基本法律价值[M].济南：山东人民出版社，2000：206-207.

产效率基本处于均衡状态。但人类绝不会满足于这种低水平的均衡状态，随着生产工具的改进，劳动效率的提高，剩余产品出现了。对剩余产品占有的欲望，必然导致一个剥削阶级——奴隶主阶级的出现，由此，人类也进入了一个极其野蛮、极端不公平的社会——奴隶社会。在奴隶社会，奴隶是“物”(会说话的工具)不是人，奴隶与奴隶主之间没有任何公平可言。生产效率是以完全牺牲广大奴隶的公平为代价的。“代价”就是一种转化，广大劳动者应享受的社会公平几乎完全转化为社会财富的积累，转化为推动社会进步的效率。公平与效率之间“势位差”的不断扩大化，造成了公平与效率之间的严重失衡(或非均衡性)，为了改变这种失衡状态，奴隶必须起来反抗。“奴隶般的生存条件”是一种“底线公平”，一旦这种“底线公平”被破坏，就会激起普遍的革命热情，给整个现存制度造成极大的危害[①]。这种“危害”的最终结果，就是导致了奴隶社会的灭亡和封建社会的产生。在封建社会，奴隶演变为隶农，隶农有了较大的自由、较多的权利，因而他们的生产积极性比奴隶要高得多。隶农的生产积极性与当时先进的生产工具相结合，促进了封建社会生产效率的大幅度提高。在封建社会，公平与效率都相对向前推进了一大步，但公平与效率之间的“势位差”与奴隶社会相比并没有发生根本性变化。隶农不得不为改变这种失衡状态继续斗争。资产阶级启蒙思想家首先吹响了“自由、平等、博爱”的号角，敲响了专制、封闭、特权压迫的黑暗社会——封建社会的丧钟。然而，建立资本主义社会以后，广大劳动人民的不公平地位同样也没有根本改变，“效率理性”始终成为资本主义的基本价值导向。所谓永恒的自由原来是小资产者、小农失去财产的自由，自然的平等只能是法律面前的资产阶级的平等，不可剥夺的人权也主要是资产阶级的所有权，被许诺的博爱变成了世界范围内一场残酷掠夺财富的战争。正如菲德尔·卡斯特罗所说：资本主义社会不仅是失去理智的、不平等的和不公平的，而且在经济、社会和生态方面也是坚持不下去的。[②] 资产阶级统治下所创造的巨额财富，以及畸高的劳动生产率，使公平与效率的“势位差”，超过历史上任何一个社会。这种公平与效率的严重失衡导致了资本主义社会爆发经常性的经济和政治危机，资产阶级不得不采取一些措施来缩小公平与效率之间的差距，缓和过高的“势位差”所造成的各种尖锐矛盾。最明显的例子就是西方工业发达国家开始实行了公平优先的发展战略来保障社会的公平性。第二次世界大战以后，为了避免市场机制带来的缺陷，西方不少国家更多地注意公平分配，通过政府干预，实行个人累进

① 马克思恩格斯选集(第1卷)[M].北京：人民出版社，1995：236.

② [古巴]菲德尔·卡斯特罗.全球化与现代资本主义[M].王玫，等，译.北京：社会科学文献出版社，2000：40.

税制和一整套社会保障安全体系，使西方出现了长达20年左右的经济繁荣和社会稳定。但是，随着对公平目标偏好的强化，国家干预的加强，社会福利的增长速度超过国民经济的增长速度，从“摇篮到坟墓”的社会保障日益膨胀，矛盾的天平越来越趋向结果均等。特别是进入20世纪70年代以来，原先为缓和社会矛盾而产生的福利国家，自身发生了机能性障碍。长期以来被标榜为福利国家成功典型的英国和瑞典，陷入“福利危机”之中。鉴于众多西方福利国家患上“英国病”，已严重损伤市场经济的机体，在私有产权条件下，强大的市场机制必定出来矫正，经济自由主义重新崛起，“效率决定一切”观点重新占主导地位，“效率意味着公平”成为资本主义国家的“流行语”。实际上，这种崇尚效率、轻视公平的思想一出台，立即受到各方的批评与指责。看来，“效率决定论”只能是解决西方国家公平与效率现实矛盾的权宜之计，不是一劳永逸的良方。公平与效率矛盾已成为资本主义国家无法克服的难题。

三、公平与效率的均衡点、区间、标准及实现均衡的路径

严格地讲，公平与效率均衡主要是一种理论上的抽象假设，在现实生活中，它是通过不同的政策选择表现出来，有时采取“效率优先，兼顾公平”原则，有时采取“公平优先，兼顾效率”原则，有时又采取“公平与效率交替最优”原则。不过，在处理公平与效率的关系时，人们总是希望公平与效率能达到均衡状态。均衡是指因各方相互作用所同时达到最大化目标的一种状态。公平与效率均衡发展的基本含义，是指人们追求效率最优化时使每个人与别人一样好，也就是公平与效率都同时达到最优化的状态。

均衡研究方法的成功运用，首先是在经济学领域。经济学理论认为，如果厂商生产边际成本（边际是指“增加的”或“额外的”）等于边际收入的产出量，那么该厂商的利润将达到最大化，此时处于均衡状态。社会公平的实现与效率的提高，同样要付出成本，因此，公平与效率达到最大化也要遵循边际成本等于边际收益的基本定理。

公平与效率均衡关系总是外化为制度，通过制度展现出来，制度是如何体现公平与效率均衡关系的？根据价值评价标准的内在尺度和外在尺度来划分，可以将制度价值评价标准分为制度价值主体的内在标准与外在标准。所谓内在标准，是指人们在对制度价值进行评价时，所依据的内心标准或所参照的内心依据；所谓外在标准，指的是从人们的内心之外寻找到的对制度价值进行衡量时所使用的标准。这种标准，我们将其称为效果标准。① 据此，也可以将公平与效率均衡的标准，划分为内在评价标准与外在评价标准。从内在标准看，内心依据首

① 吕世伦，文正邦．法哲学[M]．北京：中国人民大学出版社，1999：423．

先表现为人们对制度的需要和利益，这种需要和利益是合理的、正当的，不是个人或某个阶级的特殊需要和利益，而是社会的需要和利益，或者说是符合社会发展和进步的阶级需要和利益。公平与效率始终是人类社会的共同追求，它与每个人休戚相关，但人们不是在探求分割状态下的公平与效率价值，而是渴望公平与效率的均衡发展。具体而言，在经济领域实行机会公平、过程公平、结果公平；在政治领域实行“法律面前人人平等”原则；在社会领域实行人格平等的同时，还能带来社会效率的最大化，即帕累托最优状态。从外在评价标准看，制度的实施能够带来公平与效率均衡的预期效果。首先，表现为制度实施后所产生的社会反响。可以根据社会的满意程度来确定。满意程度可分为：完全满意、基本满意和大致满意三种。完全满意，是指社会对现存整体或某项制度表示完全赞同，没有反对意见，很乐意依制度办事，此时的制度是完美的。如果能达到这个标准，将使公平与效率实现帕累托最优状态。基本满意，是指全社会对现存整体或某项制度基本上表示赞同，但需要进一步完善或改进。如果达到这个标准，公平与效率处于“卡尔多—希克斯改进”状态。大致满意，是指全社会对现存整体或某项制度总体上给予认可，但存在着许多不足，需要多方修正和提高。处于大致满意程度的制度，公平与效率仍然保持在均衡区间内，不过此时已处在均衡状态的边缘。显然，完全满意是一种理想状态，大多数情况下，“基本满意”与“大致满意”是常态。其次，表现为制度实施的社会效果。一方面表现为制度的实施能够带来社会的安宁与稳定，另一方面表现为制度的实施能产生良好的社会效益。根据所设计制度的预期社会效益与制度实施后实际产生的社会效益进行比较，检验该制度是否达到了预期的目标，或者评估和计算某项制度的实施所产生的社会效益，即社会效益＝社会总效益－社会总成本。这种标准在理论具有客观、明确和可靠等特点。根据分析，我们可以找出实现公平与效率均衡的基本途径。首先，建立完善的市场经济体制。市场制度下可以清楚地界定公平与效率均衡的成本和收益。这就是说，公平与效率均衡中的成本和收益的关系，在市场制度下比起其他非市场制度更为明确和合理。因此，建立完善的市场经济体制是当前构建公平与效率均衡发展的当务之急。其次，建立完善的制度体系。制度的经济效益就是它能较好地界定在实现公平与效率均衡过程中的交易费用。再次，提高信息的完全性和透明度。公平和效率均衡的难点之一就是对所需信息的不足或掌握的信息不准确，这是公平与效率失衡的一个重要根源。例如，成本和收益信息不足或信息不准确，我们就无法判断一个经济公平与效率均衡的具体状态，更无法实现二者的均衡。最后，还要不断促进社会基本价值形成，建立适当的公共决策机制。当人们的偏好（或价值判断）不能取得一致时，公平与效率的均衡是不可能存在的。

可见，制度是实现公平与效率均衡的最主要的途径。制度在实现公平与效率均衡的过程中，主要通过二种方式来完成：一是事先限制；二是事后补偿。所谓事先限制，便是在活动之前在活动领域之内采取措施将活动的结果限制在某个范围内，使得无论在何种条件下活动，其结果总是不逾此范围。这种事先限定的方式是非市场经济条件下实现公平与效率均衡的基本方式。① 事先限制，一般是通过制定“游戏规则”将公平与效率统一起来。例如，改革开放以来，政府通过制度设计确认人们勤劳致富的正当性和坚持按劳分配为主、多种分配形式并存的必要性，通过制度限制和打击以权谋私、借权生财等权力寻租现象。实践证明，制度为公平和效率的均衡发展开辟了可行的途径。首先，制度为公平提供了制度保障。制度公开确认法律面前人人平等的原则，否定政治压迫和人格歧视，为公平奠定了社会政治基础。制度通过权利义务统一的一系列原则和规范，反对权力垄断，为公平确立生存发展空间。其次，制度使效率的充分发展成为现实。制度使社会整体有序化，而有序又为效率的必要前提，所以制度为效率创造了秩序基础；制度的智力优势还为效率提供了关键的内在动力。最后，制度的纠错机制，必将使效率危及公平的倾向得到及时、有效的遏制。总之，在完善的制度条件下，做到起点的平等、过程的高效率、结果的真公平是可以企及的。事先限制的均衡方式的实施须以诸活动领域综合为一体为前提；而在市场经济社会中，诸活动领域既已相对分离，便难以实施。因此，市场经济条件下实现公平与效率均衡的方式就只能以事后补偿的方式为主。② 所谓事后补偿，则是在活动领域之外采取措施，通过事后改变活动结果的办法，对在活动过程中受到抑制的某种价值予以补偿，最大限度地保证结果的公平。具体地说，就是在经济活动领域内，不对其追求高效率的价值取向进行限制，任由效率价值主宰经济活动，而只在经济领域之外采取某些手段，使因追求效率而受到损害的公平价值得到某种程度的补偿，使整个社会公平与效率趋于均衡。应该指出的是，在补偿过程中要注意两种倾向：过与不及。补偿不足，不仅不能保证人们生存所必需的社会秩序，而且由于公平与效率间的失衡，还可能反过来制约效率的提高；但补偿过度，则必然导致效率下降，使经济活动重新从属于政治，整个社会生活将再度失去活力。此时，要通过制度设计，来补偿因社会变革所带来的不公。

四、通过制度实现公平与效率的均衡

制度是实现公平与效率均衡的主要途径，其运行方式就是通过制度的事先限制和事后补偿来规范公平与效率的均衡区间。具体地说，就是通过制度规定

---

① 杨德林，陈春宝．公平与效率均衡论[J]．科学管理研究，1995(5)．

② 杨德林，陈春宝．公平与效率均衡论[J]．科学管理研究，1995(5)．

最低限度的公平与效率，从而规范公平与效率的均衡区间；通过制度确定不同领域的原则，实现从局部均衡到一般均衡。

（一）通过制度规范最低限制的公平

公平与效率是社会生活各个领域的价值诉求，就公平而言，因各个领域存在的范围、方式及特点的差异，决定了各个领域的最低限度的公平不同。以下分别分析经济、政治、文化及社会这四个领域最低限度的公平。

1. 机会公平是经济领域最低限度的公平

建立社会主义市场经济体制就是要充分发挥价值规律的作用，充分发挥市场竞争主体的潜能，从而实现对资源的最佳配置。因此，机会公平是市场经济的基本要求，也是市场经济能够发挥作用的前提条件。机会公平既包括竞争前的起点平等，又包含竞争中的规则平等。在市场经济体制下，就像在运动场上一样，大家赛跑，都站在同一条起跑线上。当然，人的能力有差别，这是后天无法弥补的，因而社会主义市场经济的公平就是在承认个人先天差异的基础上，保证后天的竞争环境和规则尽可能一致，保证每个人都有最大的实质性自由。

实际上，机会公平问题一直受到中外学者们的广泛重视。罗尔斯在《正义论》中从如何实现社会正义的角度来分析社会公平和自由问题，他论证了两条“正义原则”：第一个正义原则：每个人对与所有人所拥有的最广泛平等的基本自由体系相容的类似自由体系都应有一种平等的权利（平等自由原则）；第二个正义原则：社会的和经济的不平等应这样安排，使它们：① 在与正义的储存原则一致的情况下，适合于最少受惠者的最大利益（差别原则）；② 依系于在社会公平平等的条件下职务和地位向所有人开放（机会的公平平等原则）。[①] 罗尔斯强调第一原则优先于第二原则，因为如果第一条原则所保护的基本平等与自由受到损害，是无法用更大的社会和经济利益来辩护或者补偿的。从中我们可以看出，罗尔斯的“正义原则”所包含的对社会公平的理解就强调了机会公平，尤其是社会弱势群体享有机会公平的重要性。该原则以形式上的利益倾向来保障实质意义上社会公平的实现。制度是市场经济的本质特征之一，是市场经济良好运行的根本保证。要实现经济领域中的机会公平，一方面，就要通过制度确认市场平等的主体资格，使每个自然人和法人有参与市场竞争的平等机会的权利；另一方面，通过制度设计来规范市场秩序，减少政府行为对市场的过分干预，从而保障市场主体的合法地位与合法权利。

2. 多数人参与是政治领域最低限度的公平

政治公平，是指社会成员在社会生活中，应获得平等利用政治资源的政治权

① [美]约翰·罗尔斯. 正义论[M]. 何怀宏，等，译. 北京：中国社会科学出版社，1988：7.

利。政治资源是指国民运用合法政治权力所能获取和享用的政治待遇和政治机会,是政治权力的实施所取得的结果。政治资源的使用首先要服务于人们对自身福利的获取、处置、追索和保护的全过程,是现代社会人们生存、发展所不可缺少的保障条件。① 政治公平包括两个方面的含义特点:一是平等性,即社会成员平等地享用政治资源;二是程序性,即依据法定程序享用政治资源。因此,政治公平就是政治参与和政治决策的公平,包括政治参与的普遍性和权力竞争的程序化以及政治决策过程的公开性与多数决定。政治公平是与政治民主的发展程度密切相关的,是民主的价值之一。当代中国是人民民主专政的国家,其政治目标就是要建立真实、完善的民主。据此,保障多数人参与应该是最低限度的政治公平,它既体现出政治公平的目的性、普遍性,同时也体现了政治公平的基本特点。② 实现最低限度的政治公平是制度的一项重要任务,它主要体现为宪法、组织法、选举法、行政法等制度形式。通过宪法确立社会成员参与的资格、地位及基本权利;通过组织法、选举法及行政法规定社会成员参与的权利、义务及参与的程序。各项政治活动,包括政府工作人员的任免、重大决策的出台及对各种政治活动的监督,都要有多数人参与(有直接和间接两种形式),从而实现最低限度的政治公平。

3. 教育公平是文化领域最低限度的公平

文化包括历史传统、惯例、风俗、道德伦理、价值观等。文化资源如果能得到公平配置,就会增进社会的凝聚力,为社会发展提供强有力的精神动力和智力支持;否则,必然导致社会不同地区、不同群体之间的隔阂,造成整个社会的失衡。因此,文化公平是社会和谐与否的重要标志之一。文化公平是指每个人平等地享用文化资源的机会和权利,这种机会和权利不应该受到地域文化、阶层文化中的某些因素影响。当前,我国文化存在着许多严重的不公平现象。由于我国还处在社会主义初级阶段,实现文化公平需要一个渐进的过程。首先,要保障文化领域最低限度的公平,即教育公平。教育作为一种社会设置,具有传授知识、技术、文化的功能,是实现个人社会化和向上流动的重要手段。实现教育公平是实现社会公平特别是文化公平的重要途径和根本前提。当前,我国教育资源配置存在着严重的不公平。例如,地区文化教育资源配置的不均衡性,"城乡二元结构"文化教育资源配置差距过大,阶层文化教育资源配置的不合理差异,公共文化教育服务体系不健全等,这些已成为阻碍中国经济发展的不利因素。近年来,我国采取了加大教育的财政投入、免除农村义务教育学杂费、健全奖学金和助学金机制、部分师范教育免费

① 何深思.论我国政治资源的公平分配与合理共享[J].中国特色社会主义研究,2005(2).

② 有学者认为多数决定规则是最低限度的公平,本书认为它只是实现政治公平的基本程序原则。

等措施，在一定程度上改变了教育不公的现象。因此，制定完善的、可操性较强的制度就成为当前实现教育公平的一项非常重要的任务。

4. 基本的社会保障是社会领域的最低限度的公平

社会领域的最低限度的公平，也可称为“底线公平”。所谓“底线公平”，是指全社会共同认可的一条线，这条线以下的部分是每一个公民的生活和发展中必备的部分、其基本权利必不可少的部分。一个公民如果缺少了这一部分，就保证不了生存，保证不了温饱，保证不了为谋生所必备的基本条件。所有公民在这条底线面前所具有的权利的一致性，就是“底线公平”。“底线公平”所包含的内容有：最低生活保障、公共卫生和医疗救助保障。首先是最低生活保障。中国的社会保障制度应以最低生活保障制度为基础，这是花钱最少、效益最好的社会保障制度。其次，公共卫生和医疗救助保障。生命权对每一个人来说具有绝对的优先性。对生命有直接保护作用的因素是：卫生、保健和医疗。目前，中国正在农村地区试行由中央、地方和个人三方出资、以大病统筹为主的合作医疗制度，以及由政府出资的医疗救助制度，意图都是在目前经济条件下，在医疗方面守住公平的底线，让困难群体能够看得起病。① 保障“底线公平”是政府的基本职责，是检验政府能力的一项重要尺度，也是社会稳定的最低警戒线。最低保障主要通过各种社会保障的制度来明确社会的最低生活费、医疗保险费及各种社会救济费来实现社会的最低限度的公平。

（二）通过制度规范最低限度的效率

根据前述，效率有两个基本含义：一是从一个给定的投入量中获得最大的产出；二是社会资源的配置和利用使越来越多的人改善境况而同时又没有人因此而境况变坏。从效率的基本含义中，我们可以限定最低限度的效率。首先从效率的第一层次的含义上看，最低限度的效率就是产出略大于投入。或者说，最低限度的效率是收益与成本之比略大于1。② 如果 E 代表最低限度的效率，B 代表收益，C 代表成本，那么用公式表示：$E=B/C>1$。收益与成本之比大于1，是最低限度效率的必要条件，否则就无效率；收益与成本之比略大于1，是最低限度效率的限定性。必须强调的是，这里的收益是指社会收益而不是个人收益，因为个人收益有时与社会收益呈负相关关系，即个人收益有时会造成负外部性。如何减少个人收益的负外部性，增加正外部性，这是法律的一项重要的功能，通过法律规范来提高整体社会收益。再从效率的第二层次的含义来看，是指资源配置的帕累托效率，即当它使得每个人的处境都较前变好；或者至少有一个人的

① 景天魁. 论“底线公平”[N]. 北京日报，2006-05-29.

② 谢鹏程. 基本法律价值[M]. 济南：山东人民出版社，2000：222.

处境变好，同时没有一个人的处境变坏，此时，生产资源配置达到了最大效率或最适度（或最优）状态。显然，帕累托效率只是一种理想化效率，在现实生活中很难实现。后来，英国经济学家卡尔多及希克斯提出了“卡尔多—希克斯改进”，即如果一个人的境况由于变革而变好，因而他能够补偿另一个人的损失而且还有剩余，那么整体的效率就改进了。根据对“卡尔多—希克斯改进”的理解，最低限度的效率就是一个人境况因变革变好，同时他能够弥补另一个的损失并略微还有剩余。可以看出，帕累托效率的界定是以公平为前提条件的效率，是在与公平互为前提基础上达到的一种均衡状态。从量的规定性上看，除了能够弥补损失以外还要有结余，这种效率更具现实性、可操作性。制度是一个特殊的资源配置系统，它通过界定人们参与社会资源配置的权利，为人们实际配置资源提供了不可缺少的重要手段。这就要求制度依据预期目的对社会资源进行有效的配置和利用，在无法达到帕累托效率的时候，最起码要实现“卡尔多—希克斯改进”标准。

【案例】

七人分粥故事

19世纪中期，一场淘金潮席卷了美国西部，来自世界各地的人们纷纷向美国西部涌去，但是，在美国西部地区，经济匮乏，生活水平落后，这让淘金之路异常艰辛。

一开始，大家都还是出手阔绰，大把花钱，然而，年复一年，绝大部分人没有淘到金子，反而花光了积蓄。有相当一部分人放弃了淘金梦，也有一部分人在淘金路上撒手西归，只有一小部分人还在执着地坚持着淘金梦。

有七个淘金者，走到了一起，他们身上的钱所剩不多，于是，大家商量在一起吃住，将七个人的钱财全部集中在一起，每天喝粥度日，这样可以熬过一段时间。

然而，队伍刚刚组建起来，问题就来了，要想在西部待得更久，以便找到金子，就必须让仅剩的钱财得到更充分的利用，于是，大家决定从那天开始，每天拿出一小部分钱财。然而他们发现，这每天的钱财只能买粥，于是，大家一致决定，从今往后天天吃粥。

一开始，大家围坐在粥桶旁，很随意地吃粥，这样一来，吃得快的人吃得稍微饱一些，吃得慢得人则吃不饱。久而久之，有人开始不满，于是，他们想了办法，通过平均分配的方式进行分粥，这样，大家就不用抢了。但是，谁来分粥呢？于是，他们决定以抓阄的方式判定谁来分粥，每天轮换一个。

可是，问题又来了，一周下来，大家发现，只有一天是吃饱的，那就是自己分粥的那一天，只有这一天，才会给自己分很多粥。

很明显，这行不通，大家又开始想办法，如何更好地分粥呢？

后来，他们想到推举一个人来分粥，这个办法比起每个人轮换一天的办法的确强多了，然而，时间一长，问题又来了。强权就会产生腐败，其他六个人开始挖空心思去讨好分粥的人，搞得队伍一片乌烟瘴气。

于是，大家又重新商定分粥方式，有人就提议，可以组成三人的分粥委员会，其他四个人则组成评审委员会，分粥的时候，先由分粥委员会分粥，再由评审委员会评审，审核通过后，就可以吃粥了。

果然，这个办法很快奏效，然而，时间一久，弊端也显露出来，大部分时候评审委员会都不满意分粥委员会的劳动结果，这样，等粥吃到嘴里全是凉的，而且使得大家淘金的时间减少了。

之后，大家又开始想其他方式，最后，有人提议，同样是轮流分粥，但和之前的办法稍微不同，那就是先不固定饭碗，由分粥的人平均分配七人的粥，分好后，分粥的人要等其他人都挑完后才能拿剩下的最后一碗粥。

终于，这个方式让每个人心里都非常舒服，也觉得非常公平，这个方式一直被沿用到七个人分开的那天。

原来，为了不让自己吃到最少的，每个分粥人都尽量分得平均，就算不平均，也只能认了。

思考题

请从公平与效率的价值角度分析，如何进行分粥？

第七章　制度的基本内容

制度是规范主体即国家、社会、个人及相互间行为的规则体系,它规定着为与不为,以及如何行为的边界和程度,推导之,就是规定主体权利与义务的边界和张度,权利与义务及内在关系是制度设计的核心内容,本章从刚性制度即法律制度入手,分析二者之间的均衡关系。

第一节　权利与义务是法律制度的基本内容

权利与义务是一对众说纷纭、难以界定的词语,其基本含义是:权利是一种通过法律或契约认可的权利主体从事或不从事一定行为的自由或资格;义务是指法律关系主体必须做出一定行为或不得做出一定行为的约束。权利与义务是法律制度的核心内容,理由如下:

一、权利与义务是法治精神的集中体现

现代社会的基本特征在于人的独立自主性以及人与人之间的社会地位上的平等性。在这种人人自由和平等的社会里,要维持社会的存在,保持必要的秩序,唯一的途径和根本措施,是使社会关系契约化和社会裁决法治化,即实行法治。法治是几千年来人类社会在通向文明进步的过程中探索形成的治理国家和社会的理想方式,是人类社会共同创造的文明成果。法治的实质在于它把法律本身(公共意志和国家意志)作为社会管理的最高主体,排斥专制和特权,否定任何人成为他人和社会主宰的可能性,防止任何人侵害他人的权利和自由,从而从根本上改变了人与人之间的依附关系,并为每一个社会成员赢得了作为主体的尊严感,也为社会创造了发展和繁荣的基础条件。实现法治,首先要崇尚法治精神。法治精神就是对法治共同价值的信仰,它的内涵十分丰富,它是公平、正义、平等、自由、秩序、安全、人权及权利义务的一致性等法治价值观的结合体。弘扬法治精神,就是要崇尚以人为本,尊重保障人权,实现人的自由全面发展的民本精神;崇尚正义公平,实现平等自由,实现共同富裕的社会正义精神;崇尚民主法治,坚持人民主权、维护法律权威、依法执政、民主立法、依法行政、公正司法等原则,规范制约公权力的依法治国精神;崇尚和谐发展,实现法律(法治)与自然相和谐、与社会相和谐、法律(法治)自身相和谐的和谐精神。可见,法治精神就是

要以人为本，保障人的权利，实现社会的公平、正义，权利已成为现代法治核心内容。许多法学家把“权利本位”作为现代法治国家的一个重要特征，就源自于此。

二、权利与义务是法律制度产生的缘由

法的缘起是一个常被提起又难以破解的话题。从上帝造法的神学论，到社会契约论、公共意志说、统治阶级意志说，都给世人留下了揭开法之谜的丰富资源。其实，无论如何，法都是为了规范人们的权利与义务而产生的。因为没有权利与义务，也就没有法律存在的必要。恩格斯在分析印第安人当时的氏族生活时指出：氏族制度的伟大，但同时也是它的局限，就在于这里没有统治和奴役存在的余地。在氏族内部，还没有权利和义务的分别，参与公共事务，实现血族复仇或为此接受赎罪，究竟是权利还是义务这种问题，对印第安人来说是不存在的；在印第安人看来，这种问题正如吃饭、睡觉、打猎究竟是权利还是义务的问题一样荒谬。[①] 对此，恩格斯进一步分析了存在这种现象的经济原因。在马克思、恩格斯看来，要探寻法的起源就要分析它同现实人的关系，而分析法同现实人的关系，就必须考察社会分工在法的起源中的历史作用。他们认为，在氏族和部落社会，分工是纯粹自然产生的；它只存在于两性之间[②]。男子作战、打猎、捕鱼，获取食物的原料，并制作为此所必需的工具。妇女管家，制备食物。男女分别是自己所制造的和所使用的工具的所有者；凡是共同制作和使用的东西，都是共同财产。这种自然分工基础上形成的社会生活模式，无所谓权利与义务。在原始社会末期，第一次社会大分工（指农业部落和游牧部落从狩猎、采集中的分离）使人的劳动力能够生产出超过维持劳动力所必需的产品。同时也增加了氏族、家庭公社或个体家庭的每个成员所担负的每日的劳动量。吸收新的劳动力成为人们向往的事情了。战争提供了新的劳动力：俘虏变成了奴隶。[③] 所以第一次社会大分工，为奴隶制的产生准备了条件。第二次社会大分工（手工业与农业分离），大大提高了劳动生产率，提高了劳动力的价值，在前一阶段上刚刚产生并且是零散现象的奴隶制，现在成为社会制度的一个根本的组成部分[④]。除了自由民和奴隶的差别以外，又出现了富人和穷人的差别——随着新的分工，社会又有了新的阶级划分。[⑤] 这样，我们走向文明时代，权利与义务由此产生。正如恩格斯所说：如果说在野蛮人中间，像我们已经看到的那样，不大能够区分权利和义务，那么文明时代却使这两者之间的区别和对立连最愚蠢的人都能看得出来，因

① 马克思恩格斯选集(第 4 卷)[M]. 北京：人民出版社，1995：159.
② 马克思恩格斯选集(第 4 卷)[M]. 北京：人民出版社，1995：159.
③ 马克思恩格斯选集(第 4 卷)[M]. 北京：人民出版社，1995：161.
④ 马克思恩格斯选集(第 4 卷)[M]. 北京：人民出版社，1995：163.
⑤ 马克思恩格斯选集(第 4 卷)[M]. 北京：人民出版社，1995：164.

为它几乎把一切权利赋予一个阶级，另一方面却几乎把一切义务推给另一个阶级。① 为了把已经产生的以私有制为基础的生产条件固定化，把剥削阶级和被剥削阶级的行为模式化，从而使剥削阶级永久性享有权利，被剥削阶级始终成为义务的承担者，这就需要借助一种强制性规范，而不是原始社会的风俗习惯来规制社会及人们的行为，于是法律产生了。所以，如果说马克思关于社会分工、生产力的发展是法产生的根源的话，那么维护剥削阶级的权利与强制被剥削阶级的义务则是法产生的直接原因。

三、权利与义务是法律制度的基本要素

首先，权利与义务是法的逻辑始点。任何范畴的展开都是从最简单、最普遍、最常见的东西开始。正如马克思从商品研究资本主义制度一样，商品成为马克思主义政治经济学的逻辑起点。权利与义务是法律规范的基本粒子，是对法律现象的最简单的抽象和规定，无疑，权利与义务成为法的逻辑始点。对此，张文显教授有一段较为经典的表述：法律规范之分化为授权性规范与义务性规范，法律关系之对立于其他社会关系，法律责任之出现，法律制裁之运用，法律、法规、判决等之被评价为公正与不公正……均是权利和义务这对矛盾运动的特殊表现。法律领域的一切矛盾、冲突、纠纷、斗争皆导源于权利和义务的对立。从对这种对立统一关系的分析中，我们发现权利和义务上承规范、下连法律行为，法律关系、法律责任、法律秩序、法治等基本范畴构成法学范畴体系的中心范畴和逻辑中介。② 其次，权利与义务贯穿于法的一切部门。宪法是国家的根本大法，规定了国家的公民的基本权利与义务，国家机关和公务员的职权和职责，并规定国家的政治制度、经济制度、文化教育制度和法律制度，从而保障这些基本权利与义务的顺利实施。行政法主要规定行政机关及行政人员在实施行政行为时享有的权利和应承担的义务，及与相对人的关系中双方各自的权利与义务。刑法主要通过国家强制力对严重危害国家社会利益、侵害他人合法权利、拒不履行义务的犯罪分子进行惩治，从而保护人们的法定权利。民法主要调整平等主体之间的财产关系或人身关系的权利与义务，规定解决权利与义务纠纷的各种准则。经济法主要调整国家在管理经济活动中国家与经济组织之间，及经济组织之间的权利与义务。诉讼法规定了在诉讼过程中诉讼主体之间的权利与义务。

四、权利与义务是法律制度的实现方式

任何法都必须告知人们法的内容，即通过法律认可或规定赋予人们的权利与义务，这是法能够得以实现的前提条件。国家通过法告知人们，这是国家为维

① 马克思恩格斯选集(第4卷)[M].北京：人民出版社，1995：178.

② 张文显.法哲学范畴研究[M].北京：中国政法大学出版社，2001：327.

护社会秩序的物质、能量和信息的首轮输出，是必不可少的实际步骤。[①] 在法示知后，受范对象即权利和义务的主体的预知的可为和必为行为就是权利和义务了。张光博教授把它归为三个因素：预知，可为和必为的行为，保证实施的力量。[②] 预知，就是权利义务的主体在接受法的示知后，能够预先知道法的内容，知道在什么情况下可为，什么情况下不可为，并对可为和不可为的后果比较清楚。这是享有权利或履行义务的前提。预知的方式可以通过相关部门的通告、法治宣传，通过自身的法治学习及法治经验对法治的知识的理解，对一些比较复杂的权利和义务关系，也可以通过向法律专家咨询或获得法律工作者的帮助。可为和必为是指行为。从可为的行为看，就是指法的事实出现时，权利主体可以有某些作为或不作为，其他人不得干涉。这种可为或可不为，由国家给予保障，并能获得相应的结果，就是权利。必为行为，就是预知法所示知的内容，并当某种假设的前提出现后，公民必须实行某种作为或不作为，这是义务。而公民所享有的权利或履行的义务本身不具有强制力，它是以国家力量作为坚强的后盾，最终保证权利与义务的实施。

五、权利与义务是法律制度的运行机制的轴心

法的运行即立法、执法、守法、司法及法制监督等主要环节都是以权利与义务这个轴心展开的，也就是说权利与义务贯通法的运行的全过程。立法是指一定的国家机关根据统治阶级的意志，在维护本阶级利益的基础上，依照各种阶级力量的对比变化及本民族的文化传统，按法定职权和程序，制定、修改和废止法律和其他规范性法律文件，确认人们的权利与义务，并使之规范化的过程。执法就是指国家行政机关和司法部门，依照法律规定行使职权，从而落实权利与义务的过程。守法，顾名思义，就是遵守国家的法律法规，就是指国家的一切组织和个人，都要按照法律的要求办事情，正确行使法律赋予的权利，同时又要积极地履行法律规定的义务。司法就是指国家法律监督机关和审判机关，即人民检察院和人民法院依法行使法律监督职能和对案件进行审判的活动，确认、恢复或强制执行公民间权利与义务的正确的关系。法制监督就是指国家机关、政治或社会组织和公民依照宪法和法律的规定，对一切社会关系主体主要是运用权力的国家机关、政治或社会组织及其公职人员对行使权利和履行义务的情况进行监督，追究违法者的法律责任。

通过以上分析，可以得出如下结论：权利和义务是最重要的法现象，权利和义务是法的核心内容，权利和义务的矛盾是法的最基本的矛盾。

---

① 张光博.坚持马克思主义法律观[M].长春：吉林人民出版社，2005：603.

② 张光博.坚持马克思主义法律观[M].长春：吉林人民出版社，2005：603.

第二节 权利与义务的均衡分析

一、权利与义务均衡的必然性

在对待权利与义务的关系问题上，由于分析的基点、方法与范围存在着差异，也就存在着不同的结论。实际上，不论是“权利本位说”，还是“义务本位说”，都存在着厚此薄彼的嫌疑，在实践中，容易导致重视一点、轻视另一点的不良后果。均衡理论也许能比较好地解决这一难题。依据均衡的基本理论，我们可以理解权利与义务均衡关系，即权利与义务的最佳配置或达到最优状态。下面首先分析权利与义务均衡存在的必然性。权利与义务均衡的必然性取决于二者的相关性与冲突性。相关性意味着权利与义务存在着均衡的可能性；冲突性表明权利与义务存在着均衡的必要性。

权利与义务相关性，大部分学者坚信权利与义务是相互依存的，否定权利与义务的相关性论证缺乏充分的说服力。① 就目前看，权利与义务的相关性主要表现以下几个方面：

一是结构上的相关关系。权利与义务是相互依存、互为条件的。就是说，权利与义务不能孤立地存在和发展。任何权利的实现，都是以义务的提供为前提的，而义务又以相应权利为条件。无论是权利的主体还是义务的主体，他们都共存于社会的利益配置关系之中，在互动中表现出自己的存在，它们是互为条件的。对此，马克思说过：没有无义务的权利，也没有无权利的义务。② 可以说，关于“权利产生义务”与“义务产生权利”或“先有谁、后有谁”与“谁为主、谁为次”的争论，是违背权利与义务的辩证统一的。关于权利与义务结构上的相关性表现，李步云教授进行了分析总结：在抽象法律关系中，某一主体所享有的某一权利（如人身自由），就意味着和隐含着其他主体承担有不得侵犯这一权利的义务；在抽象法律关系中，法律关系的主体享有某种权利，意味着和隐含着国家有义务（职责）使这种权利得以实现；在抽象法律关系中，法律关系主体所应享有的某些权利也是权利主体自己应尽的义务；在某些具体法律关系中，如在借贷关系中，债权人与债务人之间的权利和义务是对等的，而在另一些具体法律关系中，权利与义务是不对等的；在一般情况下，权利与义务不可分离，即“没有无义务的权利，也没有无权利的义务”，但在特殊情况下，权利与义务又是可分的。③

---

① 张文显.法哲学范畴研究[M].北京：中国政法大学出版社，2001：337.

② 马克思恩格斯全集（第16卷）[M].北京：人民出版社，1972：16.

③ 李步云，杨松才.权利与义务的辩证统一[J].广东社会科学，2003(4).

二是权利与义务在功能上是互补的。权利与义务作为法的中心内容，各自具有独特的功能，而在运行过程中又各取所长，功能互补，引导人们的行为，调节社会关系。关于权利与义务功能的互补性关系，张文显先生概括为三个方面：第一，权利直接体现法律的价值目标，义务保障价值目标和权利的实现。法律总是以确认和维护某种利益为其价值目标，并且以权利宣告直接体现其价值目标。当价值目标得以确立并且由权利加以体现后，义务的设定就是必不可少的。第二，权利提供不确定的指引，义务提供确定的指引。权利和义务都有指引人们行为的功能。但权利总是与某种有利的、至少一般来说是人们希望的后果相联结的。权利指引给人们留下了较大的自我选择余地，它们预设的法律后果带有较大的或然性即不确定性。而义务总是与某种不利的或一般来说人们不希望发生的后果相联结。为了避免这种结果的发生，人们必须依法做出法律要求的行为，抑制法律禁止的行为，而不容个人任意选择。因此，义务指引能够产生确定的结果。第三，义务以其强制某些积极行为发生、防范某些消极行为出现的特有的约束机制而更有助于建立秩序，权利以其特有的利益导向和激励机制而更有助于实现自由。①

权利与义务的相关性只表明二者存在均衡的可能性，权利与义务的冲突性或对立性则意味着二者存在均衡的必要性。权利与义务的对立性主要表现为：

一是权利与义务在价值量上的对立性。权利是由法律制度规定或隐含在法律制度之中，主体以相对自由的作为或不作为的方式获得的利益，或者说权利是"应当"从他人、社会享有或得到的利益；义务是设定或隐含在法律制度中，主体以相对抑制的作为或不作为的方式保障权利主体获得的利益，或者说义务是"应当"向他人、社会提供的利益。利益总是表现为一定程度的价值量。权利与义务的价值量，是指社会主体"应当"得到或满足利益需求的程度，以及"应当"承担提供或支付利益的程度。权利或义务的价值量大，也就意味着满足利益需求的程度高或者提供利益的程度高，反之就小。由于权利与义务的本质是对特定的、有限的"利益"或"有价值"资源的分配，因而当一个社会主体的权利价值量增加时，必然产生其他社会主体权利价值量的减少和义务价值量的增加。同样，当一个社会主体的义务价值量增加时，必然产生其他社会主体义务价值量的减少和权利价值量的增加。从整个社会看，权利价值量的增加或减少与义务价值量的增加或减少成正比；从具体某个社会主体看，其权利或义务价值量的增加或减少，与其他社会主体的权利或义务价值量的增加或减少成反比。所以任何一个具体

① 张文显．法哲学范畴研究[M]．北京：中国政法大学出版社，2001：341．

的社会主体所行使的权利或履行的义务总是有限度的。①

二是权利主体与义务主体对立的复杂化。据前所述，权利义务导源于利益的失衡，因此，权利义务始终伴随着人与人之间地位的不平等。尽管从整体上看，权利价值总量与义务价值总量是相对应的，但从具体的社会主体看，他所行使的权利与履行的义务之间总是不对称的。尤其随着市场经济的建立，必然加剧社会分工的细化、社会阶层的多元化，从而使人际关系更加复杂化，结果导致权利与义务主体对立呈现出多样化的局面。因此，权利与义务的失衡现象，或者说权利与义务主体间的不平等问题，是一个重大的理论与现实问题。马克思早就讲过：由于一个人在体力上或智力上胜过另一个人，因此在同一时间内提供较多的劳动，或者能够劳动较长的时间；而劳动，为了要使它能够成为一种尺度，就必须按照它的时间或强度来确定，不然它就不称其为尺度了。这种平等的权利，对不同等的劳动来说是不平等的权利。……其次，一个劳动者已经结婚，另一个则没有；一个劳动者的子女较多，另一个的子女较少，如此等等。在劳动成果相同、从而由社会消费品中分得的份额相同的条件下某一个人事实上所得到的比另一个人多些，也就比另一个人富些，如此等等。要避免所有这些弊病，权利就不应当是平等的。② 马克思在这里指出了，即使到社会主义社会，也不可能完全使每个人享有绝对平等权利，它保障的只能是大多数人的相对权利。权利与义务的失衡是一种社会常态。

二、权利与义务均衡的实现

权利与义务的均衡是指二者关系配置的最佳状态，传统的观点主要对其进行抽象的理论描述，忽视了经济性分析。实际上，权利与义务与经济是密切关联的，经济学的核心命题即均衡理论对权利与义务的分析是可行的。

（一）权利与义务的关系实质上是利益与成本的关系

权利与利益是密切相关的。早在18世纪，边沁（Jeremy Bentham，1748～1832）从功利主义原则出发，开始关注权利的利益性，他将权利归结为利益之人，认为权利在本质上是其享有者的便利与利益。③ 奥斯丁更明确指出，权利之特质在于给所有者以利益④。而德国法学家耶林（D. Jhering）则更直接用利益来解释权利。他认为，在人的自主行为中，利益是每一行为不可或缺的条件——无

① 吴忠希.论权利与义务[J].江西社会科学，2005(6).

② 马克思恩格斯选集(第3卷)[M].北京：人民出版社，1995：304-305.

③ Jeremy Bentham，The theory of Legislation，edited by C. K. Ogden，1931，p. 89，93.

④ J. Austin，The Province of Jurisprudence Detemined，Weiderifeld & Nicholson，London，1954，p. 140.

利益的行为正如无目的的行为一样荒唐，它在心理上是不可能的，[①]那么赋予权利规则之本质特征的，就是这些规则将保护或增进个人利益或财产作为其具体目的。[②] 因此，他将法律权利解说为：法律上被保护的利益。英国法理学家麦考密克对权利给予了明确的利益论解释，他认为，赋予权利的规则的本质特征，就是这些规则将保护或增进个人利益或财产作为其具体目的。[③] 可见，权利实质上是人们在谋取和实现其利益的过程中产生和拥有的并得到特定社会确认和保障的资源。从权利的根源上看，利益是权利的出发点和归宿。权利是利益在一定社会中的转化形式，但不是直接的利益。因为在现实社会中，当某个主体的权利得不到承认时，其利益是照样存在的。例如，在资本主义社会里，当无产阶级的权利不被承认或得不到完全承认，并不等于无产阶级的经济利益和政治利益就不存在了，其利益是客观存在的。又如，在一个集团或群体内部，人们的社会地位是平等的，而在利益方面有不同的要求，该集团或群体采取民主的形式进行表决，结果多数人的利益获得了该集团或群体承认的权利。而对于少数人来说，他们虽然没有获得实现其利益的权利，但并不等于其利益不存在。当某人一时因客观原因或主观原因不能行使权利时，其利益仍然存在。而此时如果他是一个没有行为能力的人，虽然他暂时不能行使其在某方面的权利，但并不能说他丧失了在该方面为了生存和发展的利益。所以权利只是利益在一定条件下的转化。[④] 从权利的内容上看，权利可以被看成基于道德理由而应当加以承认和保障的利益，也可以被说成法律上得到承认和被划定界限的利益。利益总是存在于权利之中。不论从权利的设定、权利的履行，还是权利的保障，利益总是贯穿始终。利益既可以是个人的、集体利益、国家利益形式，也可以是社会利益的存在形式；既可以包括物质利益，也可以包括精神利益。从权利的经济形态上看，权利是人们在特定社会中实施某种行为的资源，其最大价值是满足人们某种利益的需要。权利的最基本的功能就是其在现实生活中能实现人们的某种利益，它是一种“稀缺性”资源。例如，当某人发明了一项新技术，国家确认并承认了此项发明的专利，那么，此人便拥有了该权利的所有、使用和转让的权利。因此，我们可以说权利在运行过程中是人们采取一定行为的资源。

义务是权利主体付出的成本或代价。从实质上说，义务是权利主体为获取利益的付出，它表现为权利主体必须做出或不做出某种行为，因此义务是权利主

① Rodulfvon Jhering, Lawasame anstoanend, English translated by isaac Husik, New Yock: the Macmillan Company, 1924. 40.

② 张文显.法哲学范畴研究[M].北京：中国政法大学出版社，2001：303.

③ 沈宗灵.现代西方法理学[M].北京：北京大学出版社，1992：238.

④ 张江河.对权利与义务问题的新思考[J].法律科学，2002(6).

体需要付出的成本。这就是说，一个人对他人提出利益要求时，他人的要求同时返回来成为此人的义务。至于义务的大小、多少，则由当时的条件所决定。① 这种成本在不同条件下可以表现为不同的形式。在经济利益中，义务以某种经济付出方式为成本出现。例如，在市场上，甲是商品的持有者，乙是货币的持有者，甲、乙二人进行交换。如果交换（买卖）成功，则甲的权利是对乙的货币持有，义务是付出商品；乙的权利是应得到商品，义务是支付货币。在经济利益关系中，义务以经济付出方式或其他方式为成本出现。在政治利益关系中，获取某种权利，其义务就以履行某种行为或不履行某种行为为成本付出。所以，这些付出用价值来认识，就是成本。再如，某人不履行义务，触犯法律，而法律追究其责任，这不是为法律付出成本，而是为其在法律上应付义务所付出的成本，或者说是代价。

（二）权利与义务关系内化为收益与成本的均衡关系

经济学理论认为，如果厂商生产边际成本等于边际收入的产出量，那么该厂商的利润将达到最大化（边际——“增加的”或“额外的”意思）。权利义务的主体作为理性人，是利益最大化的追求者，在做出一定权利义务之前，必将对各种可选的行为方式的成本和收益进行认真的分析、比较、预测和矫正，最终使边际成本和边际收益均衡相等，从而实现个人利益（或权利）最大化。下面以边际成本与边际收益为工具来分析权利与义务的均衡状态。

一般来说人的行为成本可由三个部分组成：一是历史成本，即“实际成本”，指人类发生行为所付出的直接成本。二是机会成本，即“机会代价”，是选择一种行为而放弃另一种方案而失去的潜在收益。三是行为后成本，指发生某一行为而在未来遭受的损失或支出。根据这三个组成部分，则可以把承担义务的成本或代价用公式表示：

$$C=C_1+C_2+C_3=f_1(W_1,W_2)+f_2(O)+f_3(P,Q)$$

公式中，C_1为历史成本，其中，W_1 代表义务主体在承担义务之前所要付出的准备性成本，包括承担义务需要投入的费用、精力与时间等，此项成本投入较大；W_2 代表在承担义务过程中所要付出的费用、工作努力、人力投入和时间耗费，此项成本是义务承担者成本中弹性最大的变量，它的变动直接决定总成本的大小。C_2为机会成本，主要指选择某项权利而没有选择其他权利而放弃的潜在损失，不同的权利选择，所承担的义务也存在着差异。C_3行为后成本，这里主要指心理成本，义务主体总是存在着尽量少承担、最好不承担义务的心理。它由机会主义行为被查处的概率和惩罚的强度决定，其中 P 代表被查处的概率，Q 代

① 张江河．对权利与义务问题的新思考[J]．法律科学，2002(6)．

表惩罚的强度。这里需要说明的是，这几种成本在不同的义务类型中，并不全是同时存在的。据此，义务主体的边际成本可以表示为：

$$\Delta C=\Delta f_1+\Delta f_2+\Delta f_3$$

再来分析权利义务主体的收益（或权利）情况。

这种收益（或权利）包括三个部分：一是物质收益；二是精神收益；三是政治收益。物质收益是义务主体需要的主要收益，也是收益的主体部分，它以货币单位表现出来；精神收益是义务主体在履行义务时所表现出来的满足、快乐及荣誉感，它是获取权利收益的重要组成部分；政治收益是指履行义务后能够取得的政治地位。可以把权利义务主体的收益用下列函数表示：

$$\begin{aligned}R&=M+S+P\\&=f(M_1,M_2)+f_s(S_1,S_2,S_3,\cdots,S_n)+f_P(P_1,P_2,P_3,\cdots,P_n)\end{aligned}$$

公式中，M 为物质收益，其中，M_1 为即期物质收益，M_2 为预期物质收益；S 为精神收益。其中，S_1 代表权利义务主体的满足感，S_2 代表权利义务主体的快乐体验，S_3 代表权利义务主体的荣誉感等；P 代表权利义务主体的政治收益，它包括政治地位和参与政治程度的高低、掌握权力的大小等。据此，权利义务主体的边际收益可以用下列函数表示：

$$\Delta R=f(\Delta M,\Delta S,\Delta P)$$

当 $\Delta C=\Delta R$，或 $f(\Delta C_1,\Delta C_2,\Delta C_3)=f(\Delta M,\Delta S,\Delta P)$ 时，权利义务主体的收益最大，即权利达到最大化，或者说此时权利与义务达到最佳状态，即均衡状态。

如果二者失衡，将会出现以下情况及解决方法：

一是当边际义务成本 ΔC 大于边际权利收益 ΔR 时，权利义务主体就会：① 懈怠履行义务，即在履行义务过程中偷懒、浪费、敷衍塞责等。② 表现出机会主义行为，主要是通过寻求法律的漏洞，降低义务成本，竭力实现边际义务成本与边际权利收益的均衡，所谓“堤内损失堤外补”。③ 拒绝履行义务或不愿履行义务。显然，这种行为被查处的概率较高，被惩罚的强度较重，风险也大。④ 通过制度机制，例如通过法律制度，增加边际权利收益使之与边际义务成本相等。

二是当边际权利收益 ΔR 大于边际义务成本 ΔC 时，权利义务主体就会：① 努力履行义务，并保质保量完成法律规定的义务；② 减少权利收益。这两种方法都可以使边际成本与边际收益达到均衡相等。第一种方法是由于增加额外收益对权利义务主体的激励的结果，这种方法可以有效地提高权利义务主体履行义务的积极性。第二种方法的采用要慎重行事，做得不妥易挫伤权利义务主体的积极性。

通过以上分析，我们可以得出几点启示：

第一，从成本与收益关系的角度看，权利与义务是不可分割、同等重要的，二者并无“本位”之分。任何人要获得权利收益，就必然要付出义务成本，正如市场中的生产者，要想获取利润就要有投入；消费者要想获取商品或服务就要支付费用一样，纯粹性享有权利收益，不付出任何义务成本的行为都是法律所不允许的，也是不现实的。同样，任何义务成本的付出都是为了获得权利收益。不可否认，法律有赠予的规定，有些赠予看起来是一种单方行为，即单方的成本付出，但许多赠予是附条件的，即使没有附条件的赠予，事实上，赠予人在赠予前一定程度上已获得了受赠人的某些收益。可以说，义务成本是获得权利收益的过程、手段、方法，义务成本是权利收益的前提基础；而权利收益则是义务成本的结果或目的。“权利本位说”把义务仅仅看成是获得权利的一种手段，把权利看成是通过手段而达到的最终目的，把义务与权利之间的关系归纳成手段与目的的关系，并依据手段服务于目的的简单推理，得出“权利本位”的结论，这种推理不免有些片面和武断。退一步讲，即使可以把义务与权利的关系看成是手段与目的的关系，也不能轻易得出“权利本位”的结论（事实上，在许多情况下，义务成本起着关键性或基础性作用。权利的获得往往是通过交易完成的，而交易成本则是当事人获得权利必须付出的义务性成本，它往往成为权利能否实现的决定性因素，在进行法律权利交易之前，要首先考虑交易成本问题。这是由美国学者科斯发现的著名定理，学者们把它称为“科斯定理”，它是制度经济学的出发点或核心命题）。这表明，经济学家在考虑成本与收益时，往往把“成本”而不是“收益”作为他们考虑问题的出发点或立足点，因为，只要能正确地解决好成本问题，收益自然能有一个满意的结果。“义务本位说”的重要依据就是“义务”先于“权利”产生。从义务成本与权利收益的公式看，给人的表面现象可能是义务先于权利收益。应当承认，有些情况下存在着义务成本先于权利收益，即先履行义务后享受权利，但有些情况下，义务成本付出与权利收益是同时存在、同时进行的，甚至有时也存在先享受权利再履行义务的情况。所以，认为“义务”先于“权利”的产生是站不住脚的，和“权利”先于“义务”的“权利本位说”一样，“义务本位说”同样具有片面性或武断性。“权利”与“义务”何为先后是两种本位说的决定性因素。两种本位说关于二者何为先后的论证似乎都有一定道理，但似乎又都难以说服对方，这从一个侧面表明，“义务”与“权利”很难说何者为先、何者为后，因此，二者也就不存在何为本位的问题。权利与义务并重是二者关系的真实反映。

第二，理性人追求权利收益最大化的基本条件是边际义务成本与边际权利收益相等，此时二者处于均衡状态。从成本与收益的关系看，理性人总是以最小的义务成本付出，获得最大限度的权利收益，权利收益的最大化条件就是每增加一份额外的义务成本与额外权利收益相等，这时义务与权利达到最佳配置状态，即二者处于均衡状态。法治的核心任务实际上就是正确处理好权利与义务之间的关系，实现二者的最佳配置，从而达到社会和谐稳定的目的。反过来，权利与义务的配置状况也成为法治好坏的衡量标准。

在原始社会，权利与义务是一体的[①]，但是到了阶级社会，由于人们对生产资料的占有不同，在社会政治、经济生活中的地位不同，权利和义务也就随之发生了分离。在奴隶社会，权利和义务是分离和对立的。奴隶主阶级占有生产资料和奴隶，掌握着国家权力。而奴隶没有任何权利可言，奴隶和牲畜一样只不过是为奴隶主增加财富的工具。正如马克思所说：劳动者在这里只是会说话的工具，牲畜是会发声的工具，无生命的劳动工具是无声的工具，它们之间的区别就在于此。[②] 所以，奴隶主可以任意买卖、屠杀奴隶，随意处置。奴隶主享有一切权利，而奴隶要承担一切义务，包括做牛做马的义务。这种权利与义务的严重失衡，必然导致奴隶们反抗，为追求权利进行斗争。

在封建社会，农民获得了少量的生产资料，"人身依附关系"有些松懈，但农民承受超经济强制。地主享有绝对权利，农民只享有少量的权利，承担大量的义务。地主阶级将他们自己的权利赋予了更神圣的力量，并通过法律固定下来，权利被异化为神权、君权和等级特权。君主在封建社会拥有至高无上的权力和特权，正所谓"口含天宪"、"言出即法"、"溥天之下，莫非王土；率土之滨，莫非王臣"等，都体现出君主的绝对性。在君权的荫护下，建立了严格的封建等级制度，不同的等级享有不同的特权，而处在下层的农民则要承受各个阶层的压迫和盘剥，几乎没有什么权利可言。不光是地主阶级和农民阶级之间权利与义务的严重失衡，就连不同等级之间的权利与义务也存在着严重的不对等。为了论证君权与等级特权的合理性，他们借助神权来欺骗和麻醉人们的心灵，要广大人民群众忍受痛苦，追求、信仰神，在彼岸世界去享受自由和权利。所以，马克思把君主专制看成是树立君权、抹杀人的权利的社会，君主政体的原则总体说来就是轻视人、蔑视人，使人不成其为人。[③] 改变这种权利与义务不均衡状态是历史的发展趋势。

在资本主义社会，资产阶级提出了自由、平等、财产等"天赋权利"，相对于封建社会是一个巨大的历史进步。但这些权利实质上只是资产阶级的特权，对无产阶级几乎没有任何意义，无产阶级只有被剥削的义务。马克思对此进行了深刻的揭露，认为在资本主义社会里，资产阶级占有一切财产、资本，占有一切生产

---

① 马克思恩格斯选集(第4卷)[M]. 北京：人民出版社，1995：159.

② 马克思恩格斯全集(第23卷)[M]. 北京：人民出版社，1972：222.

③ 马克思恩格斯全集(第1卷)[M]. 北京：人民出版社，1965：284.

资料，而无产阶级一无所有，财产自由对于无产阶级来说，就是一无所有的自由和出卖劳动力的"自由"，对于小资产者和小农来说就变成了失去财产的自由。①而所谓人身、出版、言论、结社、集会等自由，只是在一般的词句中标榜自由，在附带的条件中废除自由。② 它们和宗教信仰自由一样，不过是资产阶级之间的自由竞争在这些领域里的反映而已。在市民社会里，"平等"的权利是以社会分裂为两大阶级以及它们对财产的不平等占有为前提的，因此，在两大对立阶级之间根本谈不上"平等"。所谓"平等"，只不过是"商品所有者的平等"，即商品所有者之间进行等价交换的平等和资产阶级竞争者之间机会的平等③，实质上就是资产阶级之间对无产阶级进行剥削的平等。马克思在批判资本主义私人财产权利时指出，私有财产的真正基础，即占有，是一个事实，是不可解释的事实，而不是权利。只是由于社会赋予实际占有以法律的规定，实际占有才具有合法占有的性质，才具有私有财产的性质。④ 在资本主义社会中，资产阶级占有一切生产资料、占有一切财产，而工人阶级则一无所有。在这种情况下，宣布"财产是神圣不可侵犯的权利"，实质无非是把资产阶级占有的财产合法化、神圣化了。总而言之，由于资本主义社会生产资料的私有制，权利与义务在资产阶级与无产阶级身上是分离的、不均衡的，要改变这种不对等的状况，就必须消灭私有制，才能最终实现权利与义务的统一，达到二者的均衡。

在社会主义社会，确立了人人自由平等为基础的生产资料公有制，根本上铲除了权利与义务相分离的经济根源，为权利与义务的均衡实现奠定了客观的物质基础。社会主义公有制的建立，为真正实现公民不分民族、性别、职业、出身、宗教信仰、教育程度、财产状况、居住年限，按照宪法和法律的规定一律平等提供了物质上的保障。正是基于这个基础，无产阶级政党就能充分考虑广大人民群众的权利与义务。在讲义务时也讲权利，在讲权利时也讲义务，把权利和义务当成一个不可分割的整体来看待。每个公民既享有国家所规定的一切权利，又承担各项义务。这里，权利与义务并重，没有偏废，充分体现了社会主义国家利益同个人利益、公民的长远利益和目前利益的一致性。同时，社会主义市场经济的建立也为权利与义务均衡的实现提供了条件。在计划经济时代，过度强调个人对集体和国家的义务，忽视个人的权利或利益，通过计划手段，强制性地将复杂多变的权利与义务关系简单化。在处理权利与义务的关系时，很少考虑义务付

① 马克思恩格斯选集(第4卷)[M].北京:人民出版社,1995:407.

② 马克思恩格斯选集(第4卷)[M].北京:人民出版社,1995:616.

③ 马克思恩格斯选集(第3卷)[M].北京:人民出版社,1995:144-145.

④ 马克思恩格斯全集(第1卷)[M].北京:人民出版社,1965:382.

出成本的多少或质量的好坏，不同的义务成本享受相同的权益，而相同的义务成本又享受不同的权益，人为造成义务与权利的严重失衡或不对等，结果挫伤了广大人民群众的积极性。社会主义市场经济的建立，能够充分发挥价值规律的作用，利用价格调节的效率机制，对复杂多样的权利与义务资源进行配置。社会主义法治就要遵循市场客观规律，科学界定与规范人们的权利与义务，通过法律控制，引导人们的行为，从而实现权利与义务的最佳配置。

第三，权力是影响义务成本与权利收益均衡的关键因素。前面已经分析，权利与义务均衡的前提条件是边际义务成本等于边际权利收益。法律上的权利与义务有一个突出特点就是强制性。义务成本往往通过法律法规强制性履行，承担义务成本的方式、承担的多少及承担的程度，人们一般没有选择的余地。权利收益法律法规也有明确的强制性规定，但人们可以放弃某些权利收益。权利义务的强制性特点实质上是由权力的强制性特点决定的，主要是通过立法将国家权力具体化或规范化为公民的权利与义务。所以，一方面当负有义务者拒不履行义务而导致权利享有者的权利被置空时，权利享有者为了维护其合法权益，就会采取一定的措施或手段来达到其目的，更多的时候，其寻求的是具有权威性、公平裁判性的“权力”的援助，即法律的援助。权力理应成为权利的保障，也只有权力才能最大限度地保障人们的合法权利。另一方面，权力作为权利的保障，也可能成为对权利与义务的侵犯，增加义务者的成本或减少权利者的收益，进而破坏权利与义务的均衡关系。当权力对于负有义务者的强制规范，迫使其履行义务的做法，可能会越过一定的“界线”而侵犯了负有义务者的应有法定权利；当“权力”没有使权利者实现其要求，甚至使权利收益遭受损失时，都必然会引起其对于权力的不满。此外，由于权利主体有选择依法行使某项权利或者放弃行使的自由，倘若在其不愿行使、放弃行使的时候，却被强迫行使，当然是极不合理也不合法的。此时的“权力”，不再作为维护权利者的形象而出现，反而损害了其应有的利益。可见，要实现权利与义务均衡，就必须实现权利、义务、权力之间的均衡，二者均衡状态所形成的制度是最好的制度。

第三节 权利与权力的博弈均衡

权利与义务的均衡在很大程度上取决于权力因素的作用，即权力的干预程度。那么权力的干预达到什么程度最为合适呢？实际上，权利与义务的均衡状态，可以通过人的满意度来说明，就是说，当人们很乐意付出义务成本时，表明此时的权利收益是合适的、恰当的；当人们不愿意甚至对抗、反对承担义务成本，表明此时的权利收益与义务成本存在着失衡，人们表现出对当前权力干预的敌视情绪。显然，权利收益的多少就成为衡量义务成本多少及人们满意度的标尺，同时也成为衡量权力干预度的重要标准。所以，权力与权利均衡是权利义务均衡的实现条件，而权力与权利均衡是通过二者之间的博弈完成的。

权利与权力，是政治学和法学的一个基本范畴，其概念是一个颇受争议的话题。可以说，从不同角度不同的学科领域对权利与权力进行界定，会有不同的观点，这里不对权利与权力的概念进行深入的探讨。根据学者们对权利与权力的研究成果，我们可以得出最为一般性的结论：权利是一种通过法律或契约认可的权利主体从事或不从事一定行为的自由或资格；权力是权力主体迫使相对人服从并实现意志的控制能力。对此，博登海默有一段经典的描述作为印证：权力旨在实现对人的绝对统治：一个拥有绝对权力的人试图将其意志毫无拘束地强加于那些为他所控制的人。[①] 本书指的权力是指国家权力，在各种权力当中，国家的权力，即为社会上占支配地位的阶级或集团所拥有、通过正式的政治设施（各种国家机构、军队、警察、监狱等）行使的权力，居于核心位置。所以，恩格斯把国家权力等同于公共权力，把权力看作是国家的根本标志和主要象征。[②]

一、权利与权力博弈的条件

（一）权利与权力的分化及博弈主体的产生

在原始社会，权利与权力的界限是模糊不清的，或者说两者是合为一体的。原始社会的权力是社会赋予成员处理部落内外事务的权利，这种赋予是为了公众目的的实现和利益最大化。原始社会的权力是自然形成的极小权力，成员之间不存在着强制性，他们是一种平等的关系。这个时代的人们，虽然使人感到值得赞叹，他们彼此没有差别，他们都依存于——用马克思的话说——自然形成的共同体的脐带。这种自然形成的共同体的权力必然要被打破，而且也确实被打破了。[③] 这个“确实被打破”的客观条件是什么呢？恩格斯在《家庭、私有制和国家的起源》中认为，社会分工是权利与权力走向分化的客观原因。恩格斯认为，社会分工促使社会结构发生了平面型分化，产生了新的社会关系，即分工协作关系，使社会成员有了朦胧的权利意识。社会分工也产生了职业的雏形，公共事务管理应运而生，管理即意指要求服从的权力，权力聚集为公共权力并被一个新的组织——国家所掌握，国家是以一种与全体固定成员相脱离的特殊的公共权力为前提的。[④]在阶级对立还没有发展起来的社会和偏远的地区，这种公共权力可

---

① 博登海默．法理学[M]．邓正来，译．北京：中国政法大学出版社，1999：358.

② 张文显．法哲学范畴研究[M]．北京：中国政法大学出版社，2001：396.

③ 马克思恩格斯选集（第 4 卷）[M]．北京：人民出版社，1995：96.

④ 马克思恩格斯选集（第 4 卷）[M]．北京：人民出版社，1995：94.

能极其微小，几乎是若有若无，但是随着国内阶级对立的尖锐化，随着彼此相邻的各国的扩大和人口的增加，公共权力就会日益加强。① 国家或国家权力从社会中分化出来，成为一个独立的组织。官吏既然掌握着公共权力和征税权，他们就作为社会机关而凌驾社会之上。文明时代最有势力的王公和最伟大的国家要人或统帅，也可能要羡慕最平凡的氏族酋长所享有的，不是用强迫手段获得的，无可争辩的尊敬。后者是站在社会之中，而前者却不得不企图成为一种处于社会之外和社会之上的东西。② 从恩格斯的论述中，我们可以看出：① 权利与权力的分化是社会分工的结果，是物质生产不断发展的必然要求，或者说是历史演进的必然趋势。② 权力脱胎于权利，权力最初是原始社会成员管理事务的权利，后来由于部落的首领、酋长将这种权利渐渐转化成权力，并以军队、法律作为支撑权力的基础，国家权力也就产生了。也可以说，权力是权利的转化形式，二者具有同构性，但又决不能将二者混同。目前学界存在将二者混用的趋向，这在理论上是错误的，在实践上也是极为有害的。比如，将权力等同权利，政府官员就可以心安理得将权力看成是私人东西，去享用权力，运用权力进行权钱交易。“有权不用，过期作废”实际上就是把权力看作是权利的佐证。③ 权利与权力分属不同的主体，权利与权力的博弈实际上是其主体之间的博弈。权利一般为个体享有，也可称为个体权利，个体的表现形式为平等的自然人及其他组织单位。个体权利之间体现的是一种横向的、平等的、自愿的关系。而权力为国家所拥有，也可称为国家权力，它是通过国家机关及它的代理人——政府官员来行使的。国家权力与个体权利之间是一种纵向的、强制的、服从的关系。

在17、18世纪，资产阶级启蒙思想家霍布斯、洛克、卢梭等提出了社会契约论。洛克认为，在社会共同体中，社会个体的权利是分散的，彼此存在权力和利益的矛盾、冲突和倾轧，因此，仅凭个人的力量难以维护自己的应有权利，人类为弥补自然状态的不足或缺陷，捍卫自身的自然权利，自愿地放弃自己部分权利，让渡给人们一致同意的某个人或某些人，并签订契约，于是出现了国家。同时，也要求人们将分散的权利组织成为独立于个体之外的国家权力，以维护和保障公民权利。公民通过行使选举权选出自己的代表，将管理国家事务、决定国家大事的权力让渡给国家机关行使，人民则享有监督和参政议政的权利，这就是立法和行政权力的原始权利和这两者之所以产生的原因，政府和社会本身起源也在于此。③ 可见，社会契约化表明，个人权利不是国家权力的附属，而是异于国家

① 马克思恩格斯选集(第4卷)[M].北京：人民出版社，1995：171.

② 马克思恩格斯选集(第4卷)[M].北京：人民出版社，1995：172.

③ [英]洛克.政府论(下册)[M].叶启芳，等，译.北京：商务印书馆，1996：215.

权力独立存在，或者说不是权力“创造”或“批准”权利，而是权利“创造”和“批准”了权力。[①] 国家权力必须要在充分的、健全的、具有独立存在意义的社会权利基础之上才有存在的意义，否则，国家权力的存在便失去了根据。社会独立性的法的基础是社会对权利的独享，因此权利也便成了和社会相伴的独立存在，这样，权利(社会)便有了充分的资格与权力(国家)达成契约关系。[②] 同时，国家权力虽然奠基于社会权利之上，但当其从社会权利转让以后，也成为一个独立的存在。不强调国家权力之于社会权利的独立存在的本质，那么社会契约就会因主体不明而难以达成。国家独立性的法的表现是权力，即权力随国家的独立性而独立，权力的独立性与权利的独立性一样，为权利(社会)和权力(国家)达成契约关系创设了条件。因此，国家和社会的契约化，必须使国家和社会两分，权力和权利两清，否则只能是要么权力兼并权利，从而国家兼并社会，要么权利抵消权力，从而社会抵消国家，而理性的国家和社会的契约化进程便根本无从实现。[③] 所以权力与权利的分化及各自的独立性，不仅是社会契约化的前提，也为二者的博弈准备了条件。

2．权力与权利的利益冲突及博弈的动因

权利与权力的本质是利益，利益的法律形式是权利和权力。权利的本质属性是利益，前部分已经讨论过，这里不再重复。关于权力的利益本质属性并不难理解：一是权力是权利的转化形式，承认权利的利益属性，也就不可否认权力的利益属性；二是权力的目的在于维护社会利益，作为国家权力一极的立法权的行使不过是对社会利益的第一次分配，它所采用的形式便是以法律设定权利和权力，其后的行政权和司法权不过是实施、执行或者维持、修复法律对权利和权力的既定的利益；三是权力产生于社会资源(社会资源只不过是社会利益一种变体，社会主体的资源优势与利益优势基本上成正相关)的稀缺性。利益是指人们为了满足生存和发展而产生的各种需要或欲望。人的需要或欲望具有两面性：一方面它能够诱导人们积极进取，不断创造巨大的社会财富(包括物质财富和精神财富)，从而推动历史的进步；另一方面它常常表现为无止境的贪欲，又给人类造成诸多痛苦与不幸。显然，人类所创造的社会财富，相对人的需要或欲望明显不足，社会资源是稀缺的或有限的。资源的相对稀缺性决定了社会各个利益主体为了满足自己的需要或欲望而竞争，这就意味着矛盾和冲突会不可避免地发生。为了使这些对立面，这些经济利益互相冲突的阶级，不致在所谓的斗争中把

---

① 张文显．法哲学范畴研究[M]．北京：中国政法大学出版社，2001：397．

② 谢晖．权利与权力界分——法制现代化的奠基石[J]．法律科学，1994(3)．

③ 谢晖．权利与权力界分——法制现代化的奠基石[J]．法律科学，1994(3)．

自己和社会消灭，就需要一种表面上凌驾于社会之上的力量，这种力量应当缓和冲突，把冲突保持在“秩序”的范围以内。① 其中，“凌驾于社会之上的力量”就是指国家权力。毋庸置疑，权利与权力具有深刻的利益属性。

在一定时期，社会资源不仅是有限的，同时也是恒定的。利益资源的稀缺性和量值的恒定性，必导致权利、权力的对立性，即权力的扩张，必然以权利的萎缩为代价；反之，权利的膨胀，必然以权力的萎缩为前提。这就是权利和权力的守恒定律。② 这个守恒定律表明，私人利益的表现形式——个体权利与公共利益的表现形式——国家权力总是处于对立的利益立场上，两者的博弈在所难免。

如果个体权利能与国家权力直面博弈，也许要容易得多，但事实并非这样简单，二者之间的博弈往往是间接性的，这样就增加了博弈的难度或复杂性。前面已提到，国家权力是由它的代理人——公务员来行使的。所以，个体权利与国家权力的博弈实际上是公民与公务员之间的直接博弈。这种博弈存在着非正当的博弈性，这主要是由公务员的“理性人”所决定的。公共选择理论认为，一个人，无论他处于什么样的地位，人的本性都是一致的。布坎南说：“简单而直接的观察表明，政治家和官僚……的行动与经济学家研究的其他人的行动并无不同。”也就是说，政治家和官僚与一般人比较起来，他们既不更好，也不更坏，他们也是追求个人利益最大化的“经济人”，所有的政治与行政活动都是在此基础上出现的。③ 因此，根据公共选择理论，公务员只不过是“经济人”在行政领域呈现的另一种面孔，其本质属性仍然是追求个人利益最大化。公务员是个人利益最大化的追求者，它首先表现为个人人格，但他还是公共利益的代表者和维护者，它表现为公共人人格。作为公共人人格，要求公务员具有合乎行政行为准则所要求的行为能力和为自己的行为承担后果的责任能力，能够最大化地代表公共意志、维护公共利益。双重人格属性的统一，决定了公务员必须兼顾个人利益最大化和公共利益最大化的双重取向。④ 这样公务员的双重价值取向，就导致了博弈的复杂性，一方面以代理人的身份运用国家权力与权利主体进行正当性博弈，这种博弈的突出特点是公务人员能够严格遵守法律法规，积极正当地履行国家职权，实现国家利益和社会公共利益最大化；另一方面又以“经济人”的身份与权利主体进行博弈（同时公务员之间及与国家机关之间也存在着博弈）。在这一博弈中，由于经济人的机会主义行为，公务员极有可能违背法律法规，利用权力资

---

① 马克思恩格斯选集（第4卷）[M]. 北京：人民出版社，1995：170.

② 柯金书. 权利与权力的合理定位及其错位之矫正[J]. 福建学刊，1998(1).

③ [美]布坎南. 自由、市场和国家[M]. 平新乔，等，译. 北京：北京经济学出版社，1988：52.

④ 郭小聪，聂勇浩. 行政伦理：降低行政官员道德风险的有效途径[J]. 中山大学学报（社科版），2003(1).

源进行设租、寻租,或导致“败德行为”①的出现。这样公务员与公民之间博弈的正当性就遭到了破坏,从而生产了非正当博弈。非正当性博弈危害是非常严重的,它不仅会非法侵犯国家利益、社会公共利益及公民的合法权益,同时还会殃及第三方的利益。所以,在博弈过程中,要尽量避免非正当性博弈的出现。

二、权力与权利博弈的启动

对于权利与权力的界定,尽管目前尚未形成统一的认识,但不少相关论文在逻辑起点上仍然具有某种同构性,许多学者往往将权利主体归属为社会一般个体,而将权力主体归属为国家机关,从而将权利与权力的关系模拟为“个人与国家”或“社会与国家”的对立统一关系②,提出了“国家—个人”二元对立的理论预设。事实上,现代社会是一个多元社会,它的主体不仅包括个人与国家,还包括许多社会组织,如学校、家庭、教会、沙龙等自愿性组织,政党、压力集团、利益集团、大众传媒等政治性组织,企业、公司、产业联合会、工业或企业家协会等经济性组织是横亘于个人和国家之间的中坚力量。这样权利与权力的博弈就呈现出多样化和复杂性特点。根据这个特点,可以将权力与权利的博弈启动分为三种形式:一是由国家机关启动的博弈;二是由市民社会(civil society,又称公民社会)启动的博弈;三是公民个人启动的博弈。

(一)国家机关启动的博弈

国家机关主要是指立法机关、司法机关与行政机关,它是国家政权的组织形式,是国家权力的承担者和执行者。它的职权是为了行使国家权力根据分工原则,依法在被确定的职权范围内具有权利义务的统一。国家机关启动的博弈具有如下特点:① 启动的主要方式是通过制定和颁布法律法规。国家机关所颁布的每一项法律法规都是对权利与义务的再分配,都可能激发或挫伤人们某种行为的积极因子。② 启动权力的强制性。国家机关法律法规一旦颁布就具有强制性,任何个人、单位或团体都必须严格依照法律法规规定的权利与义务执行。这种强制性造成了博弈双方的不对称或不对等,这就需要寻求或设计博弈双方的均势力量,以实现双方博弈的均衡。③ 启动国家权力主体的多元化。立法机关、司法机关与行政机关都可以根据宪法或法律的规定启动权力。这里需要说明,作为国家权力具有至上性、独立性及不可分割性的特点。国家权力的独立性和不可分割性,并不等于行使国家权力的国家机关不可以进行分工,以及由分工所产生的相互之间所受到的限制。资产阶级所推崇的“三权分立”,绝不是对国家权力的划分,而只是根据分工原则在各种国家机关间所实行的职权划分。国

① 冀朋元,王成礼.行政人道德风险的经济分析[J].学海,2006(6).

② 王莉君.权力与权利的思辨[M].北京:中国法制出版社,2005:6.

家机关职权的划分不是国家权力多元化，而是通过立法、行政、司法三种国家机关职权的“平行”划分来共同实现资产阶级的统一的国家权力。① 同时，启动权力的博弈是由国家代理人——公务员来执行的，这样就增加了博弈的复杂性和难度。

（二）市民社会启动的博弈

市民社会乃是指社会成员按照契约性规则，以自愿为前提和以自治为基础进行经济活动、社会活动的“私域”以及参政议政活动的非官方公域②，是一种独立于政治国家的各类自主、自治、合法、非政治的民间组织和团体构成的社会力量。市民社会之所以能够作为博弈启动的一极，主要因为它有如下特点：① 市民社会是一个由众多非国家社会组织构成的开放体系，这样就为市民的权利表达提供了形式与渠道的多样性，有利地保障了市民利益表达的畅通，从而有助于减弱、防止、分散或消解国家权力对市民权利的干预或侵扰。② 市民社会是一个相对独立的自治领域。市民社会不是作为国家附属物而存在，在法律许可范围内享有广泛的活动空间。在这个领域，人们为了自己的私人利益和私人目的而活动，按照市场机制与其他个人发生经济关系和其他社会关系，国家承认私人在这一领域有其独立性和自由的合法性，除了依法加以必要的规制和干预以外，不加干涉。③ 而市民社会可以将民间的单个的资源与能量汇聚起来，形成一种团体的诉求，从而对政治系统和政府的官员形成强大的社会压力，使其始终在宪法和法律允许的范围内行使权力，从而对政治权力起到约束与制衡作用。③ 市民社会是一个依靠契约为纽带构成的领域。市民社会的市场规定性（市场是交换的场所），决定了市民社会中所具有的外在价值都被认为可以通过契约并依据契约性规则进行交换和让渡。④ 在这个领域，市民的利益不是通过强制性的实现，而是通过自愿的、彼此间满意的契约方式完成的，每个人在实现个人利益最大化同时，也满足了对方的最大化需求。契约不仅是市民利益分配、协调、整合的纽带，也是市民社会产生、发展、壮大的强化剂。④ 市民社会是公民进行政治参与的重要场所。追求自由、平等、权利、正义、民主是市民社会的基本原则，因此，公民可以从市民社会中免费学到团体生活的民主准则，培育法治精神，提供公民参与政治的积极性及主动性。

（三）个人启动的博弈

相对国家机关及市民社会的博弈启动，个人启动的博弈具有下列特点。

---

① 廖克林．国家权力、国家机关职权和公民权利刍议[J]．贵州社会科学，2001(6)．

② 邓正来，景跃进．建构中国的市民社会[J]．中国社会科学季刊（香港），1992(1)．

③ 刘旺洪．国家与社会——现代法治的基本理论[M]．哈尔滨：黑龙江人民出版社，2004：34．

④ 陈嘉明．黑格尔的市民社会及其与国家之间的关系[J]．中国社会科学季刊（香港），1993(4)．

① 启动的被动性。一般情况下，在个人权利遭受国家权力的侵扰时，个人才可能进行博弈的启动。它是以维护个人利益目的，以上访、申诉、行政起诉为手段。② 启动的微弱性。个人启动的博弈往往以个人名义进行的，与国家机关与市民社会相比，力量显得非常弱小，因此，个人权利在与国家权力的较量中，常常处于弱势，难以达到均衡状态。但不可否认，当每个人为维护个人权利都能及时启动博弈时，就会聚集成巨大的博弈力量。③ 启动的复杂性。社会中的每个人都是权力的被保障者，但可能又是权力的被侵害者。因此，启动的原因各种各样，因人而异，这就导致了启动博弈的复杂性与多样性。

三、寻求权利与权力的博弈均衡

（一）权力与权利博弈的现实态势

权利与权力之间的博弈实际上是国家机关与市民社会、公民个人之间的博弈。

1. 权力的本质是权利，权力来源于人民，也属于人民

国家权力源于社会经济和政治关系的公民权利，它是由人民赋予或委托的，因此，不是权力"创造"或"批准"权利，而是权利"创造"或"批准"了权力。[①] 依据国家权力的来源，我们可以看出，权力产生的根本原因是为了确认、保护、规范和制约公民权利这一目的。设立国家权力的目的，国家权力自身的价值，均在于为权利服务，即服务于人民的利益，维护正义，保障自由，防止侵权，惩恶扬善。[②] 自 17、18 世纪资产阶级革命胜利以来，公民权利一直是政治和法律实践的理想和主题，如法国的《权利宣言》、英国的《权利法案》、美国的《独立宣言》等都从立法上确立了公民的民主、自由和平等的基本权利。事实证明，国家权力能够调动的资源十分丰富，为了实现公民权利，可以举全国之力，有效地组织起力量抗拒自然侵害，建立起稳定的社会秩序，组织起高效的生产活动。没有权力的社会比拥有权力的社会更可怕、更不利于人的发展。正因为权力有如此威力，霍布斯把权力称之为"利维坦"（即《圣经》提到的一种类似于鲸鱼或鳄鱼的海怪）。

2. 权利一旦"创造"或"批准"了权力，权力就具有相对独立性

这种独立性对外表现为主权，对内表现为治权。当以主权的方式运行时，国家与国家的权力进行碰撞，这种碰撞同公民、法人之间的权利的实现有许多相似之处；当以治权方式运行时，往往以国家单方面的意志为转移，一切治理者都应无条件地服从这种治理。[③] 不管是对外主权的表现，还是对内治权的表现，都是

---

① 张文显.法哲学范畴研究[M].北京：中国政法大学出版社，2001：396-397.

② 张文显.法哲学范畴研究[M].北京：中国政法大学出版社，2001：397.

③ 朱兴文.权利冲突论[M].北京：中国法制出版社，2004：78.

依靠权力的强制力作为后盾的，这是权力能够维护和保障公民权利的根本条件。强制是运用或威胁要运用处以体罚、残害肢体或处以死刑等身体制裁；或以限制活动的方式使人遭受挫折；或依靠武力控制食物、性、舒适等等需要的满足①，而暴力是强制产生效力的基本力量。正因权力具有强制力的特征，它才常常招致人们的误解和非难。哈耶克将强制力的权力称之为恶的权力，把通过自愿的方式来行使的权力称为善的权力。哈耶克反对强制性的权力，因为强制是一种恶，它阻止了一个人充分运用他的思考能力，从而也阻止他为社会做出他所可能做出的最大贡献。② 但哈耶克并非完全否定强制性权力，除非第一，实施那些保护个人领域的普遍的正当行为规则；第二，筹集资金以支持政府所提供的各项服务。③ 因此，为了防止强制性的权力，就要对这种强制的权力实行强行性的制约。权力除了有强制性特征以外，还具有扩张性及易被滥用性特点。从权力的本性上说，它总有着一种越出它自己的范围而发展的本能倾向……和一种特殊诱惑。权力总是倾向于增加权力……它喜欢自己是一个目的而不是一个手段。④ 公共选择理论经济学家詹姆斯·布坎南也有同样的认识：政治活动家们似乎有一种"天然的"倾向，去扩展政府行动的范围与规模，去跨越任何可以观察到的"公共性边界"。⑤ 作为权力载体——即是以统治者的名义行事的代理人，当选的立法人员、法官、官僚以及在限制和规定公民自由的可供选择的条件中进行选择的人⑥在运用权力时，一定会把权力运用到他可以运用的一切"空间效力"和"时间效力"的最大范围，实现权力效能的最大边际化。也许最为人们所熟知这种权力特征的经典性表述为一切有权力的人都容易滥用权力，这是万古不易的一条经验。有权力的人们使用权力一直到遇有界限的地方才休止。⑦ 学者们关于权力特征公理性的精妙概括，揭示了权力天生就隐藏着侵犯公民权利的潜在危险。现实生活中，经常出现权力缺位、越位、错位，从而造成公民权利遭到损害的事实。正是因为权力这些特点，因此，制约权力也就成为历代学者孜孜以求的永恒课题。

---

① [英]罗德里·马丁.权力社会学[M].丰子义，张宁，译.北京：生活·读书·新知三联书店，1992：92.

② [英]弗里德利希·哈耶克.自由秩序原理[M].邓正来，译.北京：生活·读书·新知三联书店，1997：165.

③ [英]弗里德利希·哈耶克.自由秩序原理[M].邓正来，译.北京：生活·读书·新知三联书店，1997：165.

④ [法]J.马里旦.人与国家[M].霍宗彦，译.北京：商务印书馆，1964：10.

⑤ [美]布坎南.自由、市场与国家[M].平新乔，等，译.北京：北京经济学院出版社，1988：373.

⑥ [美]布坎南.自由、市场与国家[M].平新乔，等，译.北京：北京经济学院出版社，1988：373.

⑦ [法]孟德斯鸠.论法的精神(上册)[M].张雁深，译.北京：商务印书馆，1961：154.

3. 以权利制约权力是制权的最本质、最有效的方法

人类发展到今天，制权主要有几种方法：一是“以德制权”，二是“以法制权”，三是“以民制权”，四是“以权制权”（包括以权力制约权力与以权利制约权力）。其中，以权力制衡权力成为越来越重要的带有本源的优益性制约机制。理由有三：第一，权力来源于权利的让渡，权力的本质就是权利，权力与权利具有同构性或兼容性；第二，权力与权利具有利益的直接对立性，权利的主体为了维护自身利益能够全力博弈，而不像权力制衡，由于权力制衡的主体之间代表了一种抽象的国家利益，他们对于权力制衡的态度、决心和所采取的措施会影响权力制衡的实际效果；第三，以权力制衡权力与以权力制衡权力相比，其优益性表现为，一方面，权利具有广泛性，不仅权利主体是广泛的，而且方式和客体具有广泛性，所有公民、法人和其他社会组织都可以依法通过一切合法的方式或渠道监督所有的国家机关和国家工作人员；另一方面，权力制衡具有终极性，民众不仅可以单独或联合行使权利，而且可以权利启动权力，再以权力制约权力，既弥补自身力量不足，又避免权力制衡权力的懈怠。

4. 权利博弈的主体是市民社会与公民个人

市民社会是由自由的公民和社会组织机构自愿组成的社会，通常运作于慈善机构、非政府组织、社区组织、妇女组织、宗教团体、专业协会、工会、自助组织、社会运动团体、商业协会、联盟等之中；它有共同利益、目标和价值，它是维护公民权利的自治组织，也是公民权利的重要载体。这样，当公民的权利受到权力的侵害时，除了依靠自身力量保护以外，也可以借助市民社会的力量，与权力进行博弈。

（二）权利与权力在博弈中实现均衡

权利与权力的博弈实际上是一个非常复杂的信息和利益较量，它涉及博弈的不同主体、不同领域，即使同一主体、同一领域，在不同的阶段、不同的地点，也存在着很大的差异。同时，在以国家机关启动的博弈中，往往以方针政策、法律法规、决定命令等方式开启；在以市民社会及公民个人启动的博弈中，又常常以结社、集合、游行、示威、听证、起诉等方式开启，权利与权力的博弈的复杂性是可想而知的。实际上，不管是国家机关启动博弈，还是市民社会或公民个人启动博弈，博弈一旦展开，权利与权力的博弈就处在复杂的关系之中，要想寻求权利与权力的均衡点，即权利与权力的最佳配置，实在是一件困难的事。拉弗曲线也许能给我们解决这一难题提供某些启示。

拉弗曲线是由美国经济学家阿瑟·拉弗（Arthur B. Laffer）提出的，其基本原理是：在一般情况下，政府的税收随着税率的提高而增长，但超过一定限度，企业的经营成本提高，投资减少，收入减少，即税基减小，反而会导致政府的税收减

少。这个原理是拉弗在 1974 年为了说服当时美国总统福特的白宫助理切尼，使其明白只有通过减税并把税率控制在一定的范围内才能让美国摆脱“滞胀”的困境，即兴在华盛顿一家餐馆的餐巾纸上画的一条抛物线，这就是著名的“拉弗曲线”，有人戏称为“餐桌曲线”。这个原理受到同来赴宴的《华尔街日报》副主编、综合经济分析公司总经理贾德·万尼斯基(Jude Wanniski)极大的赞赏，他利用记者身份进行大肆宣扬，很快“减税主张”便得到社会各界的认同，最终被里根政府所采纳，此后其影响也遍及欧美大陆。拉弗曲线如图 7-1 所示。

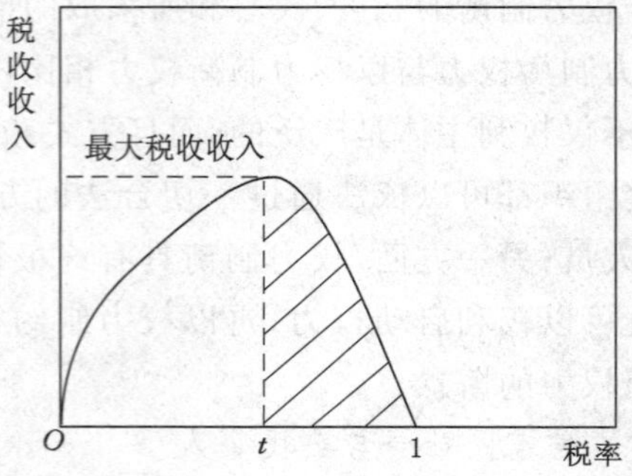

图 7-1 拉弗曲线示意图

由图可知，在原点 O 时，税率为零，将没有税收收入；随着税率的不断提高，税收收入也随着不断增加，当税率处在 t 点时，此时税收收入到达最高额；此后，如果税率继续提高，税收收入也随之下降；当税率为 1 时，没有人愚蠢到还要去工作，所以此时税收收入为零。可见，拉弗曲线是两头向下的倒 U 形。拉弗曲线表明，当税率充分高的时候，增加税率的结果会使税收收入减少。① 图中的阴影部分被称为税率禁区，当进入税率禁区后，税率与税收收入呈反比关系，要恢复经济增长势头，扩大税基，就必须降低税率。只有通过降低税率才能增加收入和国民产量。

税率与税收收入的关系实际上在其背后暗含着权利与权力的博弈关系，由此可以将拉弗曲线转换成权利与权力的曲线。如图 7-2 所示。

由图可知，当权力处在 O 点时，则意味着不存在国家和政府，也就意味着不存在法律制度，就是说不存在权力。那么，在这个社会，因没有权力，人们无法组织起力量抗拒自然灾害的经常性侵袭；因人人要求权利，而这些要求又没有制约和限制，在“丛林规则”的支配下，结果导致权利泛滥，社会战乱不断，无法建立起

① [美]哈尔·R.范里安.微观经济学：现代观点[M].费方域，等，译.上海：上海三联书店，1994：348.

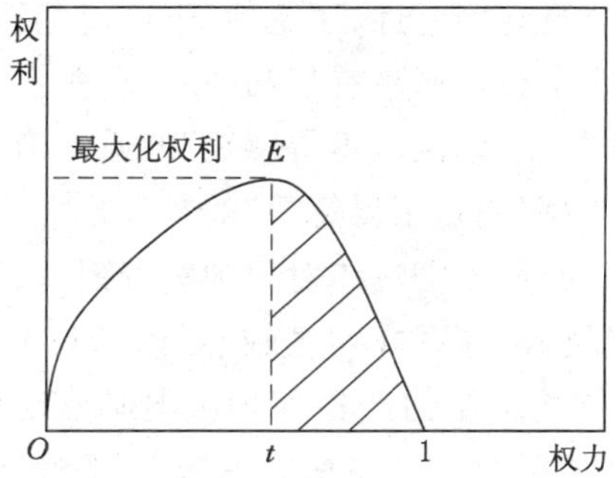

图 7-2　权利与权力曲线示意图

稳定的社会秩序，生产活动难以继续下去，整个社会处于一片动乱之中，人类权利无法得到保障。所以，此时的权利也不存在。另外，即使存在国家和政府，但如果这个国家是一个极权国家，政府是一个残暴的政府，这就意味着该权力将走向极端（此时权力达到 100％的程度，如奴隶制国家及近现代的纳粹德国），在国家权力压倒私人权利的一切博弈格局中，无限的特殊权力一定会给无权无势者造成特殊严重的利益灾难。无疑，此时的公民权利也将归于零。事实上，在权利与权力的博弈中，权力最终要回归理性，恢复其原有的价值，权力在保障和维护权利的过程中将发挥重要功能。随着社会的进步，公民权利的增加和完善，国家制度趋于满足权利的要求，权利与权力在博弈中也逐渐均衡化，权利得到了最大限度的保障，权力功能也发挥到最优化，二者实现了最佳配置，在曲线上处在 E 点。

法律制度是权利与权力博弈的均衡点。第一，法律是权利与权力博弈均衡的表现形式。据前面分析我们知道，权力一旦从权利中分化出来就具有了独立性，成为与权利的博弈的一方。由于权力的扩张性与强制性，权利在权力面前有时表现得非常弱小，面对权利与权力的严重失衡，权利主体有时不得不采取激进方法，如起义、罢工等手段，同强势的权力主体进行博弈，权力主体被迫做出让步或妥协，并通过法律的方式做出承诺，以寻求秩序的稳定。法律就成为权利与权力主体进行博弈支付的契约合同，法律的设定意味着权利主体博弈目的的实现，一场权利与权力的博弈就此结束。可以说，历史就是权利与权力进行不断博弈寻求均衡的历史，这个过程是在法律的不间断地设立、废除及修订中完成的。第二，法律划定了权利与权力博弈的边界及范围。法律是关于权利与义务的强制性规定，实际上是对他们博弈边界及范围的设定。从权利的边界与范围看，法律特别是宪法和基本法大都规定了公民的基本权利，如生存权、自由权和平等权等，它表明了权利人在国家生活的基本领域中所处的法律地位的权利，它是判定公民身份的基本尺度，它具有固有性、法定性、不可侵犯性、普遍性和稳定性等特点。这样，法律不仅划定了公民所享有权利的底线，而且为权力的干预确定了警戒线。同时，“法无明文禁止（限制），不得惩罚”的原则确立了权利主体的行为范围。所谓“法无明文禁止（限制），不得惩罚”的意思是指：只要法律没有明文禁止的权利公民都可自由行使，而不需法律对权利进行列举。这意味着，除法律明文规定的权利即法定权利之外，还存在习惯权利、道德权利。因此，习惯权利与道德权利也是合法权利，应受法律的严格保护。但必然明确，权利的自由行使是“不以侵犯他人权利”为界限的。正如马克思所言：自由就是从事一切对别人没有害处的活动的界限，是由法律规定的，正像地界由界标确定一样。① 美国法官奥利弗·霍姆斯也有句名言：我挥动手臂的自由止于另一个人的鼻子前。② 可见，法律不仅确定了权力的边界和范围，而且也为权力设定了一个不得随意侵入的领地。从权力的边界和范围看，如何确立权力的边界和范围，发挥权力的应有功能，这是一个令古今中外的思想家及政治家深感困惑的重大问题，有人把它称为“权力悖论”。人类社会的每一次变动似乎都与这个问题有关，但又无法摆脱这个问题，所以，亚伯拉罕·林肯说，我们究竟是要一个强大到足以威胁其人民自由的政府还是一个弱小到不能维持和保护人民自由的政府，这是一个永恒的问题。③ 实际上，权力应该有它的边界和范围，这个边界和范围是法律来确定的。哈耶克曾这样说过：依据规则管理国家的政府，其主要目标是告诉人们什么是他们的责任范围，他们必须把他们的生活约束在这一范围内；依据行政命令管理国家的政府，它的目标是摊派具体的义务。④ 哈耶克这段话非常明确地告诉我们，权力的范围来自法律的授权，任何超越法律的规定都是无效的。“越权无效”原则意味着，法无明文规定的权力不得行使；超越立法目的和法治精神行使的权力无效。显然，权力的范围就是法律的授权或法律的规定，而“法无明文禁止（限制），不得惩罚”及“法无明文规定（授权），不得行之”是界定权利与权力边界的基本原则。

（三）权利与权力博弈是一个趋向均衡的演变过程

从应然状态来讲，权力作为权利的衍生物，应契合权利，抑或始终保持与权利均衡的状态。但权力的实质主体与代理主体分离、权力的可交换性、低效的权力制衡机制以及社会结构转型的不彻底导致了权力的异化，权力的异化使得权

① 马克思恩格斯选集（第1卷）[M]. 北京：人民出版社，1995：438.
② [美]M. 罗斯金. 政治科学[M]. 林震，等，译. 北京：华夏出版社，2001：343.
③ [美]柯特勒. 美国八大冤假错案[M]. 刘未，译. 北京：商务印书馆，1997：8.
④ [英]哈耶克. 个人主义与经济秩序[M]. 邓正来，译. 北京：北京经济学院出版社，1991：18.

力的职能从满足国家、社会需要的一种力量蜕变为满足掌权者个人利益和小集团利益的一种手段。因而，权力成为时常与权利相对立的异己力量，权利与权力的失衡不可避免。

从人类发展的历史角度看，权利与权力的博弈是一个趋向均衡的演变过程，也是制度形成或不断完善的过程。在古希腊，城邦是一种自然形成的特殊的国家形式，自由民是城邦的有机组成部分。在城邦，政权是在全体公民手中，而不是在少数人手中，每个人都有参与公共事务的平等机会，任何人，只要他能够对国家有所贡献，绝不会因为贫穷而在政治中湮没无闻。① 城邦能够使自由民把对自己的私人事务的关心和参与公共生活结合起来。在我们这里，每一个人所关心的，不仅是他自己的事务，而且也关心国家事务。② 在古希腊，人类自然是趋向于城邦生活的动物③，城邦是国家与社会的复合体，公民的政治生活与社会生活是融为一体的，社会利益与私人利益不可分，因而，权利与权力也是合二为一的。然而，古希腊城邦这种权利与权力的均衡性有其局限性，这是因为，雅典的民主是非常狭隘的民主，政治权利仅限于公民享有，占人口大多数的奴隶、外邦人和妇女都被排除在外，民主权利只是公民集团的特权。④ 非常明显，古希腊奴隶、外邦人和妇女没有政治权利，他们只是城邦的附属物。

在中世纪，国家从市民社会中夺走了全部权力，整个社会生活高度政治化，为强化统治阶级的统治，权力的触角可以达到每一个角落，而个体社会成员的权利要求无论在制度设计上还是实际操作层面都被统治阶级严重漠视甚至人为地剥夺，市民社会淹没于政治社会之中。神权、王权和贵族权领先地位凭借领主分封制，把政治原则彻底社会化，使得市民社会直接地具有政治性质。私人生活领域、私人利益和要求完全屈从于政治，从而形成了国家对市民社会的包容、吞噬和同化。⑤ 显然，在这个以“权力”为中心的“黑暗时代”，权力处于几乎不受任何控制的强制位置，市民社会已丧失了进行博弈的能力。因此私权利不问历史条件地贸然干涉国家权力确是鲁莽和危险的举动。⑥ 中世纪这种强权力与弱权利的严重失衡，必然导致社会的不稳定。寻求权利与权力的均衡发展就成为新兴资产阶级的一项重要任务。

在由中世纪向近代社会的过渡时期，迅速崛起的新兴资产阶级不再满足于

---

① 徐大同.西方政治思想史[M].天津:天津教育出版社,2002:20.

② 徐大同.西方政治思想史[M].天津:天津教育出版社,2002:132.

③ [古希腊]亚里士多德.政治学[M].吴寿彭,译.北京:商务印书馆,1981:7.

④ 徐大同.西方政治思想史[M].天津:天津教育出版社,2002:21.

⑤ 汪渊智.理性思考公权力与私利的关系[J].山西大学学报,2006(4).

⑥ [法]勒内·达维德.当代主要法学体系[M].漆竹生,译.上海:上海译文出版社,1984:74.

经济上有钱、政治中无权的状况，他们联合农民、平民共同反封建、反教会，以争取政治权利。但资产阶级刚刚登上历史舞台，力量还比较薄弱，不能提出夺取政权的要求。为了求得自己生存和发展，他们在政治中支持壮大中的王权希望借助王权来实现和巩固民族国家的统一，为资本主义的发展扫清道路。而各民族国家的君主为了抗衡教皇势力不得不与资产阶级结成暂时的联盟。正如马克思所言：在某一国家里，某个王权、贵族和资产阶级争夺统治，因而，在那里统治是分享的，那里占统治地位的思想是侵权学说，人们把分权当作“永恒的规律”来谈论。[①] 这样，阶级力量的暂时均势导致了“权力”与“权利”的短暂均衡，但又孕育着新不均衡。在以君主专权为轴心的国家，权力具有掠夺性、扩张性的特点，国家权力的扩张意味着公民权利的萎缩。而日益成熟的资产阶级迫切要求一个能够保障自由竞争、得到平等对待的具备可预测性及安定性的法治生存环境。与此同时，真正的市民社会，也随同资产阶级发展起来[②]，与政治国家之间开始形成一种紧张的对立、对抗、制约与平衡的关系。启蒙思想家关于“天赋人权”、“主权在民”、“社会契约”及“分权制衡”理论，使资产阶级相信他们在与君主专制的对抗中能够取得全面胜利。资本主义制度确立以后，关于国家权力的来源、国家权力的目的、国家权力的实现方式被重新定位，制度安排均围绕有限政府和人权保障的思路展开。人民主权原则和基本人权原则成为现代法治国家的理论基石，“权力至上”被“权利至上”或“法律至上”所取代，公民权利优越于国家权力的不平衡关系逐步形成，市民社会在“权利至上”的精神滋润下迅速发展壮大，成为构成政治国家的基础。[③] 同时，市民社会的崛起必然使得财产关系乃至整个经济生活摆脱政治国家的控制，演变成制约国家权力的强大力量。

在个人权利本位及自我利益追求下，到 18 世纪 80 年代左右产生了自由市场经济体制。国家权力的作用领域被限制在最小限度的公共管理领域。这种强权利—弱权力模式，导致权利处于一种畸形的状态。一方面，由于权利出发点的实际不平等，就使得一部分处于经济优势地位的人获取了权利自由发展的优势地位，而另一部分人如妇女、黑人以及广大穷人因权利出发点的实际不平等就从根本上失去了获取权利的客观条件；另一方面，经济上的放任主义和政治上的自由主义使得取得权利优势地位的继续保持其优势地位，而不具优势地位的人在权利方面则永远处于劣势。[④] 结果，权利与权力的严重失衡对资本主义造成了

① 马克思恩格斯选集(第 1 卷)[M]. 北京：人民出版社，1995：99.

② 马克思恩格斯选集(第 1 卷)[M]. 北京：人民出版社，1995：130.

③ 马克思恩格斯选集(第 1 卷)[M]. 北京：人民出版社，1995：131.

④ 程燎原，王人博. 权利及其救济[M]. 济南：山东人民出版社，1993：100.

危害，影响了社会秩序的正常运转。这就要求政府要主动干预市场机制的运行，以弥补市场失灵的缺陷。另外，从19世纪70年代开始，自由市场经济开始向垄断市场经济转变，资本与权利关系发生错位、异化，导致了产业工人和普通市民与资本家存在着利益上的激烈冲突，要求个人权利的保障由基本的财产权与人身自由权扩展到社会保障权、就业权等个人权利领域，个人权利范围的扩张，也要求政府积极主动地提供各种公共产品。因此，这个时期的国家权力突显出它的扩张性，试图通过强制性博弈，达到社会公平与利益均衡。福利国家成为这个时期的突出变化。然而，福利国家政策增强了人的惰性，其信奉的可控制性原则消解了人的自由自觉活动。而且，国家权力不断把个人权利纳入到集体利益当中，个人选择的维度日益缩小。西方国家不得不重新定位国家与市场的关系，从国家干预的"国家中心主义"走向减少国家干预的"市场中心主义"，以寻求国家干预与权利自主的均衡发展。

历史表明，如果国家权力处于极端强势的地位，个人权利处于极端弱小的地位，那么，国家权力将会被少数人所垄断，成为实施压迫的赤裸裸的专制、暴政，个人权利就会被国家权力吞噬，生存在这个国家的大多数人将会沦为"无权的"受压迫者；如果个人权利被过度扩大，不受约束，就会滋长为极端自由主义、无政府主义，国家权力就会失去权威，社会秩序的安定价值就难以保障。因而，维护个人权利与国家权力的均衡性是保障社会和谐与稳定的必备条件，也是法治国家的重要特征之一，正如德国法学家耶林言：正义女神一手持有衡量权利的天平，一手持有为主张权利而准备的宝剑，无天平的宝剑是赤裸裸的暴力，无宝剑的天平则意味着法律的软弱可欺。天平与宝剑相互依存，正义女神挥舞宝剑的力量与操作天平的技巧得以均衡之处，恰恰就是健全的法律状态之所在。①

历史是一面镜子，要正确对待权利与权力之间的关系，既不能过度强调个人权利，忽视国家权力，也不能极度扩张国家权力，轻视个人权利。正确的态度是：充分发挥社会主义制度的优越性，进一步完善社会主义市场经济体制，不断发展壮大市民社会，提高公民意识，形成与国家机关博弈的良性态势，在互动中实现权利与权力的均衡，这是制度创新，实现制度文明的应有之意。

【案例】

肖志军拒绝签字导致妻子死亡

都说产科是女人的鬼门关，走一遭能不能回来，要看天意。我国的新生儿死亡率和产妇死亡率都下降到了历史新低点，日益昌明的医学让更多女人平安地把孩子生下来，但这个鬼门关，并非放过了所有女人——肖志军的妻子李丽云就

---

① 梁慧星.民商法论丛(第2卷)[M].北京：法律出版社，1994：12.

没能回来。

2007年11月21日下午3点左右，H省的肖志军携妻子到北京朝阳医院京西分院看感冒。在去朝阳医院之前，已经去了另一家医院看过，李丽云怀孕已经九个月，医生诊断为重症肺炎，由于治疗肺炎需要用大剂量抗生素，必须先停止妊娠进行剖腹产。肖志军不信，认为只是个感冒，没什么大不了。后来妻子病情加重，才去朝阳医院京西分院看病，医生们的诊断依然是重症肺炎，此时肺炎导致李丽云的心肺功能严重下降，产妇和胎儿都有危险，安排他们必须立刻住院并且马上剖腹产。

按照规定，进行任何手术前，必须得到患者或家属的签字同意。那时候李丽云陷入昏迷，肖志军成为唯一有权签字的人。而当时，身无分文的肖志军，拒绝签字。医院知道他没钱，愿意免费提供治疗。他还是拒绝签字，时间一分一秒流逝，陷入深度昏迷的李丽云失去生命迹象，医生紧急抢救对李丽云做心肺复苏。在最后的时刻，肖志军仍然拒绝签字。那张医生再三恳求他签字的手术通知单上，写着肖志军的亲笔签字承诺：坚持用药治疗，坚持不做剖腹手术，后果自负。第三次手术机会丧失后，当日晚7点25分，李丽云因为严重的呼吸、心肺衰竭而不治身亡。李丽云腹中的孩子，比她早一些离开人间。

孩子和孕妇，因为拒绝签字的丈夫而离开人世。然而，这个在当时看来唯一有签字权的丈夫，尚未与李丽云领结婚证，而当时李丽云与家中断绝联系多年。

此案在当年引起了巨大的社会反响，李丽云父母知道此事后，将朝阳医院告上法庭。此案一审期间，经司法鉴定，朝阳医院对患者李丽云的诊疗过程中存在一定不足，但医方的不足与患者的死亡无明确因果关系。朝阳法院认为，朝阳医院履行了医疗方面法律法规的要求，而患方却不予配合，这些因素均是造成患者最终死亡的原因。因朝阳医院的医疗行为与患者的死亡后果之间没有因果关系，故不构成侵权。考虑到本案的实际情况，法院判决朝阳医院补偿死者李丽云家属10万元。李丽云的父母不服一审判决提出上诉。北京市第二中级人民法院对备受关注的“丈夫签字拒绝手术致孕妇死亡”案做出终审判决：驳回上诉，维持原判。

当年年底，在提请全国人大常委会审议的侵权法草案当中，也就有了医疗机构的紧急处置权。2010年正式颁布时，此条款位列第56条，被部分法律界人士称为“肖志军条款”。

第五十六条 因抢救生命垂危的患者等紧急情况，不能取得患者或者其近亲属意见的，经医疗机构负责人或者授权的负责人批准，可以立即实施相应的医疗措施。

(http://news.qq.com/zt/2007/zfjqzqs/)

思考题

试从权利与义务关系并结合相关法律规定分析肖志军拒绝签字案。

第八章 制度的结构与分类

第一节 制度的结构

一、制度结构含义

诺斯在《经济史中的结构与变迁》书中指出,“结构”一词指制度框架,“我”所说的“结构”是那些我们相信是决定实际基本因素的社会特征①。林毅夫将制度结构定义为:一个社会中正式的和不正式的制度安排的总和②。

制度结构具有以下特征。首先,制度结构具有整体性。每一个具体的制度都从属于制度结构,存在于制度结构之中,并且与其他制度相互联系,相互作用。其次,制度结构具有路径依赖的特征,其原因是过去的行为、文化信仰、社会结构和组织都影响着价值观念和社会实施机制的发展,从而压制了背离旧有行为模式的灵活性。尽管从长期来看,不同社会中的制度安排和制度结构可能趋于一致,但从短期来看,由于各社会政治环境有所差异,不同社会中最有影响的制度安排是不同的。

根据制度的定义,制度结构主要涉及三个层面:国家、组织和意识形态。

(一) 国家

诺斯认为,国家基础结构的创立旨在界定和实施一套产权,并指定统治者代理人的权力代表。国家提供的基本服务是博弈的基本规则。无论是不成文的习俗习惯,还是成文的宪法法律,都有两个目的:一是界定形成产权结构的竞争与合作的基本规则(即在要素和产品市场上界定所有权结构),这能使当权者的利益最大化;二是在第一个目的前提下降低交易费用,促使社会产出最大化,从而增加国家的税收,即国家由立法、行政、政党等具体的制度安排组成,它既可以视为作为博弈参与人的组织,又可以视为是博弈的结果。

---

① [美]道格拉斯·C.诺斯.经济史中的结构与变迁[M].陈郁,罗华平,等,译.上海:上海三联书店、上海人民出版社,1994:3.

② [美]R.科斯,A.阿尔钦,D.诺斯,等.财产权利与制度变迁——产权学派与新制度学派译文集[M].刘守英,等,译.上海:上海三联书店、上海人民出版社,1994:371-418.

(二) 组织

任何制度的运行或实现,都必须借助一定的代理实体,这个代理实体就是组织,如政府机构、企业等。从这一层面上来说,组织即制度。组织是制度的代理实体,组织是制度的产物。制度规定了人们选择的范围和内容,或者说决定了一个社会的利益,组织的创立就是为了抓住这些机会利益,并使这种利益确定的财富、收入和地位等目标最大化。因此,在一个制度框架内,组织创新对经济绩效是至关重要的。组织的创立,以及组织寻求最大化的利益将逐渐改变现有的制度框架。同时,组织又形成了新的制度框架,规定了组织成员的选择的内容和范围,或者说,任何组织都具有规范性,具有一定的规则,加入的成员必须认同这些规则。这里的组织,一般是指非正式制度的安排,或者是一些社会规则,如行业协会、企业等。

(三) 意识形态

意识形态是指对事物的理解和认知,一种观念的结合。它倾向于从道德上判定劳动分工、收入分配和现行制度结构。其作用主要表现在三个方面。第一,对于现存国家或制度来说,如果大多数人的意识形态认为其是合理的,那么,国家提供这种制度安排的服务费用就比较低,从而能使制度保持稳定性;反之,如果大多数人的意识形态认为其是不合理的,那么,国家提供这种制度安排的服务费用就会昂贵而不经济,从而失去存在的条件。另一情况是,不同利益集团之间的意识形态差异相当大,也会使制度失去稳定性。第二,对于交易双方来说,共同的意识形态会大大节约交易费用。第三,个人的意识形态勾勒了其效用函数的最初状态,并且由于路径依赖性的存在,多少还会影响其效用函数的变迁。这里的意识形态概念超越了传统政治意义上的意识形态,它涉及文化、传统、价值观以及经验和技能。

制度存在于特定制度结构之中,并在与其他制度的相互联系中实现其功能。因此,不同的制度结构决定着不同的制度功能。例如,在德国,公司治理共同决定模式与社会民主社团主义两种互补性的制度安排所形成的制度结构,它所发挥的功能不同于美国市场维护型联邦主义与公司治理共同决定模式等形成的制度结构所发挥的制度功能。

二、制度的构成要素

规则、对象、理念、载体,这四大要素,是制度构成的基本要素,任何一个制度都必须具备这四个要素,缺少任何一个要素,该制度都是不完整的,甚至是不存在的,或者至少说是名存实亡的。

(一) 规则

规则是制度的内容。规则指的是一系列的规定、准则,它规定了权利、义务和规则。规则可能是因为社会习俗的演变形成的，也有可能是由某一个具体权威的部门创造的。

规则与制度有明显的区别，制度是通过规则或通过规则表述的，规则的出现、发展、进化的过程都可能是制度出现、发展或进化的过程。一些法学家将制度定义为规则，这显然是不准确的。

作为制度的规则必须符合以下要求：

1. 普遍性

规则不是特定的、个别的、一次性的命令或决定，而是一种包含着一般的、普遍的允许、命令、禁止非特定的人的行为规则。规则所适用的是一类人，无论这类人的数量多大或者多小，规则必须覆盖到这类人的全体；否则就不叫规则，而只能叫命令。它是反复多次适用而非只适应一次。

2. 可操作性

规则的执行、适应和遵守需要通过一定的操作程序，而不受到主体的主观意念的控制与支配。规则是公开透明的，没有公开的规则与法律没有约束力，不能够要求人们服从。规则所规定的内容应当是具体的、明确的，而不是抽象的、模糊的。

3. 一致性

规则之间应不矛盾，应协调与互补。同类主体与同类对象之间所使用的规则，在逻辑上必须保持一致。

4. 规则结构合理性

结构的合理性包括内部结构的合理性和外部结构的合理性。[①] 前者是指规则内部逻辑上的结构要素(假定、处理、后果)的齐全、合理，任何规则的要素都不能缺少。后者指不同层次的结构应成为层次分明、逻辑合理、前后照应。

(二) 对象

对象是制度的指向与范围。最直接的意思就是制度所涉及的范围与领域。制度必定是某一范围、某一领域的制度，如社会制度、经济制度、政治制度。小而言之，办公室的值班制度，其对象就是办公值班这件事情。

如果从哲学意义上讲，制度对象也是制度存在的条件。制度本身也是一种对象化的产物。马克思指出："一个存在物如果在自身之外没有对象，就不是对象性的存在物。他没有对象性的关系，它的存在就不是对象性的存在"，而"非对象性的存在物是非存在物"，或者说"是一种非现实的、非感性的、只是思想上的即只是虚构出来的存在物，是抽象的东西"。

---

① 辛明. 制度论——关于制度哲学的理论建构[M]. 北京：人民出版社，2005：87.

（三）理念

理念是制度规则价值判断与目标定位的体现，不同理念引导下的制度，就会体现出不同的性质。我们经常提及的好制度与坏制度之分，主要因为制度理念的不同。制度不过是一定价值理念的实体化和具体化，是结构化、程序化的价值观。①

（四）载体

载体是制度的存在形式。载体决定制度的形式，条文是制度载体的重要形式，但不是唯一形式。在制度形成早期，制度是通过口传心授的方式进行的，在这种方式中，制度的载体就是人，现在以人为载体的事实依然相当普遍，如巫师、头人。风俗习惯、道德也是制度的重要载体。

以法律为载体，制度就体现为法律；以规章为载体，制度就体现为规章；以习惯为载体，制度就体现为习俗这种非正式制度；以不可言传的心理认同为载体，制度就体现为潜规则。

（五）要素之间的关系

在制度系统中，各个要素之间是互相联系互相依存的关系，各个要素之间的共同作用才使得制度具备了实质性的功能、实质性的内容和实质性的意义。在制度系统中，任何一个要素的缺失，制度都是不完整的，都会使制度丧失其应有的作用，进而失去存在的意义。

规则不仅仅是制度的内容，更多的是一种逻辑的规定，它使得制度有了具体的形式化内容，也使得制度更加规范化。一旦规则缺失，制度就失去了其规范的基础。

对象的设定为制度提供了一个明确的作用范围和运动场所，保证了制度有效性的发挥。没有对象的制度只是一些没有实际意义的规则拼凑而成，只能称之为理论意义上的制度，制度如果没有对象，就只能流于形式，没有实际的意义与价值。

理念作为制度的灵魂，并不能直接体现为制度，但却间接地体现在一切规则之中。不存在没有理念的制度，制度如果没有理念，同样也只能是一些规则纯粹形式逻辑的堆砌。哈耶克明确地将人的行为规则与人们所持有的思想观念作了区分。行为规则是指人们通过学习和模仿，为个人所遵守，它更多的是指人们学会了什么；而思想观念则是通过人的思考、接受某种理想与信念而形成的，它指人们相信什么。哈耶克将思想观念视为制度系统形成机理与演进方向的决定性因素。

① 辛明.制度论——关于制度哲学的理论建构[M].北京：人民出版社，2005：90.

载体丰富了制度的形式，载体是制度的表现，它将制度的各个要素统一的表现出来，制度载体是制度存在和表现的形式。哲学上把内容与形式作为一对辩证的范畴来理解，制度之于载体的关系其实就是内容与形式的关系。对制度来说，载体就是制度的一种表现形式。制度的内容，无论是规则所体现的内容还是理念所表达的内容都必须通过载体来体现。从内容与形式的关系来看，制度的内容决定载体的形式，载体形式又反作用于制度内容，丰富了制度内容。一种内容的制度可以包含多种载体形式，一种载体的形式也可包含和服务于多种制度内容。例如，在社会主义制度内容中，既可以有法律的载体以强制的形式出现，也可通过道德规范以自律的形式出现。因此，社会主义的道德与社会主义的法律都体现出了社会主义制度的一些重要内容①。

第二节　制度的层次

一、制度层次类型

关于制度的层次可以从两个方面来划分，一个方面是从制度的运行形态的不同，可划分为制度、体制与机制；另一方面是从制度在其制度系统中的地位与作用不同，而划分为基本制度与非基本制度。

（一）制度、体制、机制

关于制度、体制、机制的三者的划分并不是绝对的，三者之间的边界是非常模糊的，尤其是制度与体制之间，是很难分清的，在现实话语语境中，他们甚至可以通用。

1. 制度

在社会系统中，"制度"概念，既可以指要求社会系统中的成员（主体）共同遵守的办事规程和行为准则，也可以指在一定社会历史条件下形成的经济、政治、文化等方面的制度体系。制度从不同层面来看有着不同的定义。

2. 体制

是制度体系中的一个方面或层面的内容，是关于国家或社会某一系统中组织结构、权力配置和利益分配格局的制度，它规定系统中各个运行主体的地位、权利和责任、权力和作用，决定各个主体之间的相互关系。也可以说，体制通常是指某一组织的结构形式。从状态上看，体制是一种静态模式，是对制度构成要素所做的框架结构的安排。实际上，体制是基本制度的具体体现，是基本制度的表现形式和实现方式。这里值得注意的问题是，体制又是通过许多具体的制度

① 辛明. 制度论——关于制度哲学的理论建构[M]. 北京：人民出版社，2005：91.

构成的。例如，社会经济体制，包括生产资料所有制、产业制度、企业法人制度、企业产权制度、企业管理制度、企业用功制度、企业工资制度商业经营制度等；政治体制，包括立法制度、司法制度、监督制度、政党制度、选举制度、人事制度等具体制度。

社会体制具有简单明确、便于操作的特点。它实际上是社会基本制度的具体表现，社会体制处处体现着社会的基本制度。一种社会体制，由于它详细规定了在一定范围内某些具体的办事规则和行为准则，可以直接地、明确地指导和约束人们具体的行为和活动，所以它能够使得社会的基本制度得以贯彻和落实。如果没有社会体制的存在与作用，社会基本制度就是一个空壳，社会统治阶级、统治集团就无法维护和实现本阶级的利益与目标。如果社会体制不成熟、不完善，即其中的具体制度不够正确或不具体全面、不相互配套，也会影响到社会基本制度的贯彻与落实。

3. 机制

“机制”最早用于自然科学领域，是自然科学领域中的一个重要概念。早期机制是指机器的构造和工作原理。在英文中，“机制”(mechanism)是指机械系统中各个部件之间结构组合的方式及其相互关联、相互作用的机理。随着其他领域的发展，机制一词逐渐被引入生物学、医学等领域，用来表示生物有机体各器官之间相互联系、相互作用、相互制约的方式和机理。后来，人们把“机制”概念做了进一步延伸，引入到了社会领域，泛指社会系统的内在联系、各要素之间联系、组合、运行的方式和相互作用的机理。综上，所谓机制，其实是指客观事物(系统)内部要素之间的组织、联结方式和要素功能发挥的方式。

在社会领域里，某一系统的机制，就是指该系统内部各个构成要素之间的相互联系、相互作用以及由此产生的内在运作方式和整体功能发挥的原理。构成某一系统机制的要素一般包括机制的理念、主体、规则、目标。而制度、体制只是机制内部构成要素的组成部分，属于规则的范畴。从这种意义上说，机制与制度、体制是包含关系，机制包含制度、体制。

4. 制度、体制、机制的联系

制度决定体制，并通过体制表现出来。制度与体制的关系可以看作是内容与形式的关系，制度对体制具有基础性、根本性、决定性的作用。制度规定着体制的内容、性质及特征。有什么样的制度，相应地就会有什么样的体制。经济制度是经济体制的基础，决定经济体制的根本性质和主要特点，规定着它的变化方向，无论选择何种经济体制，都不能背离经济制度的基本要求。同样，一个国家的社会政治制度也决定着这个国家的政治体制，规定着这个国家的组织机构及其职能和行为规范。随着社会基本制度的改变，社会体制也会随之发生相应改变。另一方面，体制是制度的表现形式，制度通过体制表现出来。任何制度都有其相应的具体体制加以表现，不通过一定的体制，制度就无以表现自己。例如，在社会主义初级阶段，公有制为主体、多种所有制经济共同发展是其基本的经济制度，这种经济制度通过国有制、集体所有制、承包制、租赁制等体制形式表现出来。离开了这些表现形式，经济制度就不会表现出来。

体制对制度的实施和完善具有重要作用。制度决定体制，同时体制对制度有重要的反作用。这种反作用主要表现在两个方面。一是体制会将制度具体化，使之更容易表现出来，更加符合实际。体制是制度的表现形式，它的确立必须服从和体现制度，同时体制还应当着眼于当前实际，根据实际状况，将制度的原则规定和目标要求细化和具体化为一些具体的规定、规范和准则，因而更贴近现实，更有利于制度的贯彻实施。二是体制会促进制度的完善和发展。符合实际状况、形式得当的体制会促进制度的完善，而那些不符合实际情况，形式不当的体制会阻碍制度的实施与完善。这时就需要我们改革不合实际的体制，建立适应社会发展的新体制，促进制度的完善。

制度与体制之间虽然有着密切的联系，但是他们并不是完全的对应关系，一种制度可以通过不同的体制表现出来，例如，我国的社会主义经济制度，它既可以采取计划经济，又可以采取市场经济。同一体制也可以表现不同的制度，如民主政体，它既可以是资本主义国家的，又可以是社会主义国家的。甚至在古希腊时期，也存在过民主政体。

体制与机制具有密切的历史联系。布鲁斯在《社会主义经济的运行问题》中首次将经济体制明确地定义为“社会经济组织的具体形式”和“经济运行机制”，是“经济制度的变体”。从1985年开始，“经济体制”概念在我国也具有了“运行机制”的含义，《中共中央关于制定国民经济与社会发展第七个“五年计划”的建议》指出，社会主义经济体制改革的目标是，建立计划经济与市场调节相结合的经济运行机制。

经济体制与经济机制具有相互作用的关系。一方面，经济体制决定着经济运行机制。一定的经济体制包含着一定的经济运行机制，经济体制是经济运行机制发挥作用的前提条件。如市场经济体制要求竞争、供求等市场机制充分发挥作用，同时要求发挥宏观调控机制的功能来弥补市场的缺陷；而市场机制、宏观调控机制又只有在市场经济体制下才能充分发挥作用。另一方面，一定的经济体制只有依赖与之相适应的经济运行机制才能实现。

（二）基本制度与非基本制度

1. 基本制度

基本制度是指反映社会某些关系方面的根本特征和本质内容，是体现它内在的、本质的、一般的规定。例如,社会的基本制度是指以建立在经济基础上的上层建筑。社会基本制度具体表现在政治上、经济上、文化上的一般规则的总和,在社会系统中发挥着重要作用。社会的基本制度是社会制度系统的核心,它不仅仅是指经济、政治、文化中最基本的行为标准的总和,也是社会各方面制度中应当遵循的行为准则。一旦社会的基本制度发生了变化,那么也就表示制度的根本性质发生了变化。

在社会制度系统中,不同的生产力下,会产生不同的社会制度系统,也会产生不同的基本制度,例如,在生产力低下的原始社会制度系统中,基本制度是一切财产公共所有,氏族首领和议事会掌握着权力,全体成员集体劳动,实行按需分配。随着生产力的发展,进入到奴隶社会,在奴隶制社会制度系统中,奴隶主掌握政权,奴隶主占有土地和奴隶。在封建社会制度系统中,其基本制度是地主阶级掌握政权,实行君主专制,皇权至上,世袭罔替。地主拥有土地,租给农民,从中收取高额的租金。在资本主义制度系统中,其基本制度是资产阶级掌握政权,压榨工人阶级,从中获取剩余价值。在社会主义的制度系统中,其基本制度是建设人民民主专政的社会主义国家,实行按劳分配。

在各个社会制度系统中,社会基本制度居于主导地位。它不仅对社会各个成员的各种社会行为有着强有力的指导和约束作用,同时也对其他各种具体的制度和体制起着指导和制约作用。就社会制度要求人们的社会行为必须遵守行为准则来说,社会基本制度便是其中最为基本的行为准则。若就社会制度作为存在于阶级社会一种法律形式来看,社会基本制度则是其中处理各阶级的关系和维护积极利益的最基本的法律规范;若就社会制度作为上层建筑的重要组成部分对经济基础具有重要的反作用来说,社会基本制度则对经济基础起着强有力的制约与推动作用。

2. 非基本制度

非基本制度是特定社会在经济、政治、思想文化方面的基本制度的具体表现形式或实现形式。① 社会的基本制度比较宏观、模糊,而社会的非基本制度比较微观、具体。例如,在按劳分配这个根本制度,在工资制度方面可采取计时工资、计件工资、基础工资加奖金加津贴等具体制度。社会的非基本制度处于从属地位,由社会的基本制度决定。社会的非基本制度对基本制度的发展有重要的影响作用。

社会基本制度是相对稳定的,而非基本制度则是处于不断变化之中。社会的基本制度如果发生改变,也就意味着社会的根本性质发生改变,所以,如果社

---

① 辛明.制度论——关于制度哲学的理论建构[M].北京:人民出版社,2005:99.

会的根本性质保持不变，社会处于量变的过程中，那么社会的基本制度就是相对稳定的。作为社会的基本制度的具体表现形式和实现形式的具体制度，有多样性的特点，即一种基本制度可采用多种多样的具体实现形式。随着生产力的不断变化与发展，根据基本制度的要求，可以适时地对不完善、不适应社会的具体制度进行调整和改革。

社会的基本制度需通过许多具体的制度体现出来，才能在社会生活中起到作用。当具体制度不健全，不适应社会发展时，就会影响基本制度作用的发挥，价值目标的实现。邓小平说：党和国家现行的一些具体制度中，还存在不少的弊端，妨碍甚至严重妨碍社会主义优越性的发挥。① 这里的意思就是要不改变基本制度，对具体的制度进行调整。

3. 基本制度与非基本制度的关系

基本制度与非基本制度既有紧密联系又存在一定差别，其具有以下几方面的关系：

首先，基本制度与非基本制度之间有着同向与不同向的关系。反映、体现基本制度原则的具体制度，与基本制度是一致的。例如，在工资薪酬方面，无论实行计件工资还是计时工资，只要认真体现了劳动数量、质量和效益的差别，这样的具体制度与按劳分配的基本制度就是一致的。相反，就与基本制度不一致或不完全一致。例如，在具体的工资制度上，无视劳动的数量、质量和效益的差别，搞平均主义或收入差距过大，这样的具体制度与按劳分配的基本制度就不一致。

基本制度与非基本制度之间存在决定作用与反作用。社会的基本制度是以经济为基础的上层建筑，反映了一定的社会关系，决定了社会的根本性质，而社会的具体制度是基本制度的具体化表现，对社会的根本性质不会起到决定作用。从哲学角度来看，两者之间是内容与形式的关系。因此，社会的基本制度对社会的具体制度有决定作用。但是，社会的具体制度也不是一成不变的，具体制度对社会基本制度具有巨大的反作用。适应基本制度的具体制度，会对基本制度有着重要的作用，在促进基本制度价值目标的实现，巩固和发展基本制度反面起积极的促进作用。反之，就会对基本制度起到消极的阻碍作用，甚至破坏基本制度。例如，我国在改革开放前，实行的是国家经营、集体所有的公有制的制度，在分配方面，吃大锅饭，搞平均主义，干多干少一个样、干好干坏一个样、干与不干一个样。这样的分配形式即具体制度，权、责、利相分离，严重地影响了劳动者的积极性和创造性，影响了生产力的发展，阻碍了社会的发展与技术的进步。改革开放后，对这一制度进行了改革，按照权、责、利结合的原则，在公有制经济的经

① 邓小平文选(第2卷)[M].北京：人民出版社，1994：37.

营管理形式上、分配制度上，采取了一系列适应基本制度的措施，极大地调动了人民群众的积极性，促进了生产的快速发展，技术的进步，使国家的综合国力不断提高，人民的生活水平有了显著的提高和改善。

二、制度分析的层次

制度分析包括五个层面，依照制度的稳定性排列，分别是：制度、制度安排、制度领域、组织、结果或绩效。①

第一层次制度，是指规范、规则、常规、习惯和价值，它们是制度的基本特征，但也只是构成制度分析的一个要素。制度分析认为，规范、规则和习惯等既反映又影响行动者的行为。个体经过社会化而学习规则、习惯和价值，制度为每个行动者提供认知框架，提供了处理复杂问题环境信息，使环境变得可以预见。制度减少了不确定性、协调知识的使用、调和冲突，提供了激励体制。

第二层次制度安排，它指市场、公司等级制、网络、协会和社区。为解决社会和经济过程中的各种问题，如确定价格、生产的产品数量和质量、生产中资金来源等，以及为解决经济和社会行动者之间的立场上的冲突，社会就发展出了各种协调行动者的制度安排。每种制度安排还有更多的亚类，如国家有管制性国家、发展国家、权威国家和福利国家等。在制度分析时，要认识到制度安排的结构特点，也就是说，行动者不是由单一制度安排类型来协调和管制的。当然每个社会都有占主导地位的协调模式，它将影响其他协调模式将会扮演的角色。各种制度安排有自己的逻辑、自己的规制、自己执行和遵从的规则、自己的规范和思想。

第三层次制度领域，制度领域是如金融体制、教育体制、商业体制和研究体制等。制度领域包括社会中所有组织，包括提供服务和产品的组织，以及起协调作用的正式组织。制度领域包括但不限于社会的教育系统、研究系统、商业系统、金融市场、法律系统和国家。所有这些制度领域似乎是相互凝在一起的，但每个制度领域都有某种自主性。他们构成了社会的生产系统。因此，从制度领域层而上来说，当我们做制度分析时，就必须从事结构分析，认识到行为者不是由单一制度安排来协调和管制的。

第四个层次是组织。这是有争议的层次，因为组织和制度的关系问题是制度分析中的关键问题之一。诺斯在制度和组织之间做出了明确的区别。而组织理论家认为，制度规制、规范是与组织结构密切联系在一起的。组织遵从在组织环境中的制度规则和规范，如财务、政治、司法和其他管制规范限制和影响了组织行为的变化和结构。在这个层而的制度分析视野强调组织嵌入其中的规范环境。

① 方卫华．制度多样性与制度分析的层次性[J]．甘肃社会科学，2005(1)．

第五层次各种制度要素的输出和绩效。正是这个层次，制度是更实用和灵活的。例如，在法律领域，有各具特点的法令和条例和法庭规则；在国家领域，有各种政策；在企业领域，有各种新产品、新技术和市场策略。在这个分析层次，制度领域是最开放的和容易变化的。通过社会各种制度要素的输出，我们能够获取社会是如何运行的评价。社会在经济增长率、在经济生产率和在生活质量上是不一样的，当然，所有绩效标准反馈并影响到制度分析的每个层次。不同的制度安排和不同社会生产系统就会有不同的经济绩效，因此，制度分析可以从经济绩效来评价制度安排。

第三节 制度的类型

一、根据制度指向的客体划分

我们在研究中所使用的“制度”，是一个学理上的概念或范畴。现实中存在的不同层次和不同指向的制度现实，需要我们对制度给出一个分类学的说明。在我们对制度做出选择的时候，制度就指向了不同的客体。根据“制度定义”的考察，制度总是会指向“特定主体可能发生的各种行动”。

（一）针对最基本的个人行动者，即日常生活实践中直接参与的有完全资格的、彼此联系的个人

特定制度给定的行为空间，将对所有直接参与的主体，以及可能参与的主体行为产生约束。例如，根据个人行为影响的空间半径设定的制度有以下几种：有协调家庭关系的婚姻法、继承法、未成年人保护法等等；有针对更多成员的复杂组织制度如公司法，行业法规；有国家范围的相关法律；另外在更大范围中有国际法等。

（二）制度指向的第二个客体是更为抽象和更“社会化”的社会角色

斯密曾经论证的促进人类社会进步的分工，是社会角色分化的主要动力。由社会角色分工引发的人际关系和交易行为的复杂程度和网络化程度的提升，要求制度必须能够指向不同社会角色的行为。

（三）制度指向的第三个抽象客体是社会群体（利益集团）

此类指向的制度主要目标在于协调不同社会群体的经济利益和社会权利结构的关系。

（四）制度指向的第四类客体是机构和组织

针对机构和组织的制度一般具有明确的制度化的惯例和程序性。例如公司法或行业法。

（五）制度指向的第五个客体是技术系统

人类社会进步的一个重要动力就是技术进步，而我们的日常生活也逐渐被一种复杂技术系统所支撑。现代生活中，各个领域的物质环境和社会环境的正常运作，都依赖于各种复杂的技术成就和各种职业化的技术系统。这些技术对于普通使用者来说是神秘的、难以理解的，因此需要特定制度指向带有现代技术特征的各类职业技术行为。

（六）制度指向的最抽象的，也是最复杂的客体是社会系统、社会秩序或广义社会行为的总体品质

该类制度一般都采取法律的形式，用以维系社会系统的秩序性、稳定性以及有效性。

以上根据制度指向的行为客体所分析的各类（个人的、类别的、地位的、群体的、商业的、系统的）制度，共同构成了制度系统或一个社会的制度结构。但不管何种类型的制度都根据相同的逻辑在运作：即最重要的是，在所有制度背后都隐藏的最基本的机制——对主体及其行为的约束。另外一个需要指出的问题是，随着社会进步和技术复杂性的提高导致的“社会网络化”结构，需要制度指向在客体上做出必要的延伸。这包括：① 那些关于以上客体及其行为的动机来源也应当成为制度指向的客体。如网络技术导致的网络虚拟社会关系问题，及其对真实社会关系可能造成的影响等。② 由于信息传播方式和手段进步，导致某些“责任机构”的产生。如各种类型的认证机构、标准化机构、考试委员会、社会基金、评审委员会以及各类消费者组织。③ 由于技术进步所引起的客体联合行为。由特定制度规范的客体行为彼此不是独立的，相反，特定客体在不同制度空间下的行为存在着某种系统性联系，这种联系所派生的具有外部性的行为如果不被制度约束，很有可能扩散到更大的空间和范围。

二、根据制度指向的不同领域划分

（一）政治制度

政治制度是指在特定社会中，统治阶级通过组织政权以实现其政治统治的原则和方式的总和。从狭义上讲，政治制度主要指的是政权的组织形式，及政体。政治制度是随着政治现象出现产生的，随着政治的发展而不断变化。例如，在我国封建社会，皇权至上，这一时期的政治制度是君主专制制度。在英国和美国，其政治制度是君主立宪制和民主共和制，还有瑞典比较特殊的委员会制。在我国，人民代表大会制度是我国根本的政治制度。人民行使权力的机关是全国人民代表大会和地方各级人民代表大会。人民代表由民主选举产生，对人民负责，受人民监督。国家机构实行民主集中制原则。行政机关、审判机关、检察机关都由人民代表大会产生，并对它负责，受它监督。此外，中国还实行中国共产

党领导的多党合作和政治协商制度，各民主党派、各人民团体、社会主义劳动者、拥护社会主义的爱国者和拥护祖国统一的爱国者参加的中国人民政治协商会议是广泛的统一战线组织，它保障发挥各民主党派和各界爱国人士的参政议政和民主监督的作用。

（二）经济制度

经济制度是指统治者为了反映在社会中占统治地位的生产关系的发展要求，建立有利于维护统治阶级利益的经济秩序，而形成的一套有关经济问题的制度。经济制度是人类社会发展到一定阶段占主要地位的生产关系的总和。一定社会的经济制度构成这个社会的经济基础，并决定着这一社会的政治制度、法律制度和人们的社会意识等上层建筑。① 公有制为主体，多种所有制经济共同发展是我国基本的经济制度。

（三）法律制度

法律制度是指一个国家或地区所有法律原则和规则的总和。法律以维护统治阶级的利益为目的，法律是全国民意的体现，是国家的统治工具。

（四）分配制度

分配制度是指社会资源以何种方式进行分配的制度。主要有按劳分配、按资分配、按需分配以及多种分配方式并存的分配制度。分配制度与经济制度有着密切联系。经济制度决定分配制度。以中国为例，实行的是公有制为主体，多种所有制共同发展的经济制度，决定着我国的分配制度必须以按劳分配为主体，多种分配方式并存。

（五）生产制度

生产制度是指国家或组织为了维护生产有序进行而制定的一系列规章制度的总称。生产制度是国家或组织发展的保障，生产制度为国家或组织的发展提供安全、稳定的环境。在现实生活中，生产制度通常以具体的规章制度显示出来，如每个公司都有《生产管理制度》。

三、根据制度指向行为的层次划分

根据制度指向的层次划分，可以将制度分为微观制度与宏观制度。微观制度是指针对外部性影响范围较小的私人行为的私权制度体系。宏观制度是指针对政府行为的行政法、财政法以及公法制度体系等。

四、根据制度的约束强度划分

指令性制度，即精确地指示人们应当采取什么行动以实现特定的结果。禁令性制度，指禁止某些难以接受的行为类型。

---

① 列宁选集(第2卷)[M].北京：人民出版社，1972：443.

指令性制度与禁令性制度都能够对人的行为进行协调。在指令性的制度下，主要是通过领导者的计划来实现的，是主动命令人们去干什么，属于强制性秩序状态。而在禁令性的制度下，是靠人们自愿和自发的行动。禁令性制度只是规定人们禁止的行为，而在自身行为与判断上给予了很大的自由空间，属于自发性秩序状态。

五、根据制度指向的群体范围边界划分

（一）内在制度

内在制度指群体内随经验而演化的规则。它包括习惯、内化规则（如心理代价）、习俗和礼貌、正式化内在规则（惯例）。① 内在制度又分为正式的内在制度与非正式的内在制度。非正式的内在制度包括习惯、内化规则（如心理代价）、习俗和礼貌这三类，在这些制度中，接受处罚的方式都是自发的，而不是通过有组织的方式进行的，而正式化内在规则是通过有组织的机制。因此，有组织机制的惩罚还是无组织机制的惩罚，是区分正式的内在制度与非正式制度的重要内容。

内在制度有这样几种典型的类型：

（1）风俗习惯。一般来说，风俗习惯指的是人们在社会生活中长期形成的不易改变的行为、生活方式和生活风尚。风俗习惯是历史地形成的，在一定的环境和条件下，得到人们普遍自觉地遵守，本质上起着社会制度的作用。人们遵守风俗习惯，才能顺利实现人与人之间的交往，才能使自己融入一定的社会群体之中。

（2）道德。道德由风俗习惯而来，是人们在一定社会历史条件下生存规则的反映。道德是人们通过习惯、教育和经验等不同渠道获得的规则，是一种内化为人的规定性的东西。狄慈根说："道德是极其多种多样的、相互矛盾的道德规则的总的概括，这些规则的共同目的在于调整人们对于自己和对于他人的行为方式，使之既注意现在，又注意将来，既要注意自己，又要注意别人，既注意个人，又注意种族。一个单独的人总感到自己有欠缺、不完满、有限制。他需要别人、需要社会来补充，并且为了自己的生存，必须也让别人生存。由这种相互需要而产生的种种顾虑，就是我们所称的道德。"道德是一种内化的规则，违反这种规则，一般来说，其惩罚是心理上的，表现为自我的内疚和他人的谴责。

（3）礼节仪式。简单地说，礼节仪式就是人在社会交往过程中所体现和所遵循的言行谦恭，举止文明等一系列规范。《孟子·告子下》：礼貌未衰，言弗行也，则去之。赵岐注：礼者，接之以礼也；貌者，颜色和顺，有乐贤之容。礼衰，不

① ［德］柯武刚，史漫飞. 制度经济学——社会秩序与公共政策［M］. 韩朝华，译. 北京：商务印书馆 2000：36-37.

敬也;貌衰,不悦也。

(二) 外在制度

外在制度则指由专门机构设计出来并靠政治行动自上而下地强加于社会的规则。内在制度不能防止机会主义行为,且服从渐进的演化过程。一个社会的制度框架必须以演化的内在规则为基础。有意识制定的、立法通过的规则,以及由政治过程决定的制度的整体架构,都必须以内在制度为基础。根据外在制度的内容和目标可以将外在制度分为三种类型:外在行为规则、具有特殊目标的指令、程序性规则或元规则。外在行为规则是指用内在的方式来约束公民的行为,它是由禁令性规则构成,并包含在多数国家的民法、商法和刑法之中。具有特殊目的的禁令,它是指导公共组织或组织的行为,使其造成预定的后果。这种制度主要包含在成文法之中,但在许多国家,它们主要出现在基于更一般的授权法的细则中,它们在知识上有很高的要求,因此它们是指令性的。程序性规则或元规则是针对各类政府组织,指导政府组织的行为。

制度的内在性和外在性的区别与制度的起源有关,制度的正式性和非正式性与实施惩罚的方式有关,即与惩罚究竟是自我实施还是第三方实施有关。

六、根据制度的定义划分

诺斯根据他对制度的定义所提供的制度分类是目前影响较广的一种分类方法。诺斯在《制度、制度变迁和经济绩效》一书中指出,制度分为正式制度和非正式制度。

(一) 正式制度

正式的制度以权力和产权为核心,正式制度是指人们有意识创造的一系列政策法则,包括法律、政治规则、经济制度、公司章程、商业合约等,白纸黑字,清清楚楚。

在现代社会里,正式制度总是和国家权力或组织联系在一起。在国家层面上,法律是正式制度的代表;在社会层面上,各种组织的章程也是正式制度的一种。法律的最高层次是宪法,决定着一个国家的政体;在其之下是一系列的民事法和刑事法,决定着社会的运作规则。根据法律所应用的对象,我们又可以把它们分成政治规则和经济规则。政治规则决定一个政体的等级和决策结构以及对策过程的控制。经济规则定义所有权,即确定人们对其所有物的使用和收入的权利以及放弃或转让这些权利的规则。特别地,对权利转让的规则产生一系列对合同的保护和约束规则、使得人们可以通过诉诸国家保护自己在合同中的利益。例如,政治制度就是相对正式的制度结构,政治制度表现为权力和法律。在社会层面上,组织中的规则章程也是正式制度,组织中的规章制度规定了组织成员的权利与义务,对组织成员的行为加以限制,虽然这些章程不能与国家的法律法规相比，而且其适用范围也非常小，只适用于组织的内部成员，但是，这些组织的规章仍然属于正式制度。违法组织的章程会受到相应的处罚，可见，正式制度对社会组织和治理者的法制化有着重要的作用。

（二）非正式制度

非正式制度是人们在长期交往中无意识形成，并构成历代相传的文化的一部分，主要包括价值信念、伦理规范、风俗习惯、意识形态等，侧重于道德教化和宗教功能，无法用文字描述。非正式制度通常被视为正式制度的补充，非正式制度必须与正式制度相适应。非正式制度是对社会现实的反应，所有的思想观念都来自于现实，指向现实。人们在现实生活中会形成一些自己的思想观念，这些思想观念可以帮助他们做出一些价值判断，指导人们的行为。

诺斯指出，非正式制度来自社会所传达的信息，是我们称之为文化的一个部分。诺斯认为现代社会之所以仍然存在大量的非正式制度，是由于以下原因：① 它们是对正式制度的扩展、丰富和修改；② 它们是社会所认可的行为准则；③ 它们的自我实施特征比正式制度更能节省交易费用。诺斯认为，非正式制度的建立早于正式制度，后者是对前者的不断替代、程式化和加强，非正式制度是正式制度的母体。非正式制度由于其文化特征，对正式制度具有强大的影响作用。这种影响的作用机制如下：① 当新建立的正式制度与非正式制度有效兼容时将极大地促进社会秩序、繁荣和进步；② 当新建立的正式制度与非正式制度不兼容时，将会产生偏离预期的结果，如果正式制度的力量弱于非正式制度的惯性力量，则制度演化的过程可能出现制度锁定；③ 由于非正式制度的文化特征，任何正式制度的建立都存在路径依赖；④ 由于非正式制度的演化特征及其对正式制度的张力效应，制度变迁的过程总体上是渐进演化的。

（三）生态非正式制度

生态非正式制度是指人类在长期的利用生态环境的活动中形成的价值观念、伦理规范、道德观念和风俗习惯以及意识形态等。① 由于其具有更持久的“生命力”，对人类对于生态环境的态度和行为具有深刻的影响，因此探讨生态非正式制度对生态文明建设具有重要的理论和实践意义。生态非正式制度就是一种存在于市场机制与正式制度之外能够保护环境的意识形态或理念的自觉力量。② 生态非正式制度是正式制度的有益补充，也是正式制度有效发挥运行的保障。

---

① 赵茂林，都梅．生态非正式制度：理论、历史、路径[J]．湖北经济学院学报，2014(5)．

② 冒佩华，土宝珠．市场制度与生态逻辑[J]．教学与研究，2014(8)．

七、根据制度之间的从属关系划分

新制度经济学制度分为三个层次：

（1）宪法秩序。它是具有普遍约束力的一套政治、经济、社会、法律的基本规则，是制定规则的规则。宪法秩序就是第一类制度，它规定集体选择条件的基本原则，这些原则是制定规则的规则。① 宪法以类似于权利初始界定的方式，确立国家政治、经济、社会、法律的基本结构，是国家制定和实施一切法律制度的基础，是法律秩序产生的前提。任何立法都必须在宪法所确定的结构提供的可能性范围内进行选择。

（2）制度安排。它是在宪法秩序下约束特定行为模式和关系的规则，它往往是指在特定领域内约束人们行为的一组规则，具体指各种法律和制度。制度安排可能是正式的，也可能是非正式的；可能是暂时的，也可能是永久的。

（3）规则性行为准则。它是源于意识形态的习俗和伦理道德原则，是赋予宪法秩序和制度安排的合法性的基础。意识形态既被看作是一种规范制度，又被看作是一种完整的世界观，由它支配、解释信念并赋予合法性。②

【案例】

河南“平坟运动”

一、推行火葬

在全国实行丧葬改革之前，在我国城市和乡村存在着两种不同的丧葬方式，在城市实行火葬，在乡村实行土葬。为了节约丧葬用地、革除传统习俗中的丧葬陋习，从而促进现代化和精神文明建设，国务院于 1985 年和 1997 年先后颁布了《国务院关于殡葬管理的暂行条例》和《殡葬管理条例》两项法规，指出土葬是落后的、封建的、迷信的、愚昧的，应加以取缔；火葬是进步的、科学的、现代的，要有步骤地推行火葬，由此全国性的殡葬改革开始实行。1986 年 6 月，河南省人大常委会法制委员会向省人民政府提出《河南省殡葬管理暂行办法（草案）》，获得了省人大常委会的通过。1992 年，L 市颁布《L 市殡葬管理办法》，在该办法中，H 镇被划定为火葬区。新的法规对“殡葬改革的目的”、“殡葬管理的方针”、“管理机构”、“法律责任”等作了明确的规定，从此，H 镇的殡葬管理工作可以说是“有法可依”了。

土葬是我国绝大部分乡村地区传统的丧葬习俗，这种丧葬习俗在我国已经有几千年的历史，它是在长期的进化过程中逐渐生成的，尽管这种规则没有明确

---

① ［美］道格拉斯·C. 诺斯. 经济史中的结构与变迁［M］. 陈郁，罗华平，等，译. 上海：上海三联书店、上海人民出版社，1994：225.

② ［美］奥斯特罗姆，等. 制度分析与发展的反思［M］. 上海：上海三联书店，1991：278，384.

的文字规定，但是靠着传统自身的力量却得到了人们自觉地遵从，从古至今大家都是这么做，现在依然应该这么做，这就是人们的思维逻辑，没有人对此提出过质疑。相反，火葬是难以接受的，他们依然觉得还是“入土为安”好，“入土为安”反映了活着的人对死者的安慰，这不仅是几千年来的一种习惯，更重要的是人们对自己亲人在内心的留存。如果对死者进行火葬就会在人们心中留下一种遗憾：烧去了对死者的情感。在实地访谈中，该镇的乡民告诉我：“火葬在市里才时兴，在俺农村火葬啥呀，火葬怪麻烦！人死在家里了，还要大老远拉到市里火葬，火葬完了骨灰再拉回来，图啥呀！俺这交通不方便，人死了，没车没啥的，也不好往火葬场拉。再说了，人都死了，还要一把火把他烧成灰，不忍心呀！我看土葬怪好，人死在家里了，拉到俺村的山上埋了，怪省事，逢年过节了去坟上看看，也怪近。”

当地群众被告知要摒弃多年来实行的土葬传统，转而对死者实行火葬时，很多群众表现出了不满和不理解。火葬对他们来说是难以接受的，这不仅有心理上的原因，同时还有物质上的原因。在物质上，传统的土葬对他们来说也没有给他们带来多大的经济压力，家庭经济条件不好的，可以简单操办，家庭经济条件好的，可是适当讲场面。但是要按照国家法律火葬，所花的费用要远远大于土葬的费用，火葬对一般的农民家庭来说是一笔不小的开支。

由于乡村群众对火葬的不认同，同时，他们又知道如果公然违背法律规定实行土葬肯定是要被法律惩罚的，情急之下，有群众便想出了“偷埋”。在该镇的村干部的得知有“偷埋”现象时，他们立即出台了这样一种奖惩措施——举报一桩“偷埋”事件奖励200元，发现“偷埋”行为罚款2000元。但是效果似乎不佳，该镇并没有出现举报事件。谁是“偷埋”行动的第一个执行者我们不得而知，当得知有“偷埋”这一现象时，“偷埋”已成为该镇村民并不陌生的词语了。乔治·霍曼斯在其著作《人类群体》中指出了一个世界上最为普通的规范，即如果有人为我做了点好事，我就必须也为他做大致相当的一点事作为回报。最不能容忍的行为是“来而无往”，或“只进不出”，当不能指望法律和法院来阻止这种隐身契约下的机会主义行为的时候，私人惩罚就要发挥它传统的社会控制功能。议论、指责、冷漠、断绝交往甚至驱逐就是对付这种机会主义行为的常规且有效的惩罚方式。这样的惩罚方式在“熟人社会”无疑会非常奏效。这便促成了“偷埋”的普遍化。

在基层政府采取了奖惩措施依旧难以根除“偷埋”事件时，基层政府表现出了另一种姿态，即村干部也加入了“偷埋”的队伍。村干部是以农民身份从事干部工作的管理者，具有非官非农、亦官亦民的特点。村干部的双重身份则带来村干部的双重角色，即村干部既是农民利益的代表着，又是国家利益和政治要求的代理人。他们的意愿、心里和要求更接近一般农民。当某项政策和措施在国家和农民之间发生利益冲突时，他们更容易站在农民一边，从而使他们成为农民利益的代表；同时村干部作为农村基层自治组织的负责人，又使他们不得不成为国家利益的体现者。正是这种双重身份和双重角色，使得村干部常常陷入欲做不忍、不做不行的境界，引起很大的心灵困惑与角色冲突。正是因为村干部存在着角色冲突，很容易造成他们立场不坚定，一旦他们的势力倒向普通群众这一边，则很容易使国家利益在基层落空、正是制度在基层社会失去应有的威力。

由此可以看出，在乡村社会传统习俗等非正式制度的约束下，乡村群众的实际行动与国家法律法规等正式制度发生了直接的冲突，这种冲突的出现在某种程度上也就意味着乡村社会的无序。

（李真真．正式制度和非正式制度的冲突与融合——以河南省H镇的违规土葬为例[J]．内蒙古农业大学学报（社会科学版），2011(5)：280-282，285．）

二、平坟运动

2012年5月底到6月初，河南省周口市试点平坟复耕工作，商水县成为全市殡葬改革试点县，朱集村成为商水县殡葬改革试点村。

周口市委、市政府把深化殡葬改革作为一项民心工程来抓，做到了“四个覆盖、一个过半”，即惠民政策全覆盖、遗体火化全覆盖、公益性公墓全覆盖、平坟复耕全覆盖，平坟复耕任务过半。

朱伟在商水县练集镇朱集村当了20多年的党支部书记，先后获得“全国劳动模范”、“全国优秀共产党员”、“河南省十大农民标兵”等荣誉称号。5月下旬，他提出，推进平坟复耕，村支书要带头，村委会成员、村民小组长、党员都要带头。

为发挥典型带动作用，镇上为朱伟提供了一台挖掘机，他叫上村里的十来个壮劳力，先从自家的坟头平起，一口气平了大大小小30多座坟头。第二天傍晚召集群众开会：“我家坟头平了，大家也要跟上。”就这样，干部带了头，全村总动员，该村1000多座坟全部迁入公墓，腾出十多亩良田。

朱集村与村支书朱伟，成为平坟运动中的典型。民间开始流传一句话：周口平坟看商水，商水平坟看练集，练集平坟看朱集，朱集平坟看朱伟。

2013年，朱伟当选十二届全国人大代表。

朱集村是商水县殡葬改革的一个缩影。截至7月10日，全县火化率实现100％，彻底平掉坟头20237座，实现试点区域内20.5公里、主干道沿线6万亩粮田内无坟头。

按照最初的计划，周口将在三年内完成平坟任务，今年完成20％、2013年完成50％、2014年全部完成。强力推进下，任务进度超过原计划——11月，全市过半坟头已被推平。

在周口市扶沟县的平坟实施方案中，基层干部被要求“全面动员、全民参与、迅速行动、强力推进”，“一天一督导、三天一通报、一周一排序”，按照时间表，10月底前该县各级党员干部、财供人员带头平坟，11月底前实现“全县境内无坟头”。方案要求，副科级以上干部必须在七天内平掉自家坟头，凭乡村两级出具的证明才可回单位上班，不执行者将被“采取组织措施”。至于企事业单位及人员，如果平坟不力，可能会受到取消文明单位、取消个人一切评优晋升的处分，还有可能在电视台被曝光。

原打算三年完成平坟目标，到11月，全市350多万座坟头已平迁234.6万座，完成总任务的70%，恢复耕地近3万亩。

“要平坟，就得先给坟里的‘人’找个地儿，而找地儿就得建设公益性墓地。”一位民政系统的资深人士告诉记者，殡葬改革的核心问题在于回归公益。如果没有公益性，殡葬改革永远干不好。各级政府拿钱建设公益性墓地和骨灰堂，建立市、县、乡、村四级网络，这也是殡葬设施建设中最重要的环节。

周口市民政局有关人员以公益性公墓建设举例说，全市有3个国家级贫困县、2个省级贫困县，人口1200多万人，按照6‰的死亡率计算，每年约有7万人死亡，政府需要投入5000万元，公益性公墓建设更是需要1亿元至2亿元，负担很重。

就在2012年11月17日，国务院决定将《殡葬管理条例》第二十条修改为：“将应当火化的遗体土葬，或者在公墓和农村的公益性墓地以外的其他地方埋葬遗体、建造坟墓的，由民政部门责令限期改正。”删除了原有的“拒不改正的，可以强制执行”，表明周口平坟运动违法！

颇受争议的河南周口平坟历时数月，200余万坟头被平掉。可如今，至少半数被平掉的坟墓一夜间被圆起。国家出台新规，2013年起民政部门不能再强制平坟，一夜之间恢复的百万座坟墓，无疑是摆在周口市政府面前的一块烫手山芋。

根据周口官方公布的数据，截至2012年7月，整个周口市建成了3132座农村公益性公墓，商水县有250座。据调查，葬入公墓，要价500到几千元不等。在扶沟县练寺镇，“天堂静园”墓地要价高达3000元。整个商水县，最多时250座公墓，目前埋葬人数超过20人的公墓，不超过10家。

这些公墓，大多是在耕地上建设，建而不用，这在人均耕地面积仅为一亩的周口显得奢侈。

（河南“平坟运动”引发法与情之纠结[N]. 法治周末，2012-11-21）

思考题

请从制度结构角度分析河南平坟运动。

第九章 制 度 设 计

制度是规范和约束人类行为的准则，它的生成是一个动态的无意识的自发演进和有意识的人为设计的双向演进统一过程。人类祈望生活在一种美好的制度环境下，尽享制度的福祉安排，但即使不考虑无意识的制度自发演进过程，制度设计也不是行为主体随心所欲的自我意志的产物。

第一节 制度设计的概念

一、制度设计的定义

制度设计作为一个新概念在一些制度主义的文献中有所涉及。Gualini 曾经定义过制度设计，他将专门与基于设计理性的有意识的制度创新相联系的制度设计与非意识的制度生成和制度变迁过程中体现路径依赖的制度建设相区分。Alexander 对制度设计也作了定义，他认为制度指的是“能够使动或约束行为，并能让行动与所秉持的价值要求相一致且达到预定的目标或者完成所分派的任务的规则、流程和组织架构的实现与规划”，即制度设计可以涵盖社会思想与行动的各个领域，它包括立法、决策、规划以及项目的设计与实施。除了一些西方学者之外，中国一些学者在他们的从社会转型制度设计到薪酬制度设计相关文献中谈到的制度设计也多是从这个定义出发。制度设计多应用于正式制度的创立和实现的文献中，如宪法、法律、规定、规划和行动项目研究等，而大多不涉及非正式的制度和自然生成的制度问题的探讨。①

二、制度设计的特点

制度设计论认为，制度的生成方式是种自觉的即有意识的创制方式②，即指社会行为主体为了满足自身需要及其社会的需要而有目的、有计划地创设制度规范，通过人为设计、创制来获取制度。

制度设计论的代表人物康芒斯认为，制度即各种规则是“集体行为控制个体行动”的手段和工具，意味着他认为人类社会制度是某种集体的有目的的建构，

---

① 刘岚. 制度设计与制度绩效[D]. 上海：复旦大学硕士论文，2009.

② 陈纯仁. 社会主义制度文明建设论[M]. 北京：中国社会出版社，2006：16.

体现了制度设计论的倾向。制度设计论的另一个代表人物诺斯，他在其著作《经济史中的结构与变迁》中指出，制度是一系列被制定出来的规则、守法秩序和行为道德、伦理规范，它旨在约束主体福利或效应最大化利益的个人行为。① 理性选择制度主义也普遍认为制度是创设的，是从头开始的，即设计过程所取得的结果取决于制度中的激励和限制的性质，其中制度的历史很少或不会有什么影响，而新设计的激励模式却很容易带来行为的改变。

三、制度设计的目标

制度的制定不仅要有设计的目标，而且这个目标必须明确，不应该有其他因素干扰。目标一经确立之后，就要心无旁骛，集中精力，勇往直前，目标就会完成。即制度要有针对性，有针对性的制度与制度执行的强弱有着至关重要的联系。制度在其设计时就要明确其目的，需要解决的问题，并且明确指出规范的程度。

从前，有一个小和尚在一座名刹担任撞钟之职，按照寺院的规定，他每天在早上及黄昏时必须撞一次钟，半年下来，感觉非常简单、非常无聊。做一天和尚，撞一天钟吧。一天，寺院住持宣布要将他调到后院劈柴挑水，原因是他不能胜任撞钟之职。小和尚觉得奇怪，就问住持："难道我撞的钟不准时、不响亮？"住持告诉他："你的钟撞得很响，但钟声空泛、疲软，因为你心中没有理解撞钟的意义。钟声不仅仅是寺里作息的准绳，更为重要的是要唤醒沉迷众生。因此，钟声不仅要洪亮，还要圆润、浑厚、深沉、悠远。一个人心中无钟，即是无佛；如果不虔诚，怎能担当撞钟之职呢？"小和尚听后，面有愧色。自后潜心修炼，成为一代名僧。

从上面这个小故事我们可以看出：小和尚没能将钟撞好，被住持换去劈柴挑水，似乎在情理之中。但仔细想一下，小和尚没能撞好钟，除了他本身存在一定的个人因素外，大多数的责任不能由小和尚承担，而应该由寺院主管来承担。试想一下，小和尚刚入职的时候，如果寺院主管告诉他撞钟的重要意义，或者在小和尚撞钟的过程中，及时指出小和尚撞钟存在的问题，小和尚撞钟的结果可能会不一样，至少也不至于撞了半年钟而莫名其妙地调换工作。

四、制度设计的要求

人类希望生活在美好制度的环境下，尽享制度的美好安排。尽管制度设计论者认为制度是设计的结果，体现了人为的因素，但也不是行为主体随心所欲的自我意识的产物，它需要遵循一定的要求。

---

① [美]R. 科斯，A. 阿尔钦，D. 诺斯，等. 财产权利与制度变迁——产权学派与新制度学派译文集[M]. 刘守英，等，译. 上海：上海三联书店、上海人民出版社，1994：225-226.

制度设计要考虑制度及其制度效力的整体性。制度设计的内容首先应包括拟构建制度的目的、方向、部门和岗位位置、人员构成、权责系统等。其次包括组织成员的基本关系及其性质、角色要求和行为要求、制度效率、效果及制度作用力的实际要求等。这些要求都与制度设计的特点密切相关。制度设计的目的不仅要求把人们结合成一个组织。而且要求人们结成的组织在制度效率的高低、制度效果的好坏、制度作用力的强弱等方面具有较理想的制度效力。如果达不到这个结果,制度设计就是不成功的。①

制度设计不能简单地照搬和移植。制度移植是指制度从一个国家或地区向另一个国家或地区的推广或引入。制度移植可以降低制度设计的成本,但制度移植必须要考虑被移植国的制度环境。所谓制度环境,是指一系列用来建立生产、交换与分配基础的政治、社会和法律的基础规则。制度环境是一国最基本的制度规定,它决定并影响着其他的制度安排。要想使移植过来的制度实现其应有的功能,就必须要根据本国的实际情况做出适应性的调整。制度规范都是植根于一定的文化土壤基础之上的,如果离开了适合生长的文化土壤就很难存活了。如同孟德斯鸠在《论法的精神》中谈到的法是有精神的,即万事万物都有自己的法,法是由事物的性质产生出来的必然联系。每个国家的政治法规和民事法规,它们各自是人类理性适用于个别的特定场合或情况的结果。因此,各国的人为法只能适用于那个国家自己的人民。一国的法律能够适用于他国的人民是一种例外。

制度设计要与当时的意识形态建设相结合。意识形态可以被定义为关于任何个人或群体的“信念体系”、“价值体系”或者是“价值观”、“道德观念”等。通过意识形态建设可降低机会主义行为的发生概率。道德激励对人的内在具有约束力,把制度设计与道德激励相结合,进而把对恶的防范惩罚与对善的追求相结合,防止政治权力的滥用与异化,最大限度的维护公共利益以及人民的权益。制度设计也应考虑个人利益与集体利益间的利益衡量。因此,制度设计又是在个体选择与集体行动的博弈均衡中展开的,体现了公平与价值的追求。所以,制度建设应与意识形态建设并重,大力提倡道德、诚信等规范,创造良好的舆论氛围和文化环境,借此提高人们的道德水平,这对有效约束被管理者的机会主义行为具有重要的意义。

---

① 彭和平.制度学概论[M].北京:国家行政学院出版社,2015:341.

第二节 制度设计的主体

一切制度设计活动都与制度设计主体紧密相连。在对制度设计进行研究时，必然要回答哪些人有权来进行制度设计，即制度设计的主体包括哪些，以及制度设计主体之间的利益又该如何衡量的问题。

一、专门机构和人员

制度设计属于一个国家或一个组织的顶层设计。制度设计主体一般指各种有权参与或实际上参与制度设计活动的机关、组织和人员。以立法主体为例，根据不同的标准对立法主体可以进行不同的划分。而以立法主体的性质为依据，立法主体划分为国家机关、其他社会组织或者团体、个人、主权享有者。

作为立法主体的国家机关主要包括三类：具有代表性质的代议机关，如我国的人民代表大会和西方国家的议会，立法是代议机关的主要职责；行政机关，即政府，其以行政管理为主要职能；司法机关，以司法为其主要职能。国家机关是正式、主要的立法主体，代议机关和行政机关在当代立法活动中发挥着重要的作用，而其他立法主体一般只能通过国家机关才能实现自己的立法目的。

其他社会组织或团体作为立法主体，虽然无法像立法机关那样承担广泛、直接、具体的立法工作，但是它们却能够引导、制约，甚至支配立法活动，从而使自身在立法的决策和运行过程中发挥重要作用。这些立法主体一般不具有法定立法权，不能直接参与立法，它们多是在幕后对立法的策划和决策产生重要影响。如果说代议机关是立法活动的主角，那么社会组织中的执政党则是立法活动的编剧和导演。

个人要成为立法主体必须以一定的身份或名义为前提条件，而这种身份和名义通常与国家机关和其他社会组织相关联，离开了特定的身份和名义，个人是无法对立法发挥作用的。如我国的人大代表、国外的议员，以及国家元首都是以人民代表、国家机关的代表、国家的象征等身份和名义对立法发挥重要作用的。在实践中，还存在大量法学家对立法发挥作用的情形，这除了是因为法学家自身具备立法专长外，更重要的是由于国家机关、社会组织对于他们的认可，并且给予他们在立法中发挥自身专长的机会。

主权享有者是以对国家政权拥有最终权力的主权者的名义存在的立法主体。主要是指作为整体的公民，以及国家法中作为整体的国家。一般来说，主权享有者在立法中发挥的作用的直接程度远不如国家机关和其他社会组织及团体。

对于现代立法而言，其不是某一个立法主体可以孤立完成的，而是需要在一定的机关、组织、人员的主持下，在诸多种类立法主体的参与下共同完成的。在立法实践中，有的立法是由专门的立法机关、人员参加的；有的立法则将范围扩大至相关部门、人员；有的立法还邀请有关方面参加；有的立法则是全民共同参与的。可以说，现代立法的立法主体范围非常广泛。在我国，立法是以反映人民共同意志为其根本目的，全体人民都有权利和义务在不同程度上参与立法活动。①

二、主体的利益冲突

任何人都是自身利益最大化的角逐者，制度设计主体也不例外。制度设计时，需要注意制度设计主体的利益集团。因为，一般情况下，不同的利益或预期，考虑问题的角度不同，将导致制度设计的参与者采取不同的行动，从而产生不同的决策结果。

（一）不同利益主体间的冲突

强者制定的规则注定会忽略弱者的利益，更何况任何公平的规则在不公平的解释下，就会失去其公平的本质。更深层次意思是指，制度的制定对于执行力会产生非常重要的作用，在制度的设计安排上一定要合理、合法，得到大多数人的认可才能够保证执行的顺畅。因为制度要能够在实际中操作和落实，从而对人们行为进行引导和规范。如果制度的执行遇到了问题，首先需要考虑的是制度设计是否合理。

（二）特权对制度设计的干扰

人人都是自身利益最大化的角逐者，特权会给其一切可以利用的机会。因此，制度之外不应存在特权，否则便破坏了制度的一致性和严肃性，也会让人们产生心理上的失衡。这样制度便失去了其权威性。制度应该被不折不扣地贯彻和执行，所有的人都必须严格遵守，而不应该有凌驾于制度上的特殊人物。

（三）主体利益的博弈

一般情况下，不同的利益或预期将导致制度设计的参与者采取不同的行动，从而产生不同的决策结果。制度设计的过程中，进行组织决策时，如何能够确保某种结果的出现，这是制度设计者非常感兴趣的内容。而影响这些结果出现的首要因素是参与人的利益和偏好。这对设计者来说是既定事实，制度设计者对此也有改变的余地。此时，就会出现两者之间的博弈。美国学者韦默在《制度设计》一书谈到了重复博弈理论，指出制度设计的参与人发现自己不处于均衡时，将继续寻找更优的行动，那么，维持标准博弈理论的如下假设似乎是恰当的：在一个稳定的组织中，参与人的行为将与某个均衡相吻合。重复博弈理论的分析

① 魏海军.立法概述[M].沈阳：东北大学出版社，2014：111.

有助于阐明参与人达到某个均衡的过程，更重要的是当博弈的条件以无法预料的方式变化，或者在博弈的过程中出现了参与人从未处理过的情况，均衡将会如何变化。此类信息有助于设计者考虑各种可能的制定安排的稳定性。①

制度设计者可以运用博弈理论了解是什么促使参与者合作，一起有条不紊的工作，甚至在没有监督的状态下，也能按照对既定目标有利的方式行事。

第三节 制度设计与生效的过程

制度设计与生效的过程都有着一套严格的程序要求。由于在日常生活中，“制度”不仅在语义上是多元的、模糊的，在使用上也是混乱的。而绝大多数行为规则都是法定的，而且法律成了现代社会制度的最高和最主要形态，所以在此“制度”与“法律”并未作严格的区分，制度设计与生效的过程就是法律制度的设计与生效过程。

《中华人民共和国立法法》对全国人民代表大会法律制定的程序和全国人民代表大会常务委员会法律制定的程序进行了基本的规定。全国人民代表大会及其常务委员会的立法程序主要有以下四个方面：法律案的提出、法律案的审议、法律草案的表决和通过、法律的公布。行政法规、地方性法规、国务院部门规章和地方政府规章的制定程序，一般是参照全国人民代表大会和全国人民代表大会常务委员会法律制定的程序。②

一、制度设计的提出

（一）法律案的提出

提出法律案（又称立法议案），是立法程序的开始。法律案是指依法享有法律议案提案权的机关或个人向立法机关提出的关于制定、修改、废止某项法律的正式提案。法律案一经提出，立法机关就要列入议事日程，进行正式审议和讨论。

法律案与法律草案不同。《中华人民共和国立法法》第四十八条规定，提出法律案应当同时提出法律草案文本及其说明。但在法律实践上，法律案是指有关立法的建议，内容一般比较概括，但也可以比较具体；可以只提立法主旨和理由，也可以附有法律草案。法律草案内容比较具体、系统、完整。提出法律议案时是否附法律草案由提案人自主决定。如果提案人不附法律草案，一般由立法机关的有关部门委托一定的机关或个人起草法律草案，也可以组织专门的人员

① 戴维·L.韦默.制度设计[M].费方域，朱宝钦，译，上海：上海财经大学出版社，2004：90.

② 高其才.法理学[M].北京：清华大学出版社，2015：278.

负责起草法律草案。

向全国人大提出法律案的方式有两种：① 在全国人大会议期间直接向大会提出，这是极少数；② 在全国人大闭会期间向常委会提出，经由常委会审议后，再由常委会向全国人大会议提出，这是绝大多数。[①]

提出法律案的关键是谁享有法律案的提案权。在我国，根据宪法和法律的规定，享有向最高国家权力机关提出法律案提案权的有：

1. 有权向全国人大提出法律案的主体

全国人大主席团、全国人大常委会、国务院、中央军委、最高人民法院、最高人民检察院、全国人大各专门委员会，以及一个代表团或者三十名以上代表联名。国家机关提出的法律案，直接由主席团决定列入会议议程。代表团或者代表联名提出的法律案，由主席团决定是否列入会议议程，或者先交有关的专门委员会审议、提出是否列入会议议程的意见，再决定是否列入会议议程。

立法法规定，向全国人大提出的法律案，在全国人大闭会期间，可以先向全国人大常委会提出，经常委会会议审议后，决定提请全国人大审议。例如，2015年的《中华人民共和国立法法修正案》，在提交大会审议前，已经全国人大常委会两次审议，再由全国人大常委会决定将这一法律案提交大会审议。

2. 有权向全国人大常委会提出法律案的主体

委员长会议、国务院、中央军委、最高人民法院、最高人民检察院、全国人大各专门委员会，以及常委会组成人员十人以上联名。委员长会议提出的法律案，可直接列入常委会会议议程；委员长会议之外的提案人提出的法律案，由委员长会议决定列入常委会会议议程，或者先交有关的专门委员会审议提出报告，再决定列入常委会会议议程。

提出法律议案的单位要根据每届的常委会立法规划和每年的常委会立法工作计划确定的立法项目，提出有关法律案。全国人大常委会立法规划编制工作始于七届全国人大常委会。从八届全国人大常委会开始，每届届初都编制本届常委会立法规划。五年立法规划和年度立法工作计划的编制，对于增强立法工作的计划性以及推进重点立法项目的进程起到了重要作用。[②]

（二）行政法规的立项

国务院于每年年初编制本年度的立法工作计划。国务院有关部门认为需要制定行政法规的，应当于每年年初编制国务院年度立法工作计划前，向国务院报请立项。

---

① 印荣. 法理学[M]. 北京：中国政法大学出版社，2008：87.

② 乔晓阳.《中华人民共和国立法法》导读与释义[M]. 北京：中国民主法制出版社，2015：25.

国务院有关部门报送的行政法规立项申请，应当说明立法项目所要解决的主要问题、依据的方针政策和拟确立的主要制度。国务院法制机构应当根据国家总体工作部署对部门报送的行政法规立项申请汇总研究，突出重点，统筹兼顾。拟订国务院年度立法工作计划，报国务院审批。

列入国务院年度立法工作计划的行政法规项目应当符合下列要求：① 适应改革、发展、稳定的需要；② 有关的改革实践经验基本成熟；③ 所要解决的问题属于国务院职权范围并需要国务院制定行政法规的事项。[①]

（三）部门规章的立项

2001 年 11 月 16 日，国务院公布了《规章制定程序条例》（以下简称《条例》）。部门规章提出：无论是制定国务院部门规章还是制定地方政府规章，都需要履行立项程序。根据《条例》的规定，立项程序的内容包括：

其一，国务院部门内设机构或其他机构认为需要制定部门规章的，应当向该部门报请立项。省、自治区、直辖市和较大的市的人民政府所属工作部门或者下级人民政府认为需要制定地方政府规章的，应当向该省、自治区、直辖市或者较大的市的人民政府报请立项。

其二，报送制定规章的立项申请，应当对制定规章的必要性、所要解决的主要问题、拟确立的主要制度等做出说明。

其三，国务院部门法制机构，省、自治区、直辖市和较大的市的人民政府法制机构（以下简称法制机构），应当对制定规章的立项申请进行汇总研究，拟订本部门、本级人民政府年度规章制定工作计划，报本部门、本级人民政府批准后执行。年度规章制定工作计划应当明确规章的名称、起草单位、完成时间等。

其四，国务院部门，省、自治区、直辖市和较大的市的人民政府，应当加强对执行年度规章制定工作计划的领导。对列入年度规章制定工作计划的项目，承担起草工作的单位应当抓紧工作，按照要求上报本部门或本级人民政府决定。年度规章制定工作计划在执行中，可以根据实际情况予以调整，对拟增加的规章项目应当进行补充论证。

虽然《中华人民共和国立法法》有效规范了地方立法行为，但在立法程序方面只规定了中央权力机关的立法程序，而对地方立法，特别是地方性法规的立法程序则没有具体规定。

二、起草

（一）法律草案的起草

根据立法法规定，全国人民代表大会各专门委员会可以向全国人民代表大

---

① 杜睿哲. 行政法与行政诉讼法[M]. 上海：华中科技大学出版社，2013：150.

会提出法律案；委员长会议可以向常务委员会提出法律案；各专门委员会可以向常务委员会提出法律案。实践中，委员长会议提请审议的法律案一般由全国人大常委会工作机构承担具体起草工作。修改前的立法法只对提案主体作出规定，没有对专门委员会、常委会工作机构如何开展法律草案起草工作作出规定。根据2015年3月15日第十二届全国人民代表大会第三次会议《关于修改〈中华人民共和国立法法〉的决定》修正，立法法增加了这一方面的规定。

1. 提前参与

对于国务院、中央军委、最高人民法院、最高人民检察院等方面牵头起草的法律草案，全国人大有关专门委员会、常委会工作机构应当提前参与有关方面的法律草案起草工作。全国人大各专门委员会、常委会工作机构各自牵头起草的法律草案，相互之间也应当互相参与。这样可以提前介入调研和起草工作，及时了解各方诉求和分歧所在，对重大分歧问题及时协调处理，理顺各部门、各环节之间的关系，避免起草前期沟通不够，有利于提请全国人大或其常委会审议后各项工作的顺利进行。

2. 组织起草

对于综合性、全局性、基础性的重要法律草案，可以由有关的专门委员会或者常委会工作机构组织起草。这一规定是以党的十八届四中全会决定提出的举措为基础的。应当注意，这一规定并不是限制全国人大专门委员会、常委会工作机构的起草范围。相反，这一规定恰恰是强调了全国人大专门委员会、常委会工作机构应该特别注重起草具有综合性、全局性、基础性等重要法律草案。对于其他法律草案，全国人大专门委员会、常委会工作机构也可以组织起草。目前，刑事、民事、国家机构等方面的法律，通常由全国人大常委会法制工作委员会起草。

专门委员会起草法律草案后，一般由其提出法律案并提请审议，由该委员会负责人作草案说明。由于全国人大专门委员会是宪法、法律规定的议案提出主体，既可以牵头组织起草法律草案，又可以直接提请全国人大或其常委会审议法律草案。常委会工作机构起草法律草案后，由委员长会议提出法律案并提请审议，由工作机构负责人受委员长会议委托作说明。工作委员会只是组织起草，并不是议案提出主体。常委会工作机构也可以受常委会委托，起草法律草案，由常委会向大会提出法律案，由一位委员长会议组成人员作说明。

此外，《中华人民共和国立法法》第五十三条第二款规定了专家参与起草的内容，即专业性较强的法律草案，可以吸收相关领域的专家参与起草工作，或者委托有关专家、教学科研单位、社会组织起草。可见，专家参与起草有两种形式：一是人大有关委员会和工作机构吸收专家参与起草工作。实践中，无论是专门委员会还是常委会工作机构，有的专家甚至与立法工作人员一起搭班子，直接参与承担具体的起草工作。二是委托有关专家学者、教学科研单位和社会组织起草。承担起草工作的机构可以根据该立法项目的具体情况，确定委托对象，可以委托一位或多位专家学者，或者成立专家起草组，如民法典起草过程中曾委托九位学者专家组成民法起草工作小组；也可以委托教学科研单位，如高校、研究机构；还可以委托行业协会等社会组织。如广东省人大常委会决定把信访条例草案起草工作委托中山大学、暨南大学、广东外语外贸大学三个立法咨询服务基地分别独立起草。①

3. 规章的起草

规章的起草程序，是条例所规定的制定规章程序的重要内容之一。其一，部门规章由国务院部门组织起草，地方政府规章由省、自治区、直辖市和较大的市的人民政府组织起草。国务院部门可以确定规章由其一个或几个内设机构或其他机构具体负责起草工作，也可以确定由其法制机构起草或组织起草。省、自治区、直辖市和较大的市的人民政府可以确定规章由其一个部门或几个部门具体负责起草工作，也可以确定由其法制机构起草或组织起草。起草规章可以邀请有关专家、组织参加，也可以委托有关专家、组织起草。其二，起草规章，应当深入调查研究，总结实践经验，广泛听取有关机关、组织和公民的意见。听取意见可以采取书面征求意见、座谈会、论证会、听证会等多种形式。其三，起草的规章直接涉及公民、法人或其他组织切身利益，有关机关、组织或公民对其有重大意见分歧的，应当向社会公布，征求社会各界的意见；起草单位也可以举行听证会。听证会依照下列程序组织：① 听证会公开举行，起草单位应当在举行听证会的30日前公布听证会的时间、地点和内容；② 参加听证会的有关机关、组织和公民对起草的规章，有权提问和发表意见；③ 听证会应当制作笔录，如实记录发言人的主要观点和理由；④ 起草单位应当认真研究听证会反映的各种意见，起草的规章在报送审查时，应当说明对听证会意见的处理情况及其理由。其四，起草部门规章，涉及国务院其他部门的职责或与国务院其他部门关系紧密的，起草单位应当充分征求国务院其他部门的意见。起草地方政府规章，涉及本级人民政府其他部门的职责或与其他部门关系紧密的，起草单位应当充分征求其他部门的意见。起草单位与其他部门有不同意见的，应当充分协商；经过充分协商不能取得一致意见的，起草单位应当在上报规章草案送审稿时说明情况和理由。其五，起草单位应当将规章送审稿及其说明、对规章送审稿主要问题的不同意见和其他有关材料按规定报送审查。报送审查的规章送审稿，应当由起草单位主要负责人签署；几个起草单位共同起草的规章送审稿，应当由该几个起草单位主

① 武增. 中华人民共和国立法法解读[M]. 北京：中国法制出版社，2015：201.

要负责人共同签署。规章送审稿的说明应当对制定规章的必要性、规定的主要措施、有关方面的意见等情况做出说明。有关材料主要包括汇总的意见、听证会笔录、调研报告、国内外有关立法资料等。

三、审议

（一）全国人民代表大会审议法律案的程序

一是在会议举行前一个月将法律草案发给代表；二是在大会全体会议上听取提案人作关于法律草案的说明；三是各代表团全体会议或小组会议对法律草案进行审议；四是法律委员会根据各代表团的审议意见，对法律案进行统一审议。涉及某一领域的单行法律案，还要由有关专门委员会对法律草案进行审议，提出审议意见，再由法律委员会统一审议。

全国人大审议法律案，一般经过一次会议审议后即交付表决。法律案在审议中有重大问题需要进一步研究的，经主席团提出，由大会全体会议决定，可以授权常委会进一步审议做出决定，并将决定情况向全国人大下次会议报告；也可以授权常委会根据代表的意见进一步审议，提出修改方案，提请全国人大下次会议审议决定。

（二）全国人大常委会审议法律案的基本程序

一是在常委会会议举行的七日前将法律草案发给常委会组成人员；二是在常委会全体会议上听取提案人作关于法律草案的说明；三是常委会分组会议对法律草案进行审议，在此基础上，必要时可以召开联组会议进行审议；四是有关专门委员会对法律草案进行审议，提出审议意见，然后由法律委员会统一审议。

（三）关于三审制

立法法规定，列入常委会会议议程的法律案，一般应当经三次常委会会议审议后再交付表决。实践证明，实行三审制，对于充分发扬民主，保证常委会组成人员有充分的时间对法律案进行深入审议，提高立法质量，十分重要。

（四）关于广泛听取各方面意见的制度

在立法过程中，除了人大代表和常委会组成人员参加审议讨论、提出意见外，还要认真广泛听取各个方面的意见。立法法总结实践经验，对此作了比较全面的规定。主要包括：书面征求意见、座谈会、论证会、听证会、向社会公布法律草案公开征求意见等。书面征求意见是立法过程中的必经程序。法律草案提交常委会会议审议后，由法制工作委员会向各地方、各部门和有关研究机构、院校发函征求意见。①

《规章制定程序条例》规章的审查程序，是条例所规定的制定规章程序的又

① 乔晓阳.中华人民共和国立法法导读与释义[M].北京：中国民主法制出版社，2015：27.

一项重要的内容。根据条例的规定：

其一，规章送审稿由法制机构负责统一审查。法制机构主要从以下方面对送审稿进行审查：① 是否符合本条例所规定的基本原则和要求；② 是否与有关规章协调、衔接；③ 是否正确处理有关机关、组织和公民对规章送审稿主要问题的意见；④ 是否符合立法技术要求；⑤ 需要审查的其他内容。

其二，规章送审稿有下列情形之一的，法制机构可以缓办或退回起草单位：① 制定规章的基本条件尚不成熟的；② 有关机构或部门对规章送审稿规定的主要制度存在较大争议，起草单位未与有关机构或部门协商的；③ 上报送审稿不符合本条例规定的送审稿的要求的。

其三，法制机构应当将规章送审稿或规章送审稿涉及的主要问题发送有关机关、组织和专家征求意见。

其四，法制机构应当就规章送审稿涉及的主要问题，深入基层进行实地调查研究，听取基层有关机关、组织和公民的意见。

其五，规章送审稿涉及重大问题的，法制机构应当召开由有关单位、专家参加的座谈会、论证会，听取意见，研究论证。

其六，规章送审稿直接涉及公民、法人或其他组织切身利益，有关机关、组织或公民对其有重大意见分歧，起草单位在起草过程中未向社会公布，也未举行听证会的，法制机构经本部门或本级人民政府批准，可以向社会公布，也可以举行听证会。举行听证会的，应当依照本条例所规定的程序组织。

其七，有关机构或部门对规章送审稿涉及的主要措施、管理体制、权限分工等问题有不同意见的，法制机构应当进行协调，达成一致意见；不能达成一致意见的，应当将主要问题、有关机构或者部门的意见和法制机构的意见上报本部门或本级人民政府决定。

其八，法制机构应当认真研究各方面的意见，与起草单位协商后，对规章送审稿进行修改，形成规章草案和对草案的说明。说明应当包括制定规章拟解决的主要问题、确立的主要措施以及与有关部门的协调情况等。规章草案和说明由法制机构主要负责人签署，提出提请本部门或本级人民政府有关会议审议的建议。

其九，法制机构起草或组织起草的规章草案，由法制机构主要负责人签署，提出提请本部门或本级人民政府有关会议审议的建议。

四、表决和公布

列入全国人大会议审议的法律案，由全体代表的过半数通过。宪法的修改，由全体代表的三分之二以上的多数通过。列入全国人大常委会会议审议的法律案，由常委会全体组成人员的过半数通过。所谓全体代表或者全体常委会组成人员，是指实有全体代表或者全体常委会组成人员，不是指到会的全体代表或全体常委会组成人员。所谓过半数，是指赞成票超过全体代表或全体常委会组成人员的半数。

法律的公布，是立法的最后一道程序。我国宪法规定，中华人民共和国主席根据全国人大和全国人大常委会的决定，公布法律。签署公布法律的主席令载明该法律的制定机关、通过和施行日期。①

按照条例的规定，规章的决定和公布，应当履行这样一些程序：

其一，部门规章应当经部务会议或委员会会议决定。地方政府规章应当经政府常务会议或全体会议决定。

其二，审议规章草案时，由法制机构作说明，也可以由起草单位作说明。

其三，法制机构应当根据有关会议审议意见对规章草案进行修改，形成草案修改稿，报请本部门首长或省长、自治区主席、市长签署命令予以公布。

其四，公布规章的命令应当载明该规章的制定机关、序号、规章名称、通过日期、施行日期、部门首长或省长、自治区主席、市长署名以及公布日期。部门联合规章由联合制定的部门首长共同署名公布，使用主办机关的命令序号。

其五，部门规章签署公布后，部门公报或国务院公报和全国范围内发行的有关报纸应当及时予以刊登。地方政府规章签署公布后，本级人民政府公报和本行政区域范围内发行的报纸应当及时刊登。在部门公报或者国务院公报和地方人民政府公报上刊登的规章文本为标准文本。

其六，规章应当自公布之日起 30 日后施行；但涉及国家安全、外汇汇率、货币政策的确定以及公布后不立即施行将有碍规章施行的，可以自公布之日起施行。

五、解释与备案

法律解释是对法律规定的含义所作的说明和阐述。说明和阐述法律的含义，存在于人类各种各样的活动之中，既存在于立法活动中，也存在于执法活动中；既存在于学者的法律研究活动中，也存在于普法宣传和老百姓的学法活动中。由此，可以把法律解释分为正式解释和非正式解释。

正式解释，又称有权解释或法定解释，是指有关国家机关按照宪法和法律所赋予的权限，对有关法律条文的含义所作的能够产生实际法律后果的说明和阐述。正式解释，又分为立法解释和应用解释。立法解释，就是立法机关在法律制定后，根据法律的执行情况和执行中遇到的问题，对法律的有关规定的含义作出进一步说明和阐述。应用解释，就是执法机关（包括审判机关、检察机关和行政

① 乔晓阳.《中华人民共和国立法法》导读与释义[M].北京：中国民主法制出版社，2015：27.

机关)在应用法律过程中,对法律有关规定的含义所作的说明和阐述。

非正式解释是指不会产生实际法律后果的解释,包括学理解释和普法解释。学理解释,是指学者在对法律进行研究时,对法律规定的含义所作的说明和阐述。普法解释,是指有关国家机关、社会团体在进行普及法律宣传或者老百姓在进行法律学习时,对法律规定的含义所作的说明和阐述。①

《中华人民共和国立法法》第四十五条规定,法律解释权属于全国人民代表大会常务委员会。法律有以下情况之一的,由全国人民代表大会常务委员会解释:① 法律的规定需要进一步明确具体含义的; ② 法律制定后出现新的情况,需要明确适用法律依据的。

进一步明确法律规定的具体含义,是法律解释的基本功能,当然也是立法解释的功能。至于哪些情况需要作立法解释,一般有三种情况:一是需要进一步明确法律界限的;二是需要弥补法律规定的轻微不足的;三是对法律规定含义理解产生较大意见分歧的。

关于法律制定后出现新的情况,需要明确适用法律依据的情形。因为法律是相对稳定的,而社会是不断发展的。在法律制定后出现的新情况,如果符合原来法律规定的精神,是原来的法律规定所能包含的,则可以通过法律解释的办法,明确其法律适用依据,以减少对法律的修改,保持法律的稳定性。例如,重庆市的建置改为直辖市后,出现直辖市下辖自治县的情况,就是宪法和民族区域自治法制定后出现的新情况,需要对重庆市下辖的自治县制定的自治条例和单行条例应报请谁批准的问题予以明确。重庆市作为直辖市,与省、自治区属同一级地方行政区域,因此,重庆市下辖的自治县制定的自治条例和单行条例报重庆市,是完全符合宪法和民族区域自治法规定的精神的。所以,对这种情况,就可以不必修改宪法和民族区域自治法,可以采用法律解释的办法解决。

那么,什么情况下可以采用立法解释,什么情况下应当修改法律呢? 实践中,一般掌握的原则是:① 凡属于不需要改变原来的法律规定,而是作为一种特殊情况对法律进行变通执行的,可以采用立法解释的办法,不修改法律。如关于国籍法在香港、澳门特别行政区的实施的解释,就属于这种情况。② 从问题的性质看,应当修改法律,但问题比较具体,修改法律一时还提不上议事日程,可以先采用立法解释的办法,待以后修改法律时再补充进法律或对法律进行修改。如关于省长自治区主席市长等正职领导人因故不能担任职务时可以在副职中推举或指定一人代理的解释,后来在修订法律时,即在法律中作出了明确规定。②

① 武增.《中华人民共和国立法法》解读.北京:中国法制出版社,2015:178.

② 武增.《中华人民共和国立法法》解读.北京:中国法制出版社,2015:181.

《规章制定程序条例》(2001)确定的规章解释和备案制度可以分为三个方面：

其一，规章解释权属于规章制定机关。规章有下列情况之一的，由制定机关解释：① 规章的规定需要进一步明确具体含义的；② 规章制定后出现新的情况，需要明确适用规章依据的。规章解释由规章制定机关的法制机构参照规章送审稿审查程序提出意见，报请制定机关批准后公布。规章的解释同规章具有同等效力。

其二，规章应当自公布之日起30日内，由法制机构依照立法法和《法规规章备案条例》的规定向有关机关备案。

其三，国家机关、社会团体、企业事业组织、公民认为规章同法律、行政法规相抵触的，可以向国务院书面提出审查的建议，由国务院法制机构研究处理。国家机关、社会团体、企业事业组织、公民认为较大的市的人民政府规章同法律、行政法规相抵触或者违反其他上位法的规定的，也可以向本省、自治区人民政府书面提出审查的建议，由省、自治区人民政府法制机构研究处理。

【案例】

“大气十条”成效显著，可望在首个考核之年全面达标

今年1至11月，京津冀、长三角、珠三角PM2.5浓度比2013年同期分别下降38.2%、31.7%、25.6%，降幅均大幅高于考核标准。这是记者从日前举行的中国生态文明论坛惠州年会上获悉的。

论坛上，环保部部长李干杰说，“大气十条”实施成效显著，可望在首个考核之年全面达标。

据介绍，今年1至11月，全国338个地级以上城市PM10浓度比2013年同期下降了20.4%。另外，3至11月，北京的PM2.5浓度同比下降了27.1%，秋冬季采暖期以来同比下降了40%以上。

2013年，国务院发布《大气污染防治行动计划》，提出10条措施，明确经过5年努力，全国空气质量总体改善，重污染天气较大幅度减少；京津冀、长三角、珠三角等区域空气质量明显好转。

(http://news.xinhuanet.com/2017-12/04/c_1122053292.htm)

思考题

制度设计应注意什么？

第十章 制度评价

制度评价是制度生命力的保障。制度评价不是一个基于既定标准就可以展开并完成的简单过程，而是一个评价、反馈、调整周而复始的循环过程。这一过程的延续蕴含着制度演进的可能，而这一过程的阻断，则意味着制度作为被关照的客体，陷入自生自灭的状态。随着人类社会制度体系的不断完善与调整，制度评价已经成为制度体系不可分割的一个部分。制度评价的运行，既内化于制度体系内部，又作为一个相对独立的运行系统，成为社会制度体系的参照系。尽管在方法上可能是多元的，但制度评价的运行并不是一个任意的过程。

第一节 制度评价内涵

一、制度评价的定义

制度评价是由评价主体依据评价标准、采取特定方法进行的，通过评价为制度制定的科学性、可行性提供依据。①

制度评价是制度活动中的重要一环，制度评价最为常用的领域是公共政策和经济活动两个方面，现代意义的评价亦可以称为评估，是随着近代政策科学的发展而逐步兴起的。早在第一次世界大战前，西方发达资本主义国家就开始对政府的社会政策进行系统研究。二战结束后，美国等西方国家开始大规模的社会建设，在教育、科技、卫生、就业保障、城市发展等领域实施大规模的资金投入，为保证相关项目和政策的绩效，广泛开展了政策评价活动。到 20 世纪 50 年代，政策评价已很普遍，并且形成了相关的理论和方法。至 70 年代，政策评价已经建立了独立的学科体系。

二、制度评价的必要性

制度是用来规范人们的行为的各种规定。诺斯说“制度是一个社会的游戏规则，更规范的讲，它们是为人们的相互关系而人为设计的一些制约”。制度有优劣之分，正如邓小平同志所说：好的制度能使坏人变好，坏的制度能使好人变坏。好制度是个人、集体和社会进步发展的基础性条件。

① 苏茂林.制度评价的内涵、系统及意义[J].中共山西省直机关党校学报，2010(11).

因此，考察制度本身的质量、运行效果等都需要制度评价。阐明制度评价的含义，分析制度评价主体、客体、目的、标准和方法，是提高制度评价质量的基础。可以说，制度评价是制度本身质量的保证，是提高制度效率的有效手段，是合理配置制度资源和检验制度效果的依据。由于社会政治、经济、文化等对制度问题的复杂影响，也由于制度运行的环境是不断变化的，再加之制度设计者的认知水平和能力局限，所以，在制度运行中难免会产生一些制度本身无法解决和预料的情况，很难一次性设计出完美的制度。为了预防制度的失误，及时检查制度执行效果，有必要对制度进行评价，以获取制度运行的相关信息。

三、制度评价的意义

制度评价是制度本身质量的保证。制度本身的质量是制度存在的重要条件，只有具有一定质量的制度才能解决所针对的社会问题，进而达成制度目标。对制度进行适时评价可以发现制度的合理性、合法性、现实性等要素存在的问题，完善不合理、不合法、不现实的制度规则，进而提高制度本身的质量。制度评价是提高制度效率的有效手段。制度一经形成，就具有相对的稳定性。但正是由于片面强调稳定性，导致在现实社会中许多过时的、不符合现实条件的制度仍在发挥作用，严重影响制度效率和事物的发展。在此时就要及时评价、积极创新，使制度制定符合变化发展了的实际。应通过评价、分析现实条件和制度本身的情况，为制度的废除、修改、制定提供依据。制度评价是合理配置制度资源的依据。制度评价则可以检测制度运行的情况，及时调整相关资源，保证制度运行资源配置合理、充足，从而保障制度的有效运行。检验制度效果是制度评价的重要内容，也是制度评价的重要目的。制度投入运行后，它的效果怎样，相应的社会问题是否得到解决，解决的程度如何，是否达到了预期的制度目标，产生了哪些没有预料的新问题等，都需要制度评价提供相关的信息。①

第二节　制度评价系统

一、制度评价系统的定义及构成要素

（一）制度评价系统含义

制度评价系统是评价活动的载体，研究制度评价系统的目的，是为了明确在评价活动中各要素的相关作用和特点，使评价活动本身更具有科学性、实效性。②

① 苏茂林.制度评价的内涵、系统及意义[J].中共山西省直机关党校学报，2010(11).

② 苏茂林:制度评价的内涵、系统及意义[J].中共山西省直机关党校学报，2010(11).

（二）制度评价系统的五大要素

1. 制度评价主体

制度评价主体即实施制度评价活动的个人或者组织，在整个制度评价系统中居于中心地位或者主导地位，是制度评价活动的发起者、实施者、协调者。制度评价主体的评价理念、评价态度、评价经验、所持伦理道德观念、能力水平都会对整个制度评价活动产生举足轻重的影响。① 对此，詹姆斯·威尔逊也认为：所有介入社会问题的政策都会产生预期的效果——如果研究是由执行政策的人或他们的朋友进行的话；没有一个介入社会问题的政策会产生预期效果——如果研究是由独立的第三方，特别是那些对政策持怀疑态度的人来主持的话。② 对政策评价如此，对制度的评价亦然。因而评价主体系统对整个评价系统具有决定性意义，是制度评价系统的关键性因素。主体选择运用什么样的标准来评价客体，对评价结果至关重要。

2. 制度评价客体

所谓评价客体，即指制度或政策本身，是评价活动所指向的对象。也就是说，制度评价客体就是制度，评价活动的对象、评价的中心是制度本身。实施评价首先要有具体的、明确的、客观的评价客体，评价活动才有针对性，评价结果才有实际意义。在评价活动中，虽然评价的内容和对象有所不同，但不管什么评价，都是针对制度本身形成、执行、发展和终结等的研究，目的都是使制度本身得到合理的发展，使制度本身更加具有科学性、有效性，使制度对所对应的社会情势的回应性更高、更准。而对其他制度所造成的情势的考察，也是为了说明制度本身的优劣。

3. 制度评价目的

制度评价不是随意的活动，特别是正式的评价活动都有启动评价的原因和目的。评价目的是统领整个评价活动的要素，不同的评价目的会将评价主体的评价活动带向不同的方向。例如，在对一项具体制度实施前的评价，其目的主要是找出制度本身的可实施性；在制度运行过程中的评价，主要目的是了解制度运行情况，实施过程中是否发生偏离等。不同的目的会让主体在确定标准、收集信息、形成结果等活动中有不同的取向，从而影响评价结果，最终影响制度的运行。

4. 制度评价标准

制度评价标准就是制度评价活动所依据的参照物，同一对象采用不同的标准会有不同的评价结果。制度运行所引起的局面是复杂多变的，对其评价所依

---

① 杨诚虎. 公共政策评估：理论与方法[M]. 北京：中国社会科学出版社，2006：54.

② [美]托马斯·戴伊. 理解公共政策[M]. 彭勃，等，译. 北京：华夏出版社，2004：291.

据的标准也形形色色。例如,经济上的标准(效率、效益、效能等);政治性的标准(公平、正义、合法性、合理性等);社会性的标准(社会的稳定和发展、社会问题的回应等);制度运行本身的标准(合法性、技术合理性、现实性等),这些评价标准都应是制度评价的参照系。在评价实践活动中,因不同的评价目的,不同的评价类型,以及评价主体和评价客体的不同,会选择不同的标准组合,从而对评价结果产生实质性的影响。

5. 制度评价方法

制度评价方法是评价主体对不同评价客体进行评价的方法、技术、手段的综合。只有运用科学合理的方法,评价活动才能事半功倍,同时保障制度的科学性、合理性。在制度评价实践中,主要有两种方法选择。第一,方法论层面的选择。主要是对研究的基本原则、理想、目标等比较抽象的问题进行归纳,如社会科学中比较流行的方法强调"客观"、"可测量结果"的实证主义等。第二,具体的方法选择。如收集资料、社会调查、统计等,特别强调对定量标准、数学模型等的使用。每种性质的方法论都有许多具体的操作性方法,制度评价主体在进行制度评价时,要根据不同的目的和对象,采用不同的方法组合。

制度评价最明显的差异就在于方法的差异,在不同的方法主导下,会形成各式各样的评价模式,从而最终影响到制度评价实践活动与制度的社会性变化发展。

第三节　制度评价标准

评价本身是一种以把握意义和价值为目的的认识活动,因此,研究制度的评价就不可避免地带有价值认知的印记,制度作为一种客观存在,在社会发展中有着重要作用,必然存在一个被评价的问题。什么样的制度才是好制度呢?制度制定出来,就需要评价。评价具有强烈的主体性特征,且需要依据一定的标准来进行,因此,根据现代理论,将制度评价标准分为三个标准:制度合理性、制度合法性和制度的现实性。

一、制度合理性

合理性概念是分析社会问题的一个重要平台,合理性本身作为事实判断和价值判断兼而有之,甚至有时两者之间就是相互交融、互为条件。合理性在英语中有两个词汇,即 Reasonableness 和 Rationality,前者是从理性的角度说,合乎理性是其核心内容;后者则侧重原则或标准,关注的是内在逻辑的一致。①

① 辛鸣.制度论:关于制度哲学的理论建构[M].北京:人民出版社,2005:195.

（一）制度合理性的内涵

制度合理性主要是就制度本质的规定而言。其内涵主要是指制度的内容符合制度的内在规律。在一个以某种理念支持的制度系统内，其制度是否遵守该理念规定的“逻辑”，其表现出来的功能与价值是否与其“理念”具有逻辑上的一致性。如制度是否具有逻辑的一致性，是否能体现制度的本性与目的，是否推进了社会生产力的发展，在完成其目标上是否有效率等。制度合理性关心的是制度系统如何有效运行，制度合理性的外在体现就是制度是否真正合事实、合逻辑、合规范、合目的性。

首先，在所有的合理性内涵中，形式合理性是最基本的。所谓形式合理性，是指一种关于不同事实之间的因果关系判断，它是纯形式的、客观的、不包含价值判断的合理性，它主要表现为手段和程序的可计算性、形式的合逻辑性。对制度而言，就是其规则不因时间、地点、对象的变化而变化。如果制度连起码的形式合理性都不具备，我们很难指望它还能在其他方面有作为。

1. 制度规范结构的统一

从逻辑结构上看，制度一般由假定、处理、制裁三个部分构成。

假定，是指制度规定的适用该制度的情况和条件。每一个制度规范都是在一定条件出现的情况下才能适用，而适用这一制度规范的必要条件就称为假定。只有合乎该种条件、出现了该种情况，才能适用该规范。如《中华人民共和国公司法》(以下简称《公司法》)第 11 条规定：“设立公司必须依法制定公司章程。”该法律规范中，“设立公司”就是假定部分，意指这条法律规范是在设立公司时适用。

处理，是指制度规范中规定的允许人们做什么、禁止做什么或者要求做什么的部分，实际上即为规定权利、义务的行为规则本身。如上例中关于“必须依法制定公司章程”的规定，就是法律规范的处理部分。

制裁，是指制度规范中规定的在违反本规范时，将要承担什么样的后果。一般要放在责任部分。如《公司法》规定：公司的发起人、股东在公司成立后，抽逃其出资的，由公司登记机关责令改正，处以所抽逃出资金额百分之五以上百分之十五以下的罚款。

制度结构实际上表现为“如果……，则……；否则……”的公式。假定、处理和制裁即分别体现这三个部分。一个完整的制度规范，上述三个要素都是不可或缺的。但是，如果我们仔细研究一下各种制度，就会发现在一条制度条文中把这三个部分都明确表述出来的情况是很少有的。如常常把假定部分省略或没有把假定部分和处理部分明确分开，又或者把制裁部分放到另一条文或另一文件中。这是为了使制度简明扼要，从制度设计技术上所做的处理。因此，绝不能把法律规范同制度条文等同起来。另外,在许多重要规范性文件中,除了规范性的规定外,往往还有一些非规范性的规定,这是为了帮助人们准确理解和正确适用该文件,它们本身并不是制度规范。

2. 避免前后制度冲突

制度冲突是经常发生的,要尽力避免,如果避免不了,就要坚持遵循基本原则。我国的法律冲突解决的原则:一是子法伏于母法;二是下位法伏于上位法;三是新法优于旧法;四是特殊法优于一般法。

例如,2005 年 6 月,黑龙江省人大常委会通过的修订后的《黑龙江省母婴保健条例》,保留了一条规定:"没有婚前医学检查证明的,不予办理结婚登记。"有人认为,这是在该地区"恢复"了强制婚检。而两年前实施的国务院《婚姻登记条例》,已取消了强制婚检,实施自愿婚检。新《婚姻法》对强制婚检也未作规定。立法如何统一?制度如何设计?婚检遭遇两大尴尬。

其次,制度合理性在外化的过程中还有一种合理性形式,这就是制度实施中的程序合理性。所谓程序合理性,就是指不考虑其内容如何、是否公平,也不考虑其形式如何、是否逻辑上一致,就是即使在这种情况下,只要在一定的时间段内、对于任何所涉及的主体都能前后一致地使用。严格按制度规定的程序行事,不受外来各种因素的干扰。一般法律中,三大程序法,即行政诉讼法、民事诉讼法、刑事诉讼法,都规定了非常明确的程序,只有程序合理合法,才能保障内容的公平与公正。只有那些以某种具体的、妥帖的方式,将刚性与灵活性完美结合在一起的法律制度,才是真正伟大的法律制度。

最后,制度合理性的真正内容,应该是制度的合目的性与合规律性。所谓合规律性,是指制度的运行与发挥作用自然规律和社会规律;凡是符合社会历史发展趋势的事物就具有其一定的合理性。所谓合目的性,是指制度的目标和结果必须符合主体自身的需要、利益等价值追求。合规律性与合目的性相统一是唯物史观的根本方法。自然规律是不以人们的意志为转移的,它与人们的利益和需要没有关系,而社会发展规律是与人的利益和需要等价值因素紧密相连的。

制度的存在合理性就是体现在制度是由某种价值观和价值体系来支撑的,它不是从某个人的个人的利益和价值出发的,而是从维护绝大多数人的利益和价值追求出发。制度应是有效率的,其效率性不仅是为激励社会成员的创造性和积极性,调动各项社会资源实现资源的合理配置,从而促进社会政治经济的发展,而且也要求在制度安排及实施过程中所花费较小的成本获得最大的实际效果。

(二)防止制度背离合理性的途径

制度僵滞是使原本适应当时社会发展的合理性制度不再与社会相适应的原因。制度具有稳定性、确定性和有效性。这虽然有利于人的发展,但是又会形成一种惯性。由于制度的相对稳定性会在一定的时间内体现为静止与不变。而随着社会经济的高速发展,以及科学技术的不断进步,现有的制度将无法解决新出现的法律问题,如冷冻胚胎能否成为物权的客体。可见,制度在其变化速度上滞后于社会的发展节奏,出现不吻合性,从而使制度出现失调,即成熟的和完善的制度随着时间的推移将趋于保守并产生惰性。

美国经济学家奥尔森指出,制度稳定的社会容易产生一些垄断性的集团和组织,从中又会分化出许多“分利集团”,它们试图维持现存的制度和秩序,竭力阻碍新技术的采用和资源的优化配置,阻止制度的变革和秩序的变迁,从而引起经济增长率的下降,最终导致社会僵化。

二、制度合法性

(一)制度合法性的内涵

制度合法性是指制度的这样一种特性,这种特性不仅来自正式的法律或命令,而更主要的是来自根据有关价值体系所判定的、由社会成员给予积极的社会支持与认可的制度规范的可能性或正当性。制度合法性关心的是选择某一制度的理由,因为涉及制度的价值选择和目标定位问题,所以不同制度主体在制度环境中所处的地位不同,同一制度所带来的效益在不同制度主体中也是截然不同的。

从字面意义上看,合法性似乎就是指合乎法律之义。其实这远远不是合法性的本意。在所有合法性的定义中,马克斯·韦伯的定义得到广泛的认同。他认为一种秩序系统的存在取决于它是否有能力建立和培养其成员对其存在意义的普遍信念,也就是说,合法性表明秩序系统获得了该系统成员的认同和忠诚。

制度合法性的内涵是公平与正义。首先,要保障每个人的平等的自由权利,以保证每个人在人格和尊严上的平等,不受侵犯(制度上不能有歧视)。平等是正义的表现,是完善的政治制度或社会制度的原则。其次,要给每个人以公平竞争的机会,以便促进人们通过自己的努力减少不平等的差别。最后,如果出现不平等,就必须把它限制在一定的程度上,不使它过于蔓延。

(二)制度合法性的标准

1. 西方法学家关于制度合法性标准的论述

亚里士多德的法治理论最早论及了法律的合法性和法治之间的关系,是法律实质合法性理论的渊源。亚里士多德认为:法治应当包含两重意义:已成立的法律获得普遍的服从,而大家所服从的法律又应该本身是制定得良好的法律。[①]亚里士多德的“法律本身必须是良法”的认识,提出了法律的价值判断问题,揭示

---

① [古希腊]亚里士多德.政治学[M].吴寿彭,译.北京:商务印书馆,1965:199.

了法律的实质合法性。

法律实证主义的集大成者哈特和新自然法之硕儒富勒进行了“恶法亦是法”与“恶法不是法”著名论战。他们的争论其实共享着一个同样的前提，即实在法的合法性根据不在于其自身。富勒还第一次从形式的角度对法律的合法性进行了详细的论述，提出了著名的法律形式合法性的八项原则和程序法治的观点。这八项原则是：法律应具有一般性，不是针对特定人的；法律应公之于众；在一般情况下，法律应适用于将来而非溯及既往；法律应具有明确性；法律应避免内在矛盾；法律不应要求不可能实现的事情；法律应具有稳定性，亦即不应当太过频繁地更改；所颁布的规则与其实际的执行之间应当具有一致性。他把这八项条件看成是“有关自然法的一种程序观”。① 富勒所主张的程序自然法实质上是法律的表现形式合法性，他坚信遵守内在道德的法律秩序通常在实体内容方面也是健康与正义的，通过法律的形式合法性来实现法治。

哈贝马斯在与罗尔斯的程序正义与实体正义的争论中，认为需要确立自由、平等对话背景下交往理性的“主体—主体”范式，使法律规范在制定时因程序合法、能反映自由平等的对话沟通和理性共识而得到广泛承认，并进而具有了强制有效性和合法性，这样普遍有效的法律秩序才能真正建立起来。哈贝马斯的程序民主的本质特征是指一种法律的秩序被合法化到能够保障公民们平等的、基本的个人自由与政治自由的程度；但同时，它的合法性也是来源于交往的形式，而这种交往的形式对自由的表达和自由的维持是本质的。这就是关于法律问题的程序主义的概念的关键。②

2. 宪政秩序下的制度合法性

将制度合法性的背景“定格”为现代宪政国家，把高度抽象的合法性命题具体化为“宪政秩序下的制度合法性”，即制度的“合法性”问题在很大程度上就是制度的“合宪性”问题。③

首先，“合宪性”决定了制度的形式合法性。原因有四：其一，宪法是宪政国家各种制度的形式渊源或立法权取得的最终依据；其二，有立法权的机关所立之法是否合乎其权限最终要依据宪法来评判；其三，宪法确立了各种法律制度制定和修改的正当程序；其四，任何制度在内容上均不能与已有的效力位阶最高的宪法相抵触，否则被视为无效或非法。

---

① 张宏生，谷春德. 西方法律思想史[M]. 北京：北京大学出版社，1990：463.

② [英]威廉姆·奥斯维特. 哈贝马斯[M]. 沈亚生，译. 哈尔滨：黑龙江人民出版社，1999：164.

③ [美]爱德华·S. 考文. 美国宪法的“高级法”背景[M]. 强世功，译. 北京：生活·读书·新知三联书店，1996：29.

其次,"合宪性"又决定了制度的实质合法性。一项制度要获得实质合法性,就必须求得社会的普遍承认和接受,其自身必须具有某种最低程度的公平合理性。而制度的规范对象是由不同地域不同阶级(层)的各方面群体所构成的,其对法律制度的需要和要求既有共同性,又有差异性。因而对于不同的主体而言,制度合法性就具有不同的标准及价值意义。相对于形式合法性容易达成"公认的共识"而言,对实质合法性的看法和认识则带有更多的主观性。这种主观性表达着不同的社会主体对于法律制度实质上"应当"具有什么样的性状、作用和功能,因而是一种价值主张或期望。

最后,"合宪性"决定了形式合法性与实质合法性的内在统一。形式合法性与实质合法性的区别和分离是近代资产阶级革命之后的代议民主制的产物,就一般的法律制度而言,的确存在二者的评价结果不尽相同的情况,有时甚至完全对立,即所谓"形式合法而实质不合法"情况。只有将二者的评判标准统一到宪法中,才能避免形式合法性与实质合法性的持续紧张和严重分离。因为形式合法性归根到底是由实质合法性决定的,有什么样的实质合法性的观念,就会有什么样的形式合法性程序和标准,而在宪政国家,通过宪政的思维方式和行为模式,主流价值标准和利益诉求已经宪法化,并且具有可规范性、可保障性和可操作性。所以"合宪性"意味着对一般法律制度的实质合法性与形式合法性的双重规定性,"合宪性"使得人们在程序正义的理念约束下认同制度与制度结果,同时又因为宪法超越了自然法的实质正义的不确定性,以程序正义的方式吸收实质正义的合理一面,以相对稳固的程序承载着变动不居的实质正义,故而能使社会的价值转换和平地进行,实现形式合法性与实质合法性的内在统一。①

三、制度现实性

(一) 制度现实性的内涵

制度现实性,主要是指制度的可实现性和可操作性而言的。一种制度即使在理论上很完善,甚至很完美,但如果缺少自我实现的能力,或者说在实践中做不到,那么它就是制度乌托邦,就不具备现实性。

首先,制度要有明确历史阶段性,不能超越历史阶段。制度是一个不断演化的过程,是一定不断从低级到高级发展的过程,如共产主义制度。例如,"两年内建成一个像样的共产主义";"一天等于二十年,共产主义在眼前";"人有多大胆,地有多高产;不怕做不到,就怕想不到"。所以后来发生的事件也是历史的教训,但是国外有许多小国家跟我们学习某种做法,盲目学习照搬照抄我国做法,而不考虑实际国情,直到现在还生活很贫穷。因此,制度的现实性,体现在"充分考虑

① 曹世华.后 Trips 时代知识产权前沿问题研究[M].北京:中国科学技术大学出版社,2006:20.

现实中的可行性”，制度评价必须与经济社会发展的特定阶段相适应，标准应是客观的、具体的、历史的，要随着生产力和社会关系的变化而变化。

其次，制度不能仅仅停留于理论阶段。制度设计者往往设计出一种很完善、很精致、很理想、很美妙的制度模式，最后却发现是在理论上行得通，在实践中做不到，为什么呢？因为缺少起码的现实性，不具有可操性，也不具有可行性。

以我国国有企业的领导体制为例。1990 年 12 月，中国共产党十三届七中全会提出了国有企业领导体制的基本原则，即“充分发挥党组织的政治核心作用，坚持和完善厂长(经理)负责制，全心全意依靠工人阶级”。毫无疑问，这一原则确实充分体现了中国国有企业发展的需要，是一种很好的制度理念。但问题在于，在国有企业中党组织的“核心”作用与厂长经理的生产指挥“中心”作用之间如何协调，这是一个很实际的问题。目前，这一制度安排在国有企业鲜明地表现出三种形态：如果厂长与书记脾气相投、关系很好，那么，整个企业党政关系就是“哥俩好”，厂长支持书记的党委工作，书记支持厂长经理的经营管理工作，党政良性互动，企业发展较快；如果厂长与书记不能很好合作，那么就会出现厂长强，唯“中心”独断专行，书记强唯“核心”马首是瞻；两虎相遇，则是互不相让，甚至以各种名义动用各种关系打乱仗，乃至最后是你死我死企业死。更有甚者，有些时候出现这样一种现象，同一个领导，当在书记岗时，言必称“核心”，轮岗到了厂长岗时，万事以“中心”为大。无论书记厂长，都是共产党，为什么会出现这种情况呢？这是因为制度的非现实性原因。这种制度安排，必须保证厂长书记都有极高的政治觉悟、有极高的领导协调技巧、有完整全面的对企业发展的理解，而且在这种理解上两者还能达到高度一致，而且以上所有这些条件还必须同时实现。

又如，我国当下公共政策的制定、执行和评估正逐步从精英式决策向参与式决策转变，在公共服务领域，政策讨论中大量引进听证会、公众咨询、议事委员会、公众调查等公民参与形式，使公共政策获得了更多的合法性，也使得公民有了表达自己观点的平台。但同时，有关公民个体的利己思想影响公共利益实现的问题，集体行动的困境导致的搭便车问题，政策过程的专业性使得公共管理者对公民参与公共政策能力的怀疑，参与造成的行政成本增加和行政效率的降低等，反映到政策现实中就是，一方面政府部门对参与活动产生强烈的抵触和不作为，另一方面公民感觉自己的利益诉求在公共决策中未有体现而放弃和拒绝参与。其制度设计很好，想要使人民意见能够得到真正的表达，政府的公共服务能够迅速有效地得到公民的反馈，从而使政策真正的反映民意，但真正实现起来还需要人民群众抱有一种无私奉献的精神、放弃利己主义思想，且该制度采取的代表制缺乏利益相关性和组织性，参与容易流于形式，并且一些决策不宜公开这就造成了信息不对称，公共参与程度相对较低，在参与过程中可持续性较差，削弱了参与的积极性，因此，该制度还需要很大程度的完善才能真正实现其原本的制度设计意图。

再次，制度的现实性依赖于制度成本高低。“国有国法，家有家规”、“无规矩不成方圆”等这些俗语或古训无不在阐明一个道理：无论是一个家庭的日常生活，还是一个国家的正常运转，都必须靠一定的制度来维系。这里，制度设计得合理与否是社会能否良性、有序发展的前提。然而在现实生活中，却经常出现由于制度设计的缺失所引发的种种尴尬。以北京为例，从个性化车牌到公交车排队进站再到市政交通一卡通……似乎每一条制度在设计时都有着“利国利民”的初衷，但实施的结果却令制订者无颜、执行者无措、受用者无奈。任何制度安排都是有成本的，如果对制度成本不加关注或控制，势必会降低制度收益，进而使得制度失去了现实存在的可能性。

一项制度从建立到完全起作用，需要一段很长的时间。而在这段时间内，还要不断付出新的成本。这种成本就是新制度的“贴现率”。所以，在决定建立某项制度之前，除了要考虑到建立制度的成本之外，还要考虑到从建立起制度到制度完全发挥作用中间的“贴现成本”。有时，往往是因为贴现成本太高，即使所建立的制度再好，也可能成为社会不堪承受之重。改革开放以来，诸多看似很美好但却很短命的“制度设计”，大都因此。又如，常有人这样做宣传工作，说“下岗分流有利于工人阶级长远利益”。殊不知，人生在世也就几十年，等着所谓的“长远利益”兑现时，人都已经死了。正因此，凯恩斯说过一句意味深长的话：“从长远看，我们都死了！”

每一项制度的立或废，都涉及利益格局的重新调整。因此，某些强势利益集团总是拼命鼓吹并推动对自身有利的改革，而有意阻挠或迟滞不利于他们的改革，为此他们甚至不惜采取“监守自盗”甚至“反噬其身”的做法。例如，某些国有企业老总为了实现一夜之间占有千万甚至数亿财富的国有资产，不惜先将企业有意做垮，然后再以“再不进行产权改革就晚了”之类的说辞，强迫政府同意所谓“MBO”（管理层收购）的改革。正因此，在计算制度的成本时，还应考虑到现实的更具体的利益关系。尤其当某些人对某项改革抱以过高的热情时，他们不仅仅是这项改革的受益者，甚至可能会利用这项改革进行设租、索租或寻租。

实践中可以看出，对于每项具体的改革举措，对其成本还是要进行周密的论证。有的时候，明知道旧的制度安排有缺陷，新的制度可以杜绝非效率，但如果要进行改革的成本太高，这时也不能改。当然，在当下中国，当“改革”成为绝对“政治正确性”的时候，对某项制度说“不能改”，有时甚至比一味说“改”需要更大的智慧与勇气。

（二）制度现实性的评判标准

1. 法的“应然”与“实然”的概念

法的“应然”与“实然”是西方法学中长久争论的主题。所谓法的“应然”指法应当是什么以及应当如何。它是指基于人的本性的，因而为各个时代和所有场合所共通的、并作为超越实定法之上的以法的原理和客观形态存在于社会生活的各个领域中的规范需要和理性法律价值，它是对所有的人、所有的场合通用的具有普遍效力的人类法则。法的“应然”要探寻和说明的是应当是这样的法律，是理想的法律。一般来说，应然的法的原则能够为人类所发现、所承认、所尊重、所信仰，它是超然于国家、民族和种族的，完全能够适用于整个人类社会环境，若不承认它，就无法共营社会生活。与法的实然状态相比，法的应然状态更具有稳定性和不变性。取向上的绝对性、时空上的普遍性、进程中的超前性、对现实的批判性乃是法的应然的基本特征。应然法的基础在于人是理性的动物，在于它不是与人类有关的自然法则，而是为了实现人之为人的价值的伦理性法则。法的应然在指明法应该是什么的同时，还涵盖着另一层意义，即它要指明什么样的法是人们所希望的、什么样的法是值得人们去追求和实现的，在这一意义上，法应当是以维持社会和集团的秩序、实现成员的共同利益和幸福为目标的。其基本的价值构成包括正义、人权、公平、平等、自由、安全等。

与法的应然相对应，法的“实然”指法实际是什么和实际如何。它指特定社会历史阶段上的主权者通过其立法主体制定或认可的具有规范、预测、平衡和制裁功能的工具性准则，可变性和相对性是其主要标志。法的“实然”旨在指明人为的社会的法——现实的或历史上实存的法律的实际状态。它包括下述两个方面：一是对法的应然的、必然的理性结论定型化的产物，如禁止杀人、盗窃、违约等；二是虽非由法的应然的、必然的结论直接定型而来，却是其内容的确定化、明晰化。在法的实然状态中，法的伦理性、共识性与其合目的性、技术性并非总是完全一致的，而是还经常处于对峙状态的。法的实然状态，有可能符合其应然，反映社会进步和人类理性，体现人道的精神，直接服务于正义的事业，这种场合下法的实然态所构筑起来的法律的广厦必然会被认为是善法。然而，由于法是以具有意志和理性的人们介入且以自己的同类为对象旨在促使其实现自己的理想、价值观和许可的行为的，而这样的人们的意志并不总是充满理性的。所以，其所构造的并在现实社会生活中实际发生规范影响的法律往往与该社会之法的应然性并不完全符合，甚至脱节和背离，而当这种脱节与背离严重恶化，以至于忽略人道、泯灭人性、违背自然法则和社会规律时，那么，它就会被普遍的社会主体视为恶法而遭到唾弃和反抗。①

事物的转化过程总是从可能的存在到现实的存在,事物在其发展过程中不是一下就在现实中确立起来的,起初它只是表现为一种可能性。就法律的作用力而言,法律的颁布并生效,只是国家赋予了法律以效力,这种效力尚处于“应然”的可能状态,但已蕴含了向“现实”转化的潜在趋势。它面向“实然”,预示着法律实效的到来。随着条件的具备,它就会完成从“应然”到“实然”的转化。这是法律效力向法律实效转化的哲学根据。法律效力向法律实效的转化,也是法律的合理性和正义性的必然要求,也是法治实践的基本要求。② 法治是通过法律制度来治理社会的,法律制度包括应然制度和实然制度即规范与事实两个方面。这两个方面互为条件、缺一不可。如果包含在法律规则部分中的‘应然’内容仍停留在纸上,而并不对人的行为产生影响,那么法律只是一种神话,而非现实。另一方面,如果私人与政府官员的所作所为不符合社会需要的行为规则、原则或准则的指导,那么社会中的统治力量就是专制而不是法律。因此,规范性制度的存在以及该规范性制度的严格遵守,乃是在社会中推行法治所必须依凭的一个不可或缺的前提条件。③ 可以说,法律制度乃是社会理想与社会现实的协调者。

2. 法的“应然”与“实然”的关系

在西方法律思想史上,首先将法律作“实然”和“应然”严格划分的是英国的边沁。他指出“法律实际如何”与“法律应当如何”是全然不同的事情。他将研究“法律是什么”的学问视为法律科学,并相信在价值判断中立的立场上完全可以解决“法律是什么”的问题。他的弟子奥斯丁——实证法学的创始人,在此基础上同样认为:法律的存在是一回事,其功过则完全是另外一回事。④ 但他强调法学应以前者为研究对象,法律应当是什么则留给神学或伦理学去研究。因此对法学而言,它只涉及对法“是什么”的解释和分析,而不涉及对法“应如何”的价值评判问题。至于法律的道德性质如何,是“善”还是“恶”,并不影响它成其为法,不影响它的法律效力。因此,奥斯丁自然得出这样一个命题,即“恶法亦法”。奥斯丁的理论对后来的法学界产生了巨大影响。英国的一位奥斯丁的继承者阿莫说:奥斯丁将法律从仍旧纠缠于法律的道德僵尸中解放出来。⑤ 在这点上,就是

---

① 李道军.法的应然与实然[M].济南:山东人民出版社,2001:14.

② 刘继虎.法理学[M].长沙:中南大学出版社,2009:160.

③ [德]博登海默.法理学——法律哲学与法律方法[M].邓正来,译.北京:中国政法大学出版社,1999:239.

④ 刘星.法律是什么——二十世纪英美法理学批判阅读[M].北京:中国法制出版社,2015:41.

⑤ Amos. The Science of law 4(5th ed. 188). See also Markby,Elements of Law4－5(5th 1896).

对奥斯丁百般挑剔的梅因也不曾质疑过。格雷在所写的《法律的性质和渊源》一书中也对其给予了极大的肯定。

实证法学后起的一个代表人物凯尔森更彻底地贯彻了法律实证主义，他系统阐述了关于应然法通常确认的最高标准——正义的相对主义观点，认为什么是正义的问题不取决于理性的认识，而是取决于个人的情绪、嗜好和偏爱。因此他极力反对法学涉及正义之类的价值内容，标榜一种“纯粹的法学”，强调作为一种理论，它的绝对目的是认识和描述对象……试图回答法是什么和怎么样，而不是法应当如何。① 看上去凯尔森的理论是够“纯粹”的，然而，正如有人批评的那样，其理论只剩下干巴巴的骨头了。这种将法的“应然”与“实然”决然割裂开来的做法，必然造成法律的僵死与无情，导致一种理性的冷漠与专制，导致一种法律的专制。

在法的“应然”与“实然”的问题上，卢埃林和庞德曾经有过一场争论，庞德不接受卢埃林区分“应然”与“实然”的立场。通过分析法律发展的五个阶段中法律与道德的关系，他宣称：将法律与道德彻底分开的做法（像分析法学家所追求的那样），以及将法律与道德完全等同的做法（像自然法学家所追求的那样）都是错误的。② 庞德坚持普通法的“已接受的理想”是我们法律材料的一部分。他认为，这一成分最终归纳为一定时间和地点的社会秩序的图画，归结为有关那个社会秩序是什么以及社会控制的目的是什么的法律传统。它是解释和适用法律的背景，在各种案件中具有决定意义：因为在那里，必须从各种同等权威性的出发点中加以选择来进行法律推理。③

在对庞德和卢埃林争论的问题进行评论的基础上，斯通表达了他关于“实然”与“应然”，以及他在正义理论和社会学法学研究的关系上的看法。正义理论研究的是“应然”，社会学法学研究的是“实然”，斯通认为，对正义的追求和社会生活中的已有事实深深地交织在一起。这种交织体现在很多方面。第一，被当局持有并影响他们的立法活动和法律适用活动的正义理论是社会和法律过程中的重要事实。第二，正义理论必须经常接受社会学研究的发现的检验。第三，人，特别是群体中的人，有一个将“实然”变成“应然”的心理倾向。第四，在现代存在一个人们普遍接受的观念，每一个在法律范围内“应当”的理想，一定要建立在人们的具体评价之上，在这种具体的语境中，理念才能得以实现。第五，这些

---

① [英]奥斯丁.法理学的范围.转引自张文显.当代西方法律思潮[M].沈阳：辽宁人民出版社，1988：51.

② [美]庞德.法律与道德[M].陈林林，译.北京：中国政法大学出版社，2003：106.

③ [美]庞德.通过法律的社会控制、法律的任务[M].沈宗灵，等，译.北京：商务印务书馆，1984：23.

语境中的一个重要方面是现实生活中的人们的实际伦理态度。第六,人类的评价(包括他们对正义的评价),深刻地影响着在特定的时间和地点中社会科学家的研究范围,以及他们在研究中使用的基本概念。

对正义的研究与社会生活的事实深入地交织在一起,但斯通认为,按照什么是正当的或什么是善的对法律的评价包含着远不止于仅仅对法律进行事实调查。将法律作为社会工具进行研究必然具有两个向度:第一是对法律和人类行为的相互作用的影响的研究;第二是人类应通过法律达到的效果的研究。社会学法学家对前者给予了过多的强调,而实际情况却是它们之间相互依赖。适当地运用来自于政治学、经济学、社会学和心理学的知识对事实的组织和解释仅是法官和律师使用的资料,而在这一范围之外,尽管事实是被科学地组织的,但它们本身是无效的,因为他人不能评价自身。当事实被收集、组织和解释后,必然要涉及评价问题,而这些问题已超出了事实的发现而进入到价值判断的领域。①

第四节 制度评价原则

制度评价作为制度体系下的参照系,要使得制度评价本身能够成为社会制度体系的合理构成部分,制度评价的运行必须要遵循一些基本原则:第一是正义性原则,即从根本上坚持制度对于扩展人类能力、开展人类在发展进程中的选择集方面的基础性作用;第二是具体历史性原则,即对于特定社会经济制度评价的展开,不能脱离其具体历史环境约束;第三是程序性原则,即制度评价的话语权、规范顺序与表述;第四是方法性原则,是指制度评价必须依赖一定的既定方法来展开。②

一、正义性原则

制度评价的正义性原则,就是要以人的全面发展为基本视角,在根本上坚持制度对于扩展人类能力、开展人类在发展进程中的选择集方面的基础性作用,以此作为制度分析的起点与制度评价的标准。那么,如何从方法上保证在制度评价的过程中我们能将一般性的正义原则得以在具体的制度评价实践中得以实现呢?

首先,制度评价必须要切实地体察特定制度的建构过程,以真实地反映制度设计和形成过程中人类社会的理性考量与权衡。特定的制度之所以在一定的历

① 朱利叶斯·斯通.法律哲学研究[M].北京:清华大学出版社,2013:117.

② 张芮菱.正义性、具体历史性与程序性——制度评价基本原则初探[J].中共四川省委党校,2011(2).

史条件下形成并不断在实施中得以修正，必定是一个人类理性主动建构的过程。这一理性建构过程的背后反映的是人对于社会具体事物的认识与事物发展的基本判断。必须承认，这些认识和判断都是具有价值取向的，是由社会中特定的群体、而不是被制度影响的全体人群所决定的。特定群体的价值取向未必符合全体人群的诉求，由此形成的制度必然会导致不同层次和范围内的利益冲突和价值冲突。一个合理的制度建构过程，并不否认在制度建构之初特定人群价值取向的制度化表达，但它一定要有对这种特定价值取向制度化表达的约束机制。制度评价不仅要看到前者，更要重视后者。看到前者，是为了厘清制度形成的建构过程；重视后者，是为了分析制度形成是否最终可以成为人类选择扩展的结果。

其次，制度评价必须要站在发展的角度，对制度变迁的社会、文化、伦理环境进行总体认知。要明确制度评价并非是对制度的再次建构，而是对制度在社会秩序中的自我实现过程进行分析与评估。制度的自我实现，是指理性建构的制度融入社会自发秩序的过程。必须要认识到，特定制度的理性建构过程是发生在一个更为广大的制度自我演变进程中的子过程。理性建构之所以重要，是因为这是人类充分发挥主体意识，对制度的主动建构；通过理性建构而形成的制度之所以需要评价，是因为建构的制度与自发的制度演进过程之间的相互融合难以在事前被预见。一个对于制度变迁环境的总体认知，有助于我们站在更为长久的历史视角下看待制度及其变化。分析制度的内在逻辑固然是科学的方法，尊重制度产生的历史条件也是科学的方法。只有把握两者，才能做到制度分析的逻辑与历史的统一，才能对制度的理性建构过程做出客观的评价，才能在制度评价过程中落实正义性原则。

第三，把握制度的契约性本质，构造制度评价的动态机制。制度是对人与人在社会交往和生产劳动过程中形成的相互关系的事前约定与事后确认。人与人的相互关系，无论是经济交往还是社会往来，都是制度产生的根本原因，也是制度规范的最终目标。制度的优劣不仅取决于对制度实施结果的比较，更取决于对制度作用机制的基本认识。只有对基于自主和自愿形成的契约式社会关系有深刻认知，才能对在此基础上形成的社会制度体系有正确的理解。由此展开的制度分析与评价，才能够在动态演化机制中不断发展。必须要认识到，制度的契约性本质，规定了制度演进的基本机制，制度评价只能而且必须要在对这一基本机制的深入剖析基础上展开，所谓制度评价的正义性，也只能在一个动态演化的过程中才能得以实现。

二、具体历史性原则

制度总是具体的和历史的。普适的制度只存在的抽象的理论中，一般性的制度形式过去不曾有，现在和将来也不会有。以普适的制度标准来对具体的制度进行评价，往往会导致荒谬的结论，而在此基础上进行的制度调试甚至变革，往往会造成灾难性的结果。因此，对于特定社会经济制度评价的展开，不能脱离其具体历史环境约束，这就是制度评价的具体历史性原则。要落实制度评价的具体历史性原则，以下三个方面的内容值得重视。

首先，把握制度评价的具体历史性原则，要求对制度分析的普适标准进行充分的认知和具体的把握。一般性的制度评价标准是制度分析理论中被探讨最多的内容。柯武刚、史漫飞曾经指出，有效制度的本质特征（普适性）包括：其一，制度的一般性，即制度不应在无确切理由的情况下对个人和情境实施差别待遇；其二，制度必须是可认识的，必须就未来的环境提供可靠的指南；其三，制度应当具有开放性，以便允许行为者通过创新行动对新环境做出反应。① 这就是一个典型的制度理论分析的普适标准。仅从表述上看，它首先是简单的，一个描述过于复杂的制度评价标准不可能具有一般性；它又是含混的，简单的标准涵盖了过多的实施内容，在具体的制度实施中，内容之间存在冲突的可能性很大。如果从这样的标准出发，来对制度进行分析与评价，难以得到清晰的结论。如果将对制度实施结果进行分析，上述仅仅以制度特征为主要考察对象的分析模式是难以完成的。因此，即使我们不考虑普适的制度评价标准本身是否正确，普适的标准要转化为具体制度的评价参照物，也需要一个"再制度化"过程，即以特定的制度情境前提来约束评价范围的过程。从这一意义上看，所谓普适的制度评价，恰恰是以"祛制度"为最大特征的。这是当代制度经济分析最大的缺陷与困境：规范的、重视分析方法科学性的制度分析，发展的最终结果却是一个不具备制度基本价值和历史特征的标准。尽管在理论上这样的分析是有意义的：它为制度分析方法的不断完善和演进提供了一个基本的理论分析框架，但将这样的标准从理论中剥离出来，作为现实制度的评价标准，却是无任何适用性的。制度分析与评价是具体的、历史的，对历史情境与具体社会关系的分析是制度分析的第一步，也是最重要的一步。

其次，把握制度评价的具体历史性原则，要求对制度发展变迁的历史过程有整体的考察。在马克思对自由资本主义的分析中，我们已经看到，对具体制度的历史发展过程的描述和分析在自由资本主义制度的整体分析中所扮演的重要角色。日本学者繁人都重指出，马克思的分析中，社会生产现实的一面是实物(physical)的，它超越了社会经济制度的具体形式；而价值的一面则因其反映了

---

① [德]柯武刚，史漫飞．制度经济学：社会秩序与公共政策[M]．韩朝华，译．北京：商务印书馆，2000：148.

某一历史时期的生产方式而是社会性的。马克思不仅仅关心这两者的差异，更渴望考察它们的互动练习，诸如技术进步（实物层面）对经济制度（社会层面）的结构和功能的冲击，以及后者对前者的反作用。[①] 制度是社会关系，是对在物质利益关系基础之上的社会契约关系的认定与约束。仅仅在物质利益关系的层面上展开对制度的分析，诚然可以得到有价值的结论，但仅仅依靠这一层面的结论，是无法对自成体系、更为本质的社会关系进行分析的。这是马克思制度分析给予我们最大的教益。以此观点出发，以新古典经济分析为基点的新制度经济理论研究，尽管看到了制度分析对社会经济发展过程的重要性，但其分析却囿于物质利益关系层面。尽管可以对制度变迁的历史过程进行一个统一的、合乎逻辑的内洽解释与分析，但却因其忽视了制度分析的历史过程，难以做到具体的历史的统一。制度评价要对变迁的历史过程进行整体的考察，就是要在运用现代制度分析技术的基础之上，为制度分析与评价加上一个历史的背景和价值的内核，使得制度分析可以在科学的方法基础之上能够做到具体的历史的统一。

第三，把握制度评价的具体历史性原则，要求对制度变迁的内在机理有客观的分析。对于制度变迁的内在机理，不同的研究者有不同的认识，马克思认为生产力与生产关系的相互运动，是塑造一个社会上层建筑的基本力量。诺斯则认为，经济变化使得系统中出现了非均衡，从而为次级的制度创新创造了利润机会，最终可能导致基础制度安排的变化。由此形成的一个基本命题是，随着从改革基础制度环境中获得利益的增加（由于一些非均衡的经济变化），次级的制度安排创新将以低于改版基础制度安排的成本被诱发、刺激出来，它试图绕过（有时是违背法律的）基础决策原则的限制来获取潜在的利润。[②] 哈耶克则认为，制度的变迁与发展是一个"自生自发"的过程。尽管视角差异，但这些论述均对制度变迁进行了整体性探讨。一个制度变迁过程，其内在机理，正如马克思所言，不仅包括了制度载体的变化，也包括了制度本身的自我调适。如果只关注制度载体的变化对制度的影响，而不注重从制度本身展开分析，制度评价无疑是只见树木不见森林，缺乏一致性。在新制度经济学的分析案例中，这样的情况屡屡出现，尽管在方法上新制度分析表现出了规范性与一致性，但就制度分析框架本身而言，新制度分析所表现出来的分析框架，却是难以统一和把握的。而反过来，如果只关注制度本身，而忽视了制度载体对制度的作用，则制度评价又会过于宏观，无法形成对实际问题的有针对性的回答。如果任何微观的制度调整均归结到宏观的群体与群体之间关系的探讨上，任何制度分析都不会表现出生命力与

① ［日］繁人都重．制度经济学回顾与反思［M］．张敬惠，译．成都：西南财经大学出版社，2004：2.

② 盛洪．现代制度经济学（上卷）［M］．北京：北京大学出版社，2003：292.

说服力。马克思对自由资本主义的制度评价之所以直到今天尚为人信服，就在于其对当时资本主义深入肌理的、客观的描述与分析。因此，在现代研究工具的帮助下，从制度载体与制度本身展开对制度的评价，是坚持制度评价的具体历史原则的重要条件。

三、程序性原则

制度评价并非一个随意的过程。一个有说服力的制度评价过程，其运行必然要遵循一定的程序性条件。程序性本身就是制度评价结论具有说服力的重要条件之一。当制度变迁越来越多地表现出渐进特征，评价的程序性原则也就愈发重要。一般而言，制度评价的程序性原则应包括以下内容：

首先，制度评价的话语权获得。所谓话语权，就是制度评价主体在特定制度分析与评价中所具备的表达的能力与渠道。就制度评价而言，话语权的获得至关重要。没有话语权，就不可能有制度评价的展开，即使能够展开，也缺乏必要的表述渠道。理论上讲，每一个被特定制度影响的主体均能够成为制度评价的主体，都有表达其观点的权利。但在现实层面，这种表达的权利要落实，还存在一系列的问题。其一，评价主体对制度制定与实施的参与程度。参与程度越深，话语权越大。其二，制度评价主体对制度的把握程度。把握程度越深，话语权越大。其三，渠道问题。通过什么样的渠道来表达对制度的认识与评价至关重要。正式的制度往往有明确的实施主体，在实施主体认同的表达渠道中，制度评价的结论往往能够迅速得到传递，反之，则很困难。其四，成本问题。制度评价的表达，是需要必要的物质支出来加以保障的。要保证制度的有效性和持续改进，制度评价的话语权应当而且必须分配给每一个被制度影响的主体。然而在现实生活中，这样做的成本会很高，因此制度体系往往会设定一个必要的参与程序，而要进入这个程序，往往需要一定的付出。

其次，制度评价的规范表述。规范表述是一个语境问题。对于同样的制度进行评价，就应该采用同样的“语言”，无论是哪种分析方法，制度的经济分析、历史分析或者是社会分析，都必须考虑表述中关键性概念的一致性。若非如此，不同的分析方法有着不同的概念，表述不统一，内涵不一致，不同的评价结论放在一起是没有办法进行比较，更没有办法判断评价的优劣。一个规范的制度评价表述，应该是针对制度现存问题的具体探讨，应该在更为具体的实施案例层面来分析和评价，只有这样，尽管所依据的理论方法不同，但对具体问题的探讨语境必然是一致的。在这样的情况下，很多由于理论差异而导致的话语差异就会消失。

再次，制度评价的规范顺序。规范顺序是制度评价结论被审视的重要内容。由于正义性原则和具体历史原则不可观察，更难以度量，而规范顺序是可观察的，进而是可以度量的。主要包括以下三个方面。其一，制度评价的启动要有一个恰当的切入点。例如，对制度约束下的具体事件的探讨、在制度实施一段时间后的回顾等，均是切入点。没有一个合适的切入点，制度评价就没有关键的现实针对性，评价的绩效就难以保证。其二，制度评价必须要依赖于一定的规范程式。对制度形成背景的探讨、对制度内容的认知、对制度实施进程中问题的关注、对制度实施结论的调查。制度评价的有效性依赖于评价的规范顺序。顺序缺失直接影响制度评价的有效性。其三，结论的可比较性。只有可比较的评价结论才能判断优劣，比较的重点在于结论，结论不仅反映价值目标，更反映程序目标。价值正确，程序不正确，结论即使正确也没有说服力，甚至可以被直接否定。

四、方法性原则

所谓制度评价的方法性原则，是指制度评价必须依赖一定的既定方法展开。方法是制度分析最主要的特征，也是最容易产生分歧的地方。不同的方法可能会形成不同的评价结论，导致评价结论的不统一性；但更多的情况是，不同的方法提供了制度比较的前提，制度评价的结论更为客观。方法性原则主要包括以下三个方面。

首先，坚持在比较的基础上进行制度评价。比较是分析与评价的基本方法，最容易采用，也最容易出错。一方面，不同制度之间的比较往往是制度分析能够形成有效结论的基础。新的制度与旧的制度比较、不同国别同一制度的比较、同一国别内不同制度实施过程的比较，是制度评价中经常采用的分析方法。另一方面，当采用的不同的分析方法得到不同结论时，对不同的结论及其分析过程进行比较也是对制度评价结论进行优劣判断的基本方法。只知其一，一无所知，采用比较的方法能够锁定问题的关键，进而围绕关键问题展开分析。在比较方法采用的过程中，要注重评价对象的可比性。可比性既源于制度类似的背景，也来自于制度的作用对象与过程。抓住可比性是比较方法运用的关键。

其次，坚持在历史的进程中考察制度。制度的历史分析是方法性原则第二个需要重视的方面。主要包括两个方面。一是制度本身的历史。任何制度都不是凭空而来的，都需要一定的发展与调整过程，一种新的制度形式往往是在对旧的制度的批判与继承的基础上才能形成。不了解制度的历史，无异于不了解制度本身。二是制度评价本身的发展历程。对于特定制度的评价并非只发生一次，所秉承的评价原则也并非一成不变。制度的评价是一个连续的过程，只要制度在不断调试，制度评价也就会一直发生下去。制度评价本身也有着一个不断调整、甚至彻底改变的过程，不把握这些变化，就难以对制度进行正确的评价。

第三,坚持在同一微观基础上进行制度评价。制度的微观基础在于人与人之间社会关系。人与人之间利益冲突的解决与约束是制度形成的内在压力,人与人之间相互交换与交流平台的搭建是制度形成的内在动力。分析和评价制度,不可能回避对在制度约束下人与人之间社会关系发展变化的认知。要保持制度评价的一致性,就必须对这一微观基础展开透彻的分析。人与人之间的社会关系的形成与发展,取决于人与人之间的相互诉求、相互交换,以及对这些诉求和因之形成的相互交换的约束,这些就是制度最为微观的表现形式。对于这些微观表现形式的分析,构成了制度分析的基础。马克思所说的生产关系,尽管总体上表现为不同人群之间的关系,但究其根本,依然是个体的人与人之间的关系。没有后者,就没有前者。个体的人与人之间相互关系的基本特征时决定群体之间关系的个体决定性。这一个体决定性,通过一定的机制,可以演变为整体的决定性。制度本身就其规范对象来说,多数是群体;但制度的实施,却是以一个个个体的主动或被动践行为条件的。不关注个体,无异于不关注制度的实施。要构建统一的制度分析方法框架,就应当对人与人之间社会关系进行深入研究。

【案例】

最高人民法院关于适用《中华人民共和国婚姻法》问题的解释(三)于2011年7月4日最高人民法院审判委员会第1525次会议通过,自2011年8月13日起开始实施以来在社会上引起了广泛的热议和争论。

其中的第十条规定被舆论概括为"谁首付,离婚后房子归谁"。第十条规定为:"夫妻一方婚前签订不动产买卖合同,以个人财产支付首付款并在银行贷款,婚后用夫妻共同财产还贷,不动产登记于首付款支付方名下的,离婚时该不动产由双方协议处理。

依前款规定不能达成协议的,人民法院可以判决该不动产归产权登记一方,尚未偿还的贷款为产权登记一方的个人债务。双方婚后共同还贷支付的款项及其相对应财产增值部分,离婚时应根据婚姻法第三十九条第一款规定的原则,由产权登记一方对另一方进行补偿。"

当然婚姻法司法解释(三)也存在诸多漏洞,一是保护了富人的利益,很多到现在还抱有大款梦的女孩子们要小心了。二是保护了强者的利益,不管男女,如果没有足够的经济实力,离婚时很容易落得个净身出户。三是没有照顾到中国传统习俗,传统观念中,男方买的房子属于耐用消费品,而女方的嫁妆往往也动辄十几万甚至几十万,更多时候都是用于家庭日常使用,很快就消耗掉了,离婚时保护了男方婚前财产(如房子)的利益,那么如何保护女方婚前财产的利益?四是司法解释(三)稍有越权之嫌疑,把本来应属于物权法规定的部分规定于其中，而忽视了亲属法本身的特点。

(http://hcxfy.chinacourt.org/public/detail.php? id=826)

思考题

请以制度评价的标准分析《中华人民共和国婚姻法》问题的解释(三)。

第十一章 制度文明

恩格斯在《家庭、私有制和国家的起源》中提出了国家是文明社会的概括的著名论断①,把文明的进步与具体的社会制度的发展联系了起来。恩格斯指出在此著作的结论部分,引证了摩尔根在《古代社会》中的一段话,文明的发展,即管理上的民主,社会中的博爱,权利的平等,普及的教育,将揭开社会的下一个更高的阶段,经验、理智和科学正在不断向这个阶段努力②。列宁也指出:只有无产阶级专政,只有社会主义国家才能够达到而且真正达到了高度的文明。③ 我国杰出的无产阶级革命家董必武也曾说过:人类进入文明社会以后,说到文明,法制要算一项。简单地说,国家没有法制,就不能成为一个国家。④ 由此表明,制度文明在马克思主义经典作家的笔下,是一个频繁提及而含义深沉凝重的重要范畴。制度文明不仅是一个思想性、理论性很强的范畴,而且是一个时代性、现实性很强的范畴。

第一节 制度文明的内涵

一、制度文明的内涵

制度文明是由制度和文明两个分概念结合而成的复合概念。制度与文明的关系表现为:文明制约制度,制度支撑文明,文明随制度而变化。制度文明这一概念在各种资料的阐释中可能会存在一定的差异。据统计,一个多世纪以来,关于制度的定义就有十几种,关于文明的定义竟达三百多种,即使在马克思主义经典的著作中,对制度及文明解释也有很多种,而关于制度文明的定义就更多了。同时,制度文明与其他一些概念存在着相关、相似、交叉、包容、并列的关系,如系统、体系、组织、制度、体制等,这也都使得我们难以理解制度文明。

在汉语中,"制"有节制、限制的意思,"度"有尺度、标准的意思,这两个词语

---

① 马克思恩格斯选集(第4卷)[M].北京:人民出版社,1995:172.
② 马克思恩格斯选集(第4卷)[M].北京:人民出版社,1995:175.
③ 列宁全集(第30卷)[M].北京:人民出版社,1963:374.
④ 董必武.论社会主义民主和法制[M].北京:人民出版社,1979:154.

结合起来，表明制度是一种规范、准则，人们行动所需要遵守的标准。对于文明，在中国，远古时代的文化典籍中就出现了文明的概念，其含义被理解和诠释为“清明政治”的状态。例如，《易经》中说：见龙在田，天下文明。《尚书·舜典》中说：睿哲文明。这些话大多将文明解释为帝王圣明，治理国家得当，致使政治达到清明的状态。如果结合特定的政治制度环境，那么这样的理解是合理的。在西方的文献中，文明往往是和“文化”这一概念混用的。但大多数学者并不赞成这样的说法，他们认为文化不能代替文明，文明应包括文化。摩尔根将人类发展分成三个阶段，即：蒙昧、野蛮、文明。根据这一理论，原始社会不属于文明社会，奴隶社会才构成文明时代的开端。从这个意义上来说，制度文明是生产力发展的结果，是人类制度实践的总体成果。即制度文明是一定历史时期人类认识世界，改造主客观世界过程中在制度方面形成的积极成果，以及由此所表现出来的进步状态。因此，许多研究者都把文明看作一种社会现象，认为它是复杂的，包含物质、精神、制度等多方面的内容，既应该涵盖政治、经济、文化等方面，新时期，尤其是党的十八大以后，文明还应涵盖社会、生态这两方面文明，五位一体，全面推进，缺一不可。

二、制度文明的特征

制度文明是指人们制度建设和发展中的积极成果和成就。制度文明尤其内在的特殊性，不同的学者对制度文明特征的总结千差万别，本书中笔者将制度文明的特征概括为阶级性、共同性、有益性这三个特征。

第一，阶级性。制度文明的发展离不开人，更离不开阶级，可以说制度文明的发展体现着统治阶级的利益。奴隶社会时期，统治者往往会建立更能维护奴隶主阶级利益的制度；封建社会时期，统治者往往会建立更能维护地主阶级利益的制度；资本主义社会时期，统治者往往会建立更能维护资产阶级利益的制度。

第二，共同性。制度文明主要是指那些凝聚着人类制度建设的共同经验和智慧，因而体现着人类制度进化和发展的普遍趋势和共同轨迹的东西。从人类社会发展的整个过程来看，制度文明是一条不断变长的锁链，它是每一代人们建设制度的沉淀和积累，它使制度建设具有继承性、连续性，使下一代人的制度建设能在前辈的基础上得以深化、扩展和延续下去，而不必一切从新摸索，从头做起。

第三，有益性。制度文明是指人们制度建设和发展中的积极成果和成就①，因此，它往往反映着社会发展的方向，有益于人类进步。所以奴隶制、封建制、资本主义制度中那些阶级剥削和压迫，与文明发展相背离，阻碍着社会发展和人类

① 文正邦．论制度文明[J]．长白论丛，1997(1)．

进步，这些必然不能归于制度文明。

第二节 制度文明的构成

揭示制度文明的构成，就是要对制度文明进行系统的考察，弄清其构成要素及其关系结构。制度文明是生产力发展的结果，当然也受着精神文明的指导，是一个多因素、多层次的综合的规范系统。因此，研究制度文明的构成不得不着重联系物质文明和精神文明这两个方面。因此制度文明包括理念文明、规则文明、机构文明这三个方面。其中每一个文明构成都具有其特殊性，因此应将其与其他构成相区别开来。同时，也应看到它与其他文明构成有机联系和协同作用。

一、理念文明

理念文明是制度文明的思想原则，它是一种思想意识，是内在化的对象，指导制度文明的发展进和进步。唯物辩证法认为，社会存在决定社会意识，社会意识反作用于社会存在。理念文明即是一种社会意识，而且它是人类共同智慧的结晶，是经过历史检验的，因此对于推动社会的发展起着积极的促进作用。因此，制度文明的进步与发展，首先应该是理念文明的形成。人们常说思想先于行动，只有当人们有某种意识去做某件事情的时候，人们才会采取积极行动推动某件事情的发展和完成。如面对日益糟糕的环境，人们逐渐意识到保护环境的重要性，于是人们慢慢形成环保意识，并且为了能够保护环境，尽自己所能去保护环境，甚至去呼吁身边的人去保护环境，在这一过程中，环保意识推动环保行动，环保行动是环保意识的外在体现。因此，理念文明虽然在制度文明系统中占据重要地位，但它毕竟是潜在的未经实现的精神形态的东西，只有制度文明系统整体外化为客观的存在，它才能发挥出它的价值和作用。所以，理念文明必须要变现为社会实践方式和社会生活方式的成果，才能构成为确实存在的对象。

二、规则文明

规则文明，往往是由统治阶级制定、认可并且强制推行，是人们共同遵守的行为准则，约束人的行为。它更能够揭示制度文明的本质，也是制度文明系统得以正常运行的关键所在。规则文明就其实质而言，它是社会规范的范畴，体现着国家意志，更是国家意识的外在表现形式。它既是作为规律在发生作用，本身又表现着人们对规律的运用。也就是说，它能够正确指导人的行动，使人能够自觉遵守规则，约束自己的行为，时刻检验自己的行为到底符不符合某种规则。如人们会自觉遵守道路交通相关的法律、法规，人们知道遇红灯时要自动停车，遇见行人时主动让行，开车时不喝酒，喝酒之后不开车等，这些规则都在指导着人的日常生活，正是因为这些规则的存在，社会才能够有序运转。作为制度文明系统要素的规则文明，大多是成文的规范，明载于国家颁布的法律、规章、命令、章程、指令、规定和决定之中，只有少量的规则文明是以非规则的形式存在，如原始社会的习惯，奴隶社会的协议、民约，以及各种社会习俗等等。当然有些规则的制定并不是科学、合理的，有可能不能够适应现实的需要，更不能推动社会的进步，甚至有可能会造成社会的混乱，所以在制定规则是更应适应生产力发展的需要，本着以人为本的理念，科学、合理地制定规则。

三、机构文明

机构文明是社会关系的复杂结构形式的特殊部门，推动者社会制度的运行和发展。机构文明，实质上属于社会管理活动的主体，是一个国家为了实现其目标和维护自身存在而建立的特殊部门。机构文明涉及国家的各个部门和各个单位，包括决策部门、职能部门、咨询部门和监督部门。这些部门是分工又合作的，决策部门的任务是根据咨询部门提供的资料和建议，在科学分析的基础上对工作对象的全体和局部提出目标和方向；执行部门的任务是贯彻宏观决策的实施部署，监测、反馈和处理执行中出现的问题，协调部门之间的联系，仲裁部门之间的纠纷，是宏观决策华为具体的实施行动。咨询部门的任务是对所要决策的问题，进行多视角和多渠道的考察，进行科学的、系统的分析和综合研究，从繁杂的事情中总结规律，设计可行性方案，为科学决策提供依据。监督部门的主要任务就是监督决策部门是否依法办事，监督执行部门是否认真贯彻执行相关方针、政策、法律，并根据客观实际反映出来的问题提出自己的监督意见和建议，递交决策部门，提供参考。美国的三权分立制度则是行政权、立法权、司法权三者相互制约，相互监督，最终使国家运行更加平稳。机构文明，最主要的是各部门能够各司其职，恪尽职守。若每个部门仅考虑自己的利益，只为自己谋取私利，这样势必会影响各部门的配合和运行。

第三节 制度文明的类型

我国经济发生翻天覆地的变化，人们的生活水平发生翻天覆地的变化，但是社会其他方面的发展相对较薄弱，这与人们对精神文明的追求并不相协调，在这种情况下，则需要社会综合平衡、全面发展，而不能够失衡发展。党的十八大提出经济建设、政治建设、文化建设、社会建设、生态文明建设，五位一体，全面发展，全面推进。这也意味着制度文明的类型有了新的变化，焕发新的生机。

一、经济制度文明

经济制度文明是指历史发展特定阶段上的关于物质生产关系的进步状态和积极成果，这是制度文明得以发展的内在基础，是最根本的制度文明。经济制度文明包括人们生产过程纵向联系和横向联系两方面的积极内容，其中以人们的“财产关系”、特别是财产的所有权的进步状态为核心。① 从经济制度文明所反映的生产过程的纵向方面来看，它反映出每个个体、每个行业各自积累的财产，而这些财产的积累，最终促进生产力的整体进步。从经济制度文明所反映出的横向方面来看，财产创造的主体之间相互联系、相互影响，个体的进步有赖于社会的发展，而社会的发展又需要各主体在自己的领域中创造最大的财富。

党的十八届一中全会刚结束，习近平同志在中外记者见面会上做出明确宣示：人们对美好生活的向往，就是我们奋斗的目标。而人们对美好生活的向往，主要靠经济发展来实现和保障。社会主义初级阶段的主要矛盾仍然是人民日益增长的物质文化需要同落后的社会生产之间的矛盾，目前我们仍然处于并将长期处于社会主义初期阶段，这个主要矛盾仍将贯穿这一漫长历史阶段的全过程和社会生活的方方面面，必须毫不动摇地坚持以经济建设为中心，全力加快经济发展，极大丰富物质产品，才能够满足人民的需要。经济的发展才能后夯实物质基础，才能够为政治建设、文化建设、社会建设、生态文化建设提供重要的物质基础。

但经济发展不是经济制度文明唯一追求的，经济制度文明的发展不能只盲目地追求 GDP，不能简单地以 GDP 增长率论英雄。经济制度文明的指标应该要包括民生改善、社会进步、生态效益等。经济的发展也不能以牺牲环境为代价，这与经济制度文明是不相符合的，改革开放以来，经济快速发展，但是粗放型、消耗性的经济增长方式，也给生态带来了极大的破坏，老百姓喝的水有问题，呼吸的空气有问题，这不是经济制度文明所追求的，这是经济建设中应予以避免的。经济制度文明最终的目的应该是将经济建设的成果惠及人民，使人民能够共享发展的成果。只有提高人民的生活水平，满足人民的需要，才能说经济制度是文明的。

【1929 年美国经济危机】 1920 年，资本主义世界经历第一次世界大战后的首次经济危机，美国经济在股票、债券等“经济泡沫”的影响下迅速增长，创造了资本主义经济史上的奇迹。从 1923 年直到 1929 年秋天，每年的生产率增长幅度达 4%。与此同时，整个美国社会的价值观念都在发生变化。虽然清教徒传统的价值观念仍在乡村中流行，但在城市中的主导道德观念却发生了巨大的变化。发财致富成了人们最大的梦想，投机活动备受青睐，有组织的犯罪活动以及享乐之风盛行。

终于在 1929 年 10 月 24 日，一场经济危机风暴席卷美国。这次危机带来的

① 刘李胜．制度文明轮[M]．北京：中共中央党校出版社，1993：144．

生产下降的幅度之大，波及范围之广，失业率之高，持续时间之长，都是前所未有的。

从10月29日开始的一周内，美国人在证券交易所内失去的财富达100亿美元。为了维持农产品的价格，农业资本家和大农场主大量销毁"过剩"的产品，用小麦和玉米代替煤炭做燃料，把牛奶倒进河里，使这河水变成"银河"。到1932年，钢铁工业下降了近80%，汽车工业下降了95%，至少13万家企业倒闭，占全国劳工总数1/4的人口失业。城市中的无家可归者用木板、旧铁皮、油布甚至牛皮纸搭起了简陋的栖身之所，这些小屋聚集的村落被称为"胡佛村"，意在讽刺胡佛总统。纽约大街上流行这样一首儿歌："梅隆拉响汽笛，胡佛敲起钟。华尔街发出信号，美国往地狱里冲！"

造成这次经济危机根本原因缺乏调节机制的制度是危机的。由此之后，为避免经济危机，各国开始探索资本主义的改良之路，政府在经济发展中的干预作用逐步提高。

二、政治制度文明

政治制度文明是指历史发展特定阶段上人们政治关系的制度的进步状态和积极成果，是表现和反映经济制度文明的性质和内容的上层建筑，是制度文明系统的主体部分。[①] 政治制度文明包含各个方面，如执政党的建设，法治的健全与完善，民主意识的提高，政府执政能力的增强，反腐败机制的建立等。

中国制度文明的建设，首要是中国共产党的建设。改革开放以来，我们党的建设取得了许多成就，如"三个代表"重要思想的提出，以人为本的科学发展观的提出，以及共筑"中国梦"的伟大构想等。中国政治制度文明的建设因执政党的建设而稳步前进。当然，建设好执政党，仍需从严治党、从严治吏，重点是抓好干部队伍建设，重中之重是抓好领导班子的建设。中国政治制度建设，还包括民主建设，这集中体现在全党开展群众路线教育实践活动。群众路线既是中国共产党的优良传统之一，也是我们实现"中国梦"的坚实基础。从社会主义制度本质的角度上看，这个活动既是人民民主的教育活动，也是人民民主的实践活动。人民民主的本质意义就是一切为了人民，一切依靠人民，人民民主最终就是为了人民群众的利益。

中国政治制度文明还包括法治的建设，法治建设就是在一定的阶级范围内，按照在宪法和法律的框架下，按照平等原则和少数服从多数的原则来共同管理国家事务的国家制度，包括完善立法、严格执法、公正司法、大力普法等方面。贯彻落实"依法治国"基本方略，不断完善中国特色社会主义法律体系。政治制度

① 刘李胜.制度文明轮[M].北京：中共中央党校出版社，1993：148-149.

文明，不是某一面发展，政治制度文明就完成，它需要方方面面的完善，需要方方面面都能够建设好，才能够真正推动政治制度文明的发展。

【聂树斌案】 1994年8月10日上午，康某某父亲康孟东向公安机关报案称其女儿失踪。经公安机关侦查，认定康某某被聂树斌强奸杀害。1994年10月1日，聂树斌被刑事拘留；1995年，河北省石家庄市人民检察院以故意杀人罪、强奸妇女罪对原审被告人聂树斌提起公诉，石家庄中级人民法院于1995年3月15日作出(1995)石刑初字第53号刑事附带民事判决，以故意杀人罪判处聂树斌死刑，以强奸妇女罪判处聂树斌死刑，决定执行死刑。聂树斌不服一审判决，提出上诉。1995年4月27日，聂树斌被执行死刑。2005年，王书金承认自己为"聂树斌案"的真凶。2013年9月27日，河北省高级人民法院裁定王书金非聂树斌案真凶，驳回王书金上诉、维持原判。

2005年1月17日，另案被告人王书金自认系聂树斌案真凶。此事经媒体报道后，引发社会关注。2014年12月12日，最高人民法院指令山东省高级人民法院对聂树斌案进行复查，开启了中国异地复审的先河。12月22日，山东省高级人民法院向聂树斌母亲送达立案复查决定书。2015年3月17日，聂树斌被执行死刑后律师首次获准查阅该案完整卷宗。2015年4月28日，山东高院将召开聂树斌案听证会。9月15日，因复查工作需要，经最高人民法院批准，决定再次延长聂树斌案复查期限三个月。

2016年12月2日，最高人民法院第二巡回法庭对原审被告人聂树斌故意杀人、强奸妇女再审案公开宣判，宣告撤销原审判决，改判聂树斌无罪。2017年3月30日，聂树斌家属获268万余元国家赔偿，聂母表示不申诉。

三、文化制度文明

制度文明是指历史发展的特定阶段人们在精神生活领域中发生的社会关系的进步状态和积极成果，它是根源于经济制度文明并且受制于政治制度文明的上层建筑的有机组合部分，是制度文明系统的实施部分。① 文化制度文明作为意识形态的文化，是一定的政治制度文明和经济制度文明的反映，又作用于一定社会的政治制度文明和经济制度文明。随着民族的产生和发展，文化制度文明则具有民族性。每一种社会形态都有与其相适应的文化制度文明，每一种文化制度文明都随着社会物质生产的发展而发展。社会物质生产发展的连续性，决定文化制度文明的发展也具有联系性和历史继承性。

随着时代的发展每个国家都越来越重视文化制度文明的发展，而对于优秀的传统文化都在继承，又在传统文化的基础上创造新的文化，使得一国之民对文

① 刘李胜.制度文明轮[M].北京：中共中央党校出版社，1993：154.

化更具有认同性，更能影响着一国政治制度文明、经济制度文明的发展。而我国最主要的就是对社会主义核心价值体系的弘扬与发展，社会主义核心价值体系“富强、民主、文明、和谐”的价值观，将指导者我国文化制度文明的发展，也为文化制度文明的发展提供方向。

四、生态制度文明

生态制度文明是人类文明发展的一个新的阶段，即工业文明之后的文明形态；生态文明是人类遵循人、自然、社会和谐发展这一客观规律而取得的物质与精神成果的总和。人类文明经历了农耕文明时代、工业文明时代。在封建社会时期，农耕文明维系着社会生产和生活的发展。在资本主义社会，工业文明维系着社会生产和生活的发展。在这两个文明时代，由于生产力水平发展的局限性，对生态文明重要性的认识也并不是那么迫切，但是同样需要生态文明。现在，人类文明正在从后工业文明时代向生态文明时代转变。近年来生态制度文明意识逐渐萌芽，时至今日，生态制度文明逐渐彰显。最近几十年，全球环境急剧恶化，各种生态事故频发，这都在告诫着人们，世上只有一个地球，为了全人类的生存和共同的基本利益，必须寻求与之相适应的生存和发展的思维模式。党的十七大报告提出：“要建设生态文明。”生态制度文明不仅仅是建设生态文明，更应将生态政策、理念予以制度化，而不是生态事故的一时的应对之策。

【太湖蓝藻水危机】 2007 年 5 月 29 日，太湖暴发了震惊全国的“蓝藻水危机”。那一天，蓝藻暴发，引发大面积湖泛，数十万市民饮水告急。自来水用来拖地都臭，小区里纯净水、矿泉水都卖空了。这场看似“突如其来”水危机，实为长期环境污染恶果的集中暴发。

那时候，从无锡新安镇到马山镇，近 50 公里的太湖沿岸，到处是大大小小的船菜餐馆，餐厨污水直排入湖，岸边密密麻麻地铺着吃剩下的螺蛳壳。环湖的小化工厂、印染企业废水大量入湖，湖水发黑发臭，污染直逼自来水取水口。湖水中度富营养化，导致蓝藻疯长，有的地方砖头放在蓝藻上也沉不下去。人们经过离城区最近的蠡湖，常常要捏着鼻子躲着走。

2008 年 5 月，国务院印发《太湖流域水环境综合治理总体方案》，要求环保、水利、工业、农业、科技、财政、交通等十多个部门联合行动，保证资金投入、运用科学技术、创新体制机制，确保在 2020 年之前，在减少污染负荷、扩大环境容量、调整产业结构等方面取得重大进展。而江苏省则将治理太湖作为全省生态文明建设的样板工程。

统计表明，十年间，江苏各级财政投入太湖治理的专项资金，以及带动投入的社会资金，已累计超过一千亿元。江苏省太湖办主任朱铁军说：“长期向大自然欠下的账，必须要还。舍得‘金山银山’，才能‘赎回’绿水青山。”

当下风行全国的河长制，就发源于太湖治理。从2008年开始，江苏省的历任省长和环湖的市、县、区长都担任过入湖河流的河长。此外，江苏省还出台了全国第一个湖泊治理的地方法规——《太湖水污染防治条例》；向污染企业征收排污费，让治污企业有利可图；对水质波动地区行政领导进行约谈；苏州用财政手段，对环保任务繁重的地区，实行生态补偿；常州推出环境信贷，将环境保护作为信贷审批的重要前提……

经过十年治理，太湖水质大大改善。根据环保部发布的中国环境状况公报显示，2007年，太湖水质总体为劣五类，2016年，改善为四类。据无锡市环境监测中心站站长顾征帆介绍，1997年以后太湖污染明显加重，2007年总磷、总氮达到最高点。经过十年治理，太湖无锡水域总氮、总磷分别下降了54.4%、38.9%，好于1997年以前的水平。2007年，15条主要入湖河流9条水质都是劣五类。

五、社会制度文明

社会制度文明主要体现在社会建设，社会建设是指社会主体根据社会需要，有目的、有计划、有组织进行的改善民生和推进社会进步的社会行为和过程。社会建设包括社区建设、社会组织建设、社会事业建设、社会环境建设、社会保障体系建设、社会安全体制建设、社会管理体制建设。最直接的就是公共产品和公共服务的提供。

我国社会制度文明建设的发展经历了一定的阶段和时期。新中国以后，我国主要发展经济。在1982年，制定第六个五年计划时，增加了社会发展的内容。2012年，党的十八大报告还是经济体制改革与建设、政治体制改革与建设、文化体制改革与建设三位一体进行布局，但是讲到2020年实现全面建设小康社会的目标时，提出“社会更加和谐”，党的十八大会议提出政治建设、经济建设、文化建设、社会建设、生态建设，五位一体，全面发展，这个事实本身既反映了当今社会已经发生了深刻变化的客观实际，也反映了我国对制度文明的新的认识。

六、不同制度文明关系

党的十七大提出生态文明的概念，生态文明是人类遵循人、自然、社会和谐发展这一客观规律而取得的物质与精神成果的总和。三者既相互区别，又相辅相成，在社会存在和发展中都发挥着各自独特的作用。

（一）制度文明区别

制度文明与物质文明的区别。物质文明是人类改造自然界所取得的物质成果，或称进步状态，表现为人们物质生产的进步、人们物质生活的改善。制度文明与物质文明的区别主要体现在目的和发展途径方面。制度文明的目的是体现和改善民生，这也就决定了制度文明发展的途径，即通过完善法制，进而实现民主发展。而物质文明是与生产力的发展水平相适应的，因此它的目的主要是在生产力发展以后，能够改善人们的物质生活，提高人们的生活水平。

制度文明与精神文明的区别。制度文明和精神文明是相互区别的，不能将制度文明与精神文明混合而谈。制度文明是指人们制度建设和发展中的积极成果和成就，主要包括制度体系的创制、制度体系的实施和制度体系的实施监督，它的核心是法制。而精神文明是人类改造主观世界的成果，表现为民族、群体和个人的思想、道德、哲学、文化艺术等多方面的主观素质的提高，它的核心是思想道德。① 从这一概念中，我们可以看出，制度文明和精神文明的区别主要体现在三个方面：核心内容、范围、目的。制度文明的核心是法制，即法律制度体系，而精神文明的核心是思想道德。法制是有形的，其各个环节的产生需要特定的国家机关行使职权。思想道德是无形的，它是社会生活中自发形成的。制度文明和精神文明的范围有所不同，通过概念可以得知，精神文明所涉及的范围比制度文明所涉及的范围更为广泛而且更为复杂。制度文明和精神文明各自的目的不同。制度文明的目的往往是体现和保障民主，而精神文明的目的是为了提高人们在思想、道德、文化、艺术等多方面主观上的素质。②

制度文明与生态文明的区别。生态文明是人类遵循人、自然、社会和谐发展这一规律而取得的物质和精神成果的总和，其主要在于实现社会可持续发展，在于处理人与自然的环境之间的关系，从而为社会的发展提供良好的生态环境。制度文明与生态文明最主要的区别在于其目的，制度文明以实现民主为主要目的，更具有主观目的性，而生态文明则更追求可持续发展与人与自然和谐相处的关系，更具有客观性。

（二）制度文明联系

社会文明的全面进步需要依赖于物质文明、精神文明、制度文明和生态文明的共同发展，四者缺一不可，而且四个文明中任何一个文明的发展都必须以其他三个文明的发展为基础，其中任何一个文明的发展也势必将会推动其他文明的发展，实现良性互动。

制度文明的发展，将推动社会各个领域的发展，保障社会稳定，实现社会民主，为物质文明、精神文明、生态文明的发展提供良好的社会环境。而精神文明则为制度文明、物质文明、生态文明的发展提供必要的指导、智力支持和精神动力。物质文明的发展，使得生产力和生产关系的得到发展，为制度文明、精神文明、生态文明的发展提供经济支持。制度文明、精神文明、物质文明的发展都需

① 杨东辉.应把制度文明与物质、精神文明相提并论[J].南昌大学学报(社会科学版)，1998(1).

② 杨东辉.应把制度文明与物质、精神文明相提并论[J].南昌大学学报(社会科学版)，1998(1).

依赖一定的生态环境，维护生态平衡，保护生态环境，势必会促进制度文明、精神文明、物质文明的可持续发展。全面加强物质文明、精神文明、制度文明和生态文明建设，努力提高物质文明、精神文明、制度文明和生态文明的水平，促进中国经济、社会和自然生态环境的可持续发展，促进人类文明进程的向前推进，是有中国特色社会主义现代化建设的基本任务和奋斗目标。

第四节　制度文明的层次

制度文明是特定历史阶段人们社会关系和行为方式规范体系的进步状态，是人们改造社会所取得的积极成果，是文明三维结构中处于物质文明和精神文明之间并使二者联系的中介。① 任何社会的制度文明系统都是有其内在的层次结构的。按照恩格斯关于从特殊性到普遍性的层次分析方法，可以把社会制度文明区分为三个最基本的层次，即根本制度文明、具体制度文明、特殊规章制度文明。② 这三个最基本的层次，是一种递进的关系，后一个层次需要以前一个层次为前提和基础，每一个层次又都具有其特殊的性质和功能，它们是既相联系又相区别的。

一、根本制度文明

根本制度文明是制度文明系统的最深层次和核心层次，用以表明特定社会形态的内在本质和特定历史发展阶段的性质。从根本制度文明的发生和来源讲，它作为特定社会形态的内在本质的表现，与具体制度文明和特殊规章制度文明相比，具有原生的和基础的性质。③ 从根本制度文明的内容和构成讲，它包括基本的经济制度文明、政治制度文明、文化制度文明、社会制度文明、生态制度文明，与具体制度文明和个别制度文明相比，具有单一的和稳定的性质。更能够长久的指导经济制度文明、政治制度文明、文化制度文明、社会制度文明、生态制度文明的建设与发展。从根本制度文明的功能和作用讲，它作为制度文明系统的核心层次，它是其他层次制度文明的普遍原则，同具体制度文明和特殊规章制度文明相比，具有纲领和指导的性质。牵一发而动全身，根本制度文明的动摇将会影响其他制度文明层次的变动。

二、具体制度文明

具体制度文明是根本制度的“活动的职能结构”的进步状态和积极成果，是

---

① 刘李胜．论制度文明的三个层次[J]．河北学刊，1992(3).
② 刘李胜．论制度文明的三个层次[J]．河北学刊，1992(3).
③ 刘李胜．论制度文明的三个层次[J]．河北学刊，1992(3).

调节文明的社会制度运行的具体机制，用以表明受根本制度文明制约的机构设置和权限配置的模式或框架，以及操作制度运转的工作程序。① 从具体制度文明的发生和来源讲，可以说它是根本制度文明结构的特殊变体和表现形式，与根本制度文明相比，具有继续性和派生性。从具体制度文明的内容和构成讲，它更具有多样性和可变性。从具体制度文明的职能和作用讲，它作为根本制度文明和特殊规章制度文明之间的“中介”，具有直接性和现实性。它的“中介”作用主要体现在，它把根本制度文明的目标作为自己的目标去实现，它的直接任务是保证根本制度的正常运行，完满地实现根本制度的目标。因此，具体制度文明程度越高，越能对根本制度文明起到巩固和完善作用，使根本制度文明的优越性发挥出来。对于特殊规章制度的作用主要体现在，尽管特殊规章制度文明规范的对象更为狭小和有限，似乎与具体制度文明的关系不是非常直接和密切，但具体制度文明或多或少地总要给它以影响、制约、浸润。好的体制必然会对人们经济活动行为起到好的示范作用，推动和促进特殊规章制度文明的建立和发展；反之，不好的社会体制也总是给予特殊规章制度以不良的影响，会对各种社会丑恶现象起到一种推波助澜的作用。

三、特殊规章制度文明

规章制度文明是各种社会组织和具体工作部门规定的行为模式和办事程序规则的进步状态和积极成果，是由社会的根本制度文明和具体制度文明所决定的，并为根本制度文明、具体制度文明服务的更为具体、更为特殊的制度文明，用以表明某一群体或局部单位的人们在特定时间从事实践活动的行为规范的性质和状态。从特殊规章制度文明的生成和来源讲，它作为按照根本制度文明和具体制度文明的需要而由人们自觉建立起来并浮现于现实生活之上的东西，具有表层的或外层的性质。从规章制度文明的内容和构成讲，它是特定组织、团体、个人的活动、行为之间的技术联系所必须遵守的规程，与根本制度文明和具体制度文明相比，具有更加明显的复杂性和特异性。从特殊规章制度文明的职能和作用讲，它作为整个制度文明系统的表层，对根本制度文明和具体制度文明起着表征和微调的作用，因而具有一定的能动性质。

在整个制度文明系统中，是根本制度文明决定了具体制度文明，然后根本制度文明和具体制度文明二者决定了特殊的规章制度文明。反过来，特殊的规章制度文明又反作用于具体制度文明，具体制度文明又反作用于根本制度文明。这是一个相互联系、相互作用的因果链条。特别是随着制度文明的发展，社会生活的制度化程度日益提高，现实生活中的制度文明的层次联系表现为在三维空

① 刘李胜.论制度文明的三个层次[J].河北学刊，1992(3).

间中发生的众多的联系点和放射状的、错综复杂的联系通路组成的巨大网络，形成一种非线性的相互作用的过程。在这种情况下，特殊规章制度文明日益起着根本制度文明和具体制度文明所不能代替的作用。

【案例】

疏解外来人口，政策应该多些"温度"

近日，安全隐患大排查、大清理、大整治专项行动正在北京全市展开。这次的清查和整治力度是空前的。有大兴火灾的惨剧在前，不少人对不合规的群居之所感到不满，但这背后有一个无奈的现实：因为自己收入微薄，支付不起更高的房租，只能在大量没有安全保障的房子（甚至是违建房）里生活。

这些群体基本都来自外地。他们可能是在建筑工地上挥汗如雨的农民工，可能是冒着寒风骑行的送餐小哥，可能是在餐馆里刷盘子洗碗的服务员……总之，收入微薄、存在感低、缺乏话语权是他们的共同特征。但是，这并不等于他们就是所谓的"低端劳动力"，他们是有血有肉的人，是支撑起北京这种特大城市正常运转的基层劳动力，是值得我们每个人去尊重、去理解的劳动者。

城市越大，所需要的劳动力越多样化。不同人群集聚，这本身是城市之所以成为城市的基础，也是城市繁荣度、生命力的体现。城市中的每个人都有自己的角色，并且发挥着不可替代的作用。城市就像一部大型的机器，其中的每一个部件都是不可或缺的，任何层次的劳动者都是其构成的重要部件，缺了必要螺丝的机器，哪怕有世界上最先进的发动机也是无法运转的。

在一个自由和平等的社会里，人口流动应该是自愿的。如果作为个体，他承受不了北京的压力，愿意离京返乡，那没问题，可以理解是个人选择。但是，作为一个群体——而且是一个数量庞大的群体，如果在得不到应有补偿的前提下被限时"离开"，不仅老百姓不会信服，在措施执行上也显得"粗犷"。

不论以什么名义，都不能践踏外来人口的尊严。习近平总书记在 2015 年 4 月曾指出，"无论时代条件如何变化，我们始终都要崇尚劳动、尊重劳动者"。《人民日报》早在 2010 年 9 月就发文称：大城市无权让"低端劳动力"离开。其中指出：正是由于地区间发展极不平衡，才使人们拥向北京这类基础设施佳、发展机会多的大都市。所以，关键是多投入、下力气促进区域协调发展。但愿这些权威的声音和群众的心愿不会被人忽视。

（http://news.eastday.com/c/20171127/u1a13459020.html）

思考题

制度文明的构成是什么？

第十二章　制度执行

制度执行一般涉及的问题是：执行什么、谁来执行、如何执行。制度始于规定，成于执行。制度有一个设计和构建的过程，其中设计属于制度规定的过程，构建属于制度执行的过程。一项制度的颁布意味着制度规定的基本过程已告一段落，接着开启的是制度执行的过程。制度设计的一切内容能否实现，制度制定的设想会不会流于形式、会不会走样，完全取决于制度执行的力度、效率和效果。美国著名公共行政学家威尔逊曾经说过：执行一部宪法变得比制定一部宪法更要困难得多。①

如在我国，违反保护水产资源法规，在禁渔区、禁渔期或者使用禁用的工具（如网眼儿特密的绝户网）、方法（毒鱼、电鱼、炸鱼）捕捞水产品，情节严重的行为构成“非法捕捞水产品罪”，处以三年以下有期徒刑、拘役、管制或罚金。但应该承认，我们在用刑罚向犯罪者宣战的同时（先不论效果如何），却又实实在在不可原谅地忽略了对钓鱼爱好者在天天重复着的行为进行规范管理。②

第一节　制度执行概述

一、制度执行的含义

执行，原意是贯彻执行、实际履行等。在法律上指将法院已经生效的判决、裁定所确定的内容付诸实现而依法进行的活动。在管理学中，“执行”指高效地利用资源，高质量地实现目标。“执行”对应的英文为 execute，其具有两种含义：第一，“执行”以已经做出规划为前提，指对规划的实施；第二，“执行”指完成某项艰难的事项，它不以规划已经做出为前提。执行是一个过程，它搜集了内外部可利用的资源并对其进行整合，制定出可行性的战略，并通过一系列有效的措施、对策、方法以达成目标、完成任务。

因为制度存在着正式制度与非正式制度之分，因此，制度执行也存在着狭义与广义的区分：狭义的制度执行，指对正式制度的执行，即专指对包括法律、规

① 彭和平，竹立家，等. 国外公共行政理论精选[M]. 北京：中共中央党校出版社，1997：4.

② 史彤彪. 孟德斯鸠错了？[M]. 北京：清华大学出版社，2014：140.

章、条令、政策、办法、合约、协议等方面的执行行为。或者说，是相关组织执行正式制度如法律、规章、条令、政策、办法、合约、协议的行为。广义的制度执行，既包括对正式制度的执行，也包括对非正式制度的执行，即既可指对法律、规章、条令、政策、办法、合约、协议等的执行，也可指对行为规则、惯例、习惯、规则、礼节、仪式、禁忌、行为规范和道德规范的执行。总之，制度执行指的是对制度规定的执行，即按照制度规定行事的过程。

二、制度执行的特点

制度规定只是表述了一个未来制度的大致轮廓，真正的制度是在制度执行的过程中形成和完善的。而制度执行有其自身的特点。

（一）行政权力受到双重制约

三权分立思想最早应追溯到亚里士多德，他认为国家的职能分为议事、行政和审判三个方面。这为分权理论奠定了思想基础，英国洛克的"分权理论"、法国孟德斯鸠的"三权分立"学说，都为当代西方国家的议会制度奠定了理论基础。当前，立法权、行政权、司法权的设立已经成为在世界各国推进的普遍现象。在国家层面，立法权成为制度规制机构的专有权力，行政权和司法权作为制度执行机构的专有权力，分属国家行政机关和国家司法机关所有。制度执行机构的权力是经过法制化的过程逐步从统治权力或国家权力中分离出来的一种有限的、执行性的权力，它被控制在立法机关制定的法律范围内，并且受到司法机关的监督。这种权力的性质决定了国家立法机关、国家行政机关、国家司法机关相互之间的根本关系，明确了国家行政机关的制度执行的法律地位，明确了国家立法机关和国家司法机关对国家行政机关制度执行的约束力。

制度执行机构的权力不是其本身生来具有的，是国家立法机关通过严格的法律规定和程序授予的，而国家立法机关是人民意志的代表，从此意义上说，行政权属于人民，最终来源于人民。国家行政机关的制度执行过程，也要受到人民的监督和约束。在各国宪法中，人民主权的思想表述得非常明确。如我国宪法第二条规定：中华人民共和国的一切权力属于人民。从理论上说，人民意志的体现是通过国家立法机关的制度规定表现出来的，最终通过制度执行的过程来落实。民众个人或群体不能直接干预制度执行机构和人员的行政执行行为。人民意志主要是通过对国家立法机关和国家司法机关的影响力，借助国家立法机关和国家司法机关的作用对国家行政机关施加影响、监督和约束。

（二）依法行政、照章办事

对于国家行政机关来说，制度执行的过程就是依法行政和照章办事，其具体表现在两个方面。一是国家和地方各级行政机关等制度执行机构的所有活动首先是宪法和法律的执行活动，履行的是对国家和地方各级立法机关的执行机关的职能,必须遵守、贯彻执行各级立法机关通过的宪法、法律及决议,必须按照宪法、法律及决议的规定行事,不能与之相悖或做立法机关不批准、不授权的事情。二是国家和地方各级行政机关等制度执行机构的全部活动又是一种行政活动,行使相对独立的国家行政权,有权根据宪法和法律制定行政措施,颁布行政法规,发布决定和命令,统一管理国家事务和社会公共事务。

国家和地方各级行政机关等制度执行机构进行行政执行活动的本质要求是依法行政和照章办事。① 制度执行机构及其下属部门不仅是依照宪法和法律设立的,而且其行政职能和职权也是依照宪法和法律规定的,本身受到宪法和法律的限制和约束。② 制度执行机构的行政权力的产生是一个同家法治化的结果,没有立法权和司法权的存在,制度执行机构只能是听命于封建统治者或独裁者的统治机器,也就不可能有真正意义上的行政权。③ 制度执行机构的主要职权是执行宪法、法律、行政法规及各种制度规定,其所采取的各项行政活动和行政行为也是按照依法制定的行政法规、规定、条例等进行的,其目标、手段、程序、方法等必须具有合宪性、合法性,不能违反国家宪法和法律法规。④ 制度执行机构无论是否是行政主体,都必须受到法律监督并承担相应的法律责任,依法行政除执行宪法和法律等制度规定外,还意味着对具体机构和人员进行依法评议、依法检查、依法裁决和依法奖惩。⑤ 制度执行机构的各级单位和人员,必须具有明确的宪法意识、法律意识和遵法、执法、护法、守法观念,其角色行为、行政行为必须与宪法和法律要求相一致。

（三）行政执行逐级贯彻实施

在任何国家中,政府都是最主要的制度执行机构。在我国,政府的行政执行过程一般可以分为三个层次。① 中央政府的行政执行活动。中央政府既是最高国家立法机关的执行机关,同时又是最高国家行政机关,其行政执行活动的内容主要包括利用各种方式积极参与基本国策的制定和执行;结合社会公共事务管理的实际问题向立法机关提出各种法律议案,采取具体措施严格执行宪法和各种法律规定;在授权范围内制定行政法规,发布决定和命令,有效管理国家事务和社会公共事务。② 省级地方政府的行政执行活动。中央政府对全国各地公共行政事务的管理是通过各级地方政府执行的。各国通常以行政区划为单位设置省级制度执行机构。省级地方政府指直接隶属于中央政府的一级行政区域单位的国家行政机关。省级政府既是地方立法机关的执行机关,又是地方国家行政机关,这种特点使它们的行政执行活动分为两类:一方面是执行国家法律、中央政府法规和主管部门规章;另一方面是执行地方立法机关制定的地方性法规。③ 基层地方政府的行政执行活动。基层地方政府指由省级政府管辖的各级行政区域单位的国家行政机关。基层地方政府既是地方各级国家权力机关的执行机关,又是地方各级国家行政机关。它们是具体落实各种行政执行活动的重要部分,其行政执行活动与省级政府相比,更带有兼顾国家利益和地方利益的双重性。

三、执行的意义

制度的生命力在于执行。只有紧密地结合自身实际,领会制度的要求和精神,并将其贯穿于各项工作的每个环节、每个方面,才能真正地将制度的效力和威力释放出来。较好地将制度付诸执行,对个人、组织、社会乃至社会主义现代化建设都具有非常重大的意义。

(一)有助于培育执行者的执行能力

执行力包括:个体执行力、团队执行力、动态执行力。执行力对个人而言就是办事能力乘以办事的意愿;对团队而言就是团队成员合作做事的能力,是一种组织合力、体现为制度执行力和组织力;从动态角度看,执行力是组织发展的核心内容,执行力就是团队在实现既定目标的动态过程中的效果。①

个体通过对制度的执行,可以塑造个体的基础智能,帮助个体养成优秀的心理性格,还可以帮助个体提高技术能力,即完成工作所具备的专业技术和操作能力。团队通过对制度的执行,其执行力也即决策层、管理层、执行层的合力得到了提升与加固。动态执行力通过对某项制度的执行,在人员上,合适的人可以根据自身特点找到适合自己的岗位,做到量才适用。在战略上,通过多次的商讨、修改、实践,可以得到一个最适合实现目标的行动方案。

(二)全方位优化、完善制度,使其更具完整性

对于中国的现代化建设来说,我们目前的制度体系还不尽完善,而一个相对完善的中国特色社会主义制度体系是中国发展的前提和制度保障。中国特色社会主义制度,是一个庞大的体系,其本身具有系统性、逻辑性和动态性的特征。因此,重视制度执行,让制度在执行中得到检验,才能使制度的结构和内容达到完善的程度。

第一,制度执行有助于丰富制度体系的内容,使其更具完整性。通过制度执行,必然会发现已经制定的制度无法覆盖到社会现实的各个方面,也一定会出现在兼顾利益时顾此失彼的情况,此时便可以扩大领域、增添内容到原有制度中去,使已有制度得到丰富发展,更具完整性。第二,制度执行有助于完善制度体系的层次,使其更具系统性。制度体系,从层次上讲,包括根本制度、基本制度、具体制度和实施机制。制度体系的层次性,指诸要素的差异性和不同的功能层次,各制度在地位与作用、结构与功能上表现出等级秩序性,形成系统中不同性

---

① 李拓.制度执行力是治理现代化的关键[J].决策与咨询,2014(6).

能又相互耦合的制度层次等级。就像一台机器的各个位置的齿轮相互咬合才能使机器正常运转的机理一样。这是制度体系顺利运行的基础。第三，制度执行有助于使制度体系内部各要素更具逻辑性和动态性。以法律体系来说，一个国家的法律体系通常是对这个国家一定历史发展阶段现状的反映。因为对现已存在制度的执行，才能发现在某些环节，我们存在执行不力的问题，或执法不严、司法不公，以及作为动态过程中的某个关键环节被忽略、被切断的现象。

第二节　制度执行主体

制度执行主体，即制度由谁来执行。涉及制度执行机构的设立和分工，制度执行的人员。其中，制度执行机构和人员是制度执行的强制性力量，享有推进制度执行工作的各种权力。因此，它们是制度执行力的主要力量。制度执行是一种手段而不是目的。制度执行本身是为了让制度规定能够得到遵守，从而实现制度目标和制度效力。制度执行机构和人员有四种基本类型。除此之外，由于制度执行过程的特殊要求和特殊性，出现了司法机关及某些特殊的执行机构，它们是国家层面的制度执行机构的重要组成部分。

一、国家和地方执行机关

家和地方执行机关指处于国家层面的最重要的制度执行机构。负责执行国家和地方立法机关制定的宪法及各种法律规定。需要说明的是，国家和地方执行机关与国家和地方行政机关是同一个机构两块牌子，统称为中央政府和地方政府。我国宪法规定：中华人民共和国国务院，即中央人民政府，是最高国家权力机关的执行机关，是最高国家行政机关。地方各级人民政府是地方各级国家权力机关的执行机关，是地方各级国家行政机关。作为国家和地方权力机关的执行机关，政府的职能主要是执行宪法和法律，因此是重要的制度执行机构；作为国家和地方行政机关，政府具有规定行政措施、制定行政法规、发布决定和决议、进行公共事务管理的职能，因此是重要的制度规制机构。这是政府具有执行和行政二重性的典型特征。与此相联系，政府在制度角色、制度对象、法律关系、行政隶属关系、权责关系、依赖性、自主权、管理视角、利益关系、权力来源、机构设置、职能取向等方面都具有执行和行政的二重性。世界各围的政府普遍具有执行和行政二重性的特点。如美国宪法规定，总统必须宣誓："尽我最大的能力，维持、保护和捍卫合众国宪法"，同时规定："行政权力赋予美利坚合众同总统"。法国宪法(1958)规定："共和国总统监督遵守宪法"；"政府掌管行政部门和武装力量"。日本国宪法规定："内阁行使行政权，对国会负连带责任"；"诚实执行法律，总理国务"。政府的二重性确定了国家制度规制者与国家制度执行者的关系，确定了宪法和法律在国家制度体系中的核心地位，同时也确定了国家制度执行者的权力来源和职权范同，最终确定了国家制度体系、国家制度规制者与国家制度执行者相互作用以及制度构成三要素在国家制度场内相互作用的整体性及和谐性。

二、国家和地方行政机关的执行机构

国家和地方行政机关的执行机构指国家和地方各级行政机关中，除制度规制机构之外的各级机构和人员。与政府的二重性相联系，在国家和地方行政机关内部基本可以划分为制度规制机构和制度执行机构两大类。国家和地方行政机关中的制度规制机构的主要职能是负责根据宪法和法律制定行政措施、行政法规、决定、命令等制度规定。它在制定这些规定的过程中，是以国家立法机关的授权和执行宪法、法律等制度规定的职责为前提的。在国家和地方行政机关中，除了制度规制机构以外的其他机构都属于制度执行机构，它们是以执行宪法、法律和行政法规等制度规定为基本要求和基本职能的。它们的执行内容包括两部分，一是国家和地方立法机关制定的宪法和法律，二是国家和地方行政机关内的制度规制机构制定的行政法规、决定、命令等制度规定。根据宪法中关于国家制度规制者和国家制度执行者的关系规定，后一制度执行内容要服从于前一制度执行内容，不能出现抵触和违背前者的情况。

三、政党和执政党内的执行机关和人员

政党和执政党内的执行机关和人员指党内的各种组织、机构和地方支部、委员会等各级地方党组织。政党和执政党的领导机关所做出的制度规定有两类内容，其执行也有两种不同的情况和渠道。① 党外事务规定内容及执行。主要指有关国家法律制度建设、行政事务管理的路线、方针、政策、施政纲领等，根据党在国家和地方立法机关、行政机关中的地位和影响，以党的政策法律化、法规化的形式转变为具体的法律和法规，由中央政府和地方政府具体执行。② 党内事务规定内容及执行。主要指有关党的政策方针、制度建设、组织结构、党员资格、党内活动的章程、决议、决定等，以党内的执行机关具体执行。对于执政党来说，由于其党员分布在国家和地方各级行政机关以及其他各种组织实体的执行机构中，其党内的各级执行机关在党的路线、方针、政策及各种组织规定的执行过程中，通过各级党组织和党员的执行行为，在国家宪法、法律、法规及各种组织实体制度规定的执行活动中，对国家和地方各级行政机关以及其他各种组织实体的执行机构具有十分重要的影响。

四、司法机关及特殊的执行机构

司法机关指行使司法权的国家机关，狭义上仅指法院，广义上还包括检察机关、公安机关。为了保证宪法与法律的执行，监督制度规制者、制度执行者、

制度互动者的履职行为和角色行为，许多国家除立法机关、行政机关外，专门成立了法院、检察院等司法机关，它们是一种特殊的制度执行机构。我国宪法规定：人民法院是国家的审判机关；人民检察院是国家的法律监督机关；国家设立最高人民法院（检察院）、地方各级人民法院（检察院）和军事法院（检察院）等专门人民法院（检察院）；人民法院、人民检察院和公安机关办理刑事案件，应当分工负责，互相配合，互相制约，以保证准确有效地执行法律。美国宪法规定：合众国的司法权属于一个最高法院以及由国会随时下令设立的低级法院；司法权适用的范围，应包括在本宪法、合众国法律和合众国已订的及将订的条约之下发生的一切涉及普通法及衡平法的案件……。立法机关、行政机关、司法机关三者之间的关系是最重要的制度关系．各个国家采取的制度形式有所不同。我国宪法规定：最高人民法院（检察院）对全国人民代表大会和全国人民代表大会常务委员会负责，地方各级人民法院（检察院）对产生它的国家权力机关负责。美国等国家实行的是立法机关、行政机关、司法机关“三权分立”的原则。法国宪法则规定：共和国总统是司法机关独立的保障者；最高司法委员会南共和国总统任主席，司法部长任副主席。无论采用哪种制度形式，保证司法审判的独立性是各国普遍遵守的原则。我国宪法规定：人民法院（检察院）依照法律规定独立行使审判权（检查权），不受行政机关、社会团体和个人的干涉。我国民事诉讼法和刑事诉讼法也都专门做了相应规定。保证审判机关、检察机关依法独立公正地行使审判权、检察权，维护社会的公平正义是保证社会稳定、制度和谐的基本条件。除司法机关外，某些国家还设立了一些特殊的执行机构。如美国在立法机关、行政机关、司法机关之外，还设立了一种被称为“独立机构”的专门机构。它们有的独立于中央政府各部之外，但是仍受最高行政首脑控制，如中央情报局、关税委员会、退伍军人管理署、人事管理局、田纳两河流域管理局等；有的独立于政府之外，直接受国会的管辖，如消费者安全委员会、民用航空委员会、联邦通讯委员会、联邦储蓄系统等。它们具有较大的职权范围，甚至具有准立法、准行政、准司法的职能，它们在制度规定和制度执行过程中也有重要的作用和影响。

五、其他组织实体内的执行机构

其他组织实体内的执行机构指公司、学校、社会团体等组织实体内除制度规制机构以外的办事机构和人员。公司、学校、社会团体等组织实体无论规模大小、人员多少都是内部结构完整的制度化组织。其内部机构的设置、分工与国家和地方行政机关以及政党和执政党的内部机构一样，都可以分为制度规制机构和制度执行机构两种类型。为了保证组织目标的实现和组织活动的正常进行，所有的组织实体都在设置专门的制度规制机构的同时设置专门的制度执行机构。如人力资源部、会计部、生产部、销售部以及车间、工段、班组等。所有组织实体能否顺利运行发展,除了不断完善制度规定外,必须不断加强执行机构的建设,不断增强制度执行的力度,才能在此基础上不断增强制度效率和制度场作用力。

第三节 制度执行的执行力

在制度执行过程中,遵守和执行制度规定是对包括制度规制者、制度执行者在内的所有制度互动者的基本要求。制度执行力涉及制度执行的基础和力度,是一个需要制度化组织高度重视的概念。制度执行力一方面表现为以个人的自愿或自律执行为基础的执行力,另一方面表现为以制度执行机构的强制执行为基础的执行力。如果没有大多数人的自愿或自律执行的执行力,很难实现组织的良性运行和制度稳定。如果没有强制执行的执行力。自愿执行的现象则不可能维系和持续。也就是说,要想取得良好的执行效果,制度执行机构的执行力和以制度互动者为主体的个人执行力、团体执行力都是必不可少的。

一、执行力的概念

制度始于规定,成于执行。机构执行力就是制度执行机构的执行力。在制度构成的三要素中,制度执行机构和人员是负责制度执行工作的专门机构和人员,享有推进制度执行工作的各种权力,因此,它们是制度执行力的主要力量。制度互动者是制度构成三要素中人数最多的要素,他们的执行行为主要是遵守制度规定,通过个人执行力和团体执行力的方式表现出来。制度规定最终要由组织中的所有个人和团体具体执行,但在制度执行过程当中,真正起主导作用的是机构执行力。

(一)执行力的定义

从制度学的角度来看,在国家、政府、政党、企业、学校、商业等所有制度化的组织中,都存在着制度规定和制度执行两个过程,也就存在着执行力的问题。个人、团体或机构的执行力与这两个过程密切相关。有规定,就要有执行。有执行和执行者,就需要有执行力。政府需要有执行力,企业需要有执行力,军队需要有执行力,所有的组织成员或机构都需要有执行力。简言之,执行力就是执行制度规定的能力,这种能力是和制度执行的权力结合在一起的。通用公司前任总裁杰克·韦尔奇在其关于执行力的著作中,认为团队执行力就是“企业奖惩制度的严格实施”,将执行力和企业制度建设密切联系起来。严格来说,执行力泛指制度规定的执行力,是在制度执行的法定范围或权限范围内,正确理解、准确把握相关的制度规定并及时有效贯彻执行的能力。作为一种执行的力量,执行力有和相关的制度规定相联系的具体职权和要求，并且有被相关的制度规定所限定的和特指的行权范围和内容。因此，在个人、团体和机构的执行力方面，首先，要求能够正确理解、准确把握相关的制度规定，这是保证良好的执行效果的前提条件。任何执行力都局限在一定的组织范围内，受到相关的制度规定的制约。其次，要能够及时有效地遵守、贯彻执行相关制度规定，只有在严格的执行过程中，才能按照制度规定把所有的组织成员有效地组合在一起，制度规定才能转化为现实的制度形式，发挥出现实的制度效力。最后，要能够按照制度规定的基本方向和战略意图，创造性地处理制度执行过程中遇到的新问题。更好地实现组织目标，提高组织绩效。从制度学的研究来看，执行力不仅是个人能力的体现，而且是个人权力和组织权力的体现，是将个人能力和组织权力结合在一起的合力。

（二）个人执行力和自愿执行

无论是企业、军队还是国家，在制度化组织中，制度执行的过程一般包括个人执行和机构执行两个方面。制度执行的过程并不仅是由制度执行机构完成的，全体组织成员自愿地、广泛地、积极地、强有力地参加和执行，是制度执行过程的最好状态。个人执行力是包括制度规制者、制度执行者在内的全体制度互动者的执行力。制度执行过程不同于制度规定过程，它是一种要求全体组织成员广泛参与并自愿执行的活动。① 制度规定本身要求得到广大组织成员的了解和认同。② 制度执行机构的目标是要求每一个组织成员遵守、执行相关的制度规定。③ 广大组织成员的执行活动本身就是一种参与活动。④ 得不到广大组织成员的参与和执行，意味着制度规定的失效和制度执行机构的失败。个人执行可分为自愿或自律执行、被动执行、强制执行三种情况。在制度制定的认同度较高的情况下，大多数组织成员都是自发的或自愿的执行者。

（三）机构执行力和强制执行

机构执行力一般指制度执行机构在其权力范围内贯彻执行制度规定的强制力。在某种意义上说，机构执行力与增强组织成员的自愿执行行为和抑制违规行为的良好效果密切相关。因为它们本身具有的权力使其具有一定的强制力。“强制”一词有强力或强行制止、制服、制裁的意思。权力本身表现为权力主体（拥有权力的一方）对权力客体（受到权力影响和制约的一方）的一种影响力、作用力、控制力或支配力。制度执行机构因其拥有的权力使其处于权力主体的强制力的地位上。有一点需要说明的是，制度执行的强制力并不仅仅指通过法律程序获得的权力，它还包括社会性或制度场内的作用力或影响力。当某一个机构或某一类人员虽然没有法律授予的强制性的权力，但当其对某些人的行为有一定的作用力或影响力时，我们也称其具有一定的执行性的强制力。

机构执行力是以行使权力、强制执行的方式迫使不合规人员遵守、服从制度规定，纠正、打击违规行为。机构执行力是一种强制性的执行力，指利用法律、行政等手段强行约束、制裁、管理、调整个人行为或群体行为。机构执行力一般以法律或法规授权为依据。例如，我国《行政强制执行法》将行政强制分为行政强制措施和行政强制执行两种类型。避免危害发生、控制危险扩大等情形，依法对公民的人身自由实施暂时性限制，或者对公民、法人或者其他组织的财物实施暂时性控制的行为。行政强制措施的种类包括：限制公民人身自由、查封场所、设施或者财物；扣押财物；冻结存款、汇款；其他行政强制措施。行政强制执行是指行政机关或者行政机关申请人民法院，对不履行行政决定的公民、法人或者其他组织，依法强制履行义务的行为。行政强制执行的方式包括：加处罚款或者滞纳金；划拨存款、汇款；拍卖或者依法处理查封、扣押的场所、设施或者财务；排除妨碍、恢复现状；代履行；其他强制实行方式。机构执行力的最高等级是国家强制力，是指国家通过军队、法院、警察等暴力手段用专政的方式强制性地平定内乱、防御外敌、维护社会治安、调整制度关系、保证社会经济稳定发展的执行力。个人执行力和机构执行力共同构成整个制度执行过程的基本力量，个人执行力和机构执行力的强弱程度对企业的正常运行、社会经济发展、制度效力和国家秩序都有非常重要的影响。

二、常规性的执行力

为了便于研究制度执行过程中个人执行力和机构执行力的作用并在此基础上控制制度执行的效果，我们可以将制度执行力划分为两种类型，一种是常规性的执行力，一种是强制性的执行力。这两种执行力在执行主体、执行对象、执行权力、执行手段、执行方式、执行强度、执行作用等方面各有不同的特点。常规性的执行力以个人执行力为基础.以机构执行力为主导。与此类执行力相联系的机构一般具有一定的行政权，没有或很少有强制执行权，但对人们认识、遵守和执行制度规定有很强的导向性。常规性执行力按其执行主体划分列举如下，它们的执行力的导向性、强制性受到自身权力的影响，可相应划分为五个层次。

（一）个人执行

个人执行以社会成员或组织成员个人的执行行为表现出来，是制度执行过程的基础。制度规定的执行，首先是一种个人的执行行为。制度化组织中的所有成员，分布于组织中的各个领域、各个行业、各个机构和各个岗位上，对一个国家来说，其公民的分布范围更为广泛。他们每一个人都有自己的制度角色和制度要求，都是制度规定的对象，同时也是制度规定的执行者。个人执行依据的不是执行的权力，而是执行的义务和权利。个人执行以自愿或自律执行的行为为特征。例如，某机关后勤部门作出了一个建立垃圾回收制度的决定，他们在办公大楼每一层的楼道里摆放了两个垃圾桶，在两个垃圾桶上分别贴了标记“可回收垃圾”和“其他垃圾”。这个制度规定能否生效，基本取决于机关工作人员的认可和自觉自愿的执行行为。组织成员如果认识到垃圾分类的意义，自觉地将垃圾分为两类，倒在指定的垃圾桶内，就会有较好的执行效果。在没有机构强制性的执行力的情况下，个人执行对制度形成起着决定性的作用。

（二）基层办事机构

基层办事机构位于地方行政机关和企事业单位的最基层，是执行各种制度规定的最基层的单位. 主要是办公室、街道办事处、婚姻登记处、乡镇政府机关和一些基层业务机构等。它们一般以事务性工作为主，执行的主要是事务性的规定，有一定的处罚权，但没有命令权、强制权等权力，因此其强制力处于较弱的等级，社会性的作用力和影响力也较小。如企事业单位中的后勤部门即属于这种机构。该部门负责管理机关的食堂、车队、卫生、绿化、保安等事务性、服务性工作，没有命令权、强制权等权力，其关于后勤工作的规定，通常是以服务性内容为主的，除了有一定的奖惩权、处罚权外，对组织中的全体成员没有很强的约束力。其下属有一些具体的执行机构。如总务科、会计科、修建科等，它们也会制定常规性的制度规定，但在执行过程中几乎没有什么强制力。基层办事机构属于制度执行机构的最基层的单位，也可以说是处于机构执行力的末梢。它们的分布范围非常广泛，涉及制度化组织的各个领域、各个行业和各个方面。基层办事机构的制度执行活动直接和个人执行相衔接，其执行态度和执行效果对个人执行有很强的导向性。和制度场的作用范围直接相关，在制度执行过程中具有非常重要的作用。

（三）审批和管理机构

审批和管理机构位于各级行政机关和企事业单位的中高层。如人事、财务、计划等职能部门及能源、矿产、环保、水利、电力、土地资源管理等业务主管部门。它们的一部分职能是制度规定的职能，承担这一部分职能的机构仍属于制度规制机构。审批和管理机构更多的职能是制度执行的职能，主要的任务是具体执行法律和行政法规方面的相关规定。它们是非常重要的制度执行机构，执行范围包括政治、经济、文化、卫生、社会保障等关系到社会稳定、经济发展、民生问题的方方面面。审批和管理机构在资格审批、项目审批、资金审批、计划方案、资源配置、生产管理、专业管理或行业管理等方面具有较大的权力，如行政许可权、行政确认权、行政命令权、行政实施权、行政奖惩权、行政合同权、行政救助权等，其中一些权力具有一定程度的强制性。此类机构执行的制度规定内容丰富，范围广泛，直接和广大民众及组织成员的利益密切相关，对人们的制度认同感、个人执行的态度和行为倾向有非常重要的影响。

（四）教育和宣传机构

教育和宣传机构是一种非常特殊的制度执行机构，主要指大中小学等教育领域和新闻、广播、电视、网络等理论宣传和新闻传播领域的管理机关和组织实体。教育机构的对象主要是中小学和高等院校的学生，宣传机构的对象更为广泛，可以说是包括各种组织和社会中的所有人员在内。教育和宣传机构既不像行政执法机构那样具有实施、检查、处罚等执法权，又不像警察机构、法院、检察院等司法机关那样具有侦查、拘留、预审、逮捕、审判等司法权，甚至不像审批和管理机构那样具有庞大的资金、项目的审批权和行政权，因此它们直接施加的执行力的强制性并不大，但是它却具有上述机构无法比拟的、巨大的社会作用力和影响力。教育和宣传机构的执行态度和效果尤其对个人执行力和团体执行力具有非常强的导向作用。它们最主要的作用在于，可以加强教育和宣传对象对制度规定的关注和理解；增强制度规定的合理性及社会性；提高教育和宣传对象对制度规定的认同感和认同度；提高教育和宣传对象的宪法意识和法律意识，增强行政执法机构、警察机构和司法机关抑制违规违纪行为的强制力；作为一种正能量，可以强化教育和宣传对象执行制度规定的自愿、自律行为，增强个人执行和民众执行的社会作用力和影响力。由于教育机构的作用主要体现在帮助年青一代树立正确的人生观、世界观和制度观，其和宣传机构的作用将共同构成弘扬社会主流思想、树立社会正气的主导力量。它们没有强制执行权，但是它们的工作和作用却可以增强人们的制度认同感和认同度，增强社会发展和制度稳定的正能量.减少强制性的执行力的压力。宣传机构的强制力等级不高，其执行力主要在于强调它的社会作用力和影响力。

（五）民众执行合力

民众执行合力以社会成员或组织成员集体的、总和的或整体性的执行行为表现出来，是制度执行的最终决定力量。在这里，民众是所有国家公民或所有组织成员的统称。民众执行体现的已不是个人的、零散的执行行为，而是大众化的集体意志和集体行为。民众本是制度执行机构所管辖的、执行制度规定的对象。但是，与此同时，它又是制度执行的中坚力量或决定力量。显然，当大多数民众认同制度规定并表现出自愿、自律执行的行为时，该项制度规定的执行将是一件十分顺利的事情，制度执行机构的压力和阻力也是少之又少。反之，当大多数民众质疑或反对制度规定并表现出拒绝执行的行为时。该项规定的执行过程将是非常困难的，甚至可能最终是无法执行的。因为，制度执行机构执行的强制力和其所要强制执行的对象数量是有比例限度的。如一个警察可以制服一个歹徒但是很难同时制服五个歹徒。当一项制度规定在执行中遇到较大的阻力，在受到较多民众的质疑和反对时，制度规制机构和制度执行机构不能强行执行该项规定，应体察民意，寻求更佳制度方案。古人云："得人心者得天下"，"得道多助，失道寡助"，说的正是民众执行合力的社会影响力和强大力量。民众执行合力有许多表现方式，如社会风气、公众舆论、游行、集会甚至大规模的群众运动、社会革命等。民众执行合力的影响力和作用力与其人数、规模和表现形式成正比。民众虽然没有强制性的权力。但在它达到一定规模及影响力的时候，却能产生一种巨大的、导向性的、强制性的力量。民众执行合力是制度规制者和制度执行者在制度规定和制度执行过程中必须认真考虑的重要因素。

三、强制性的执行力

这种类型的机构不仅具有一定的行政权，而且具有限制公民人身自南、查封场所、设施或者财物等强制执行的权力.它们的执行力的强制性普遍高于常规性的执行力。强制性执行力按其执行主体划分列举如下，其导向性和强制性也可相应划分为五个层次。

（一）行政执法机构

行政执法机构指政府部门中具体执行行政法规、规章、条例等具有实施权、检查权、处罚权、自由裁量权的机关，如工商局、税务局、质检局等。一项制度规定的执行，不能完全依靠个人自愿或自律执行。行政执法机构对于实施法律法规、行使行政权力、维护社会秩序、保证公共利益具有十分重要的作用。一般认为，设立行政执法机构是建立有效的行政强制执行制度的基本前提。从广义上说，行政执法的概念涉及各级政府的各个部门，甚至有人把法院、检察院等司法机关也列入行政执法机构的范围内。但是，本文在这里主要是分析制度执行过程中各种不同机构的强制力等级，因此只是从最狭义的角度来规定行政执法机构，即只将具有检查权、处罚权、自由裁量权的机构列为行政执法机构。行政执法机构主要以法律和行政法规为执法依据，拥有强制性的执法权，同时在专业管理或行业管理方面具有强大的作用力和影响力。因此具有较强的强制力。

（二）公安机关

公安机关是指依照法律设立、代表国家行使公安职权、履行公安职责的国家行政机关。包括公安机关、国家安全机关等。公安机关区别于其他国家行政机关的一个主要特征是具有武装性质。公安机关承担着打击危害国家、集体利益和公民合法利益的违法犯罪分子.维护人民群众利益、积极组织参加抢险救灾等重大责任。在我国，公安机关隶属于国务院，一般视其为行政执法机构，被列为国家行政机关的范围。但是。它是一个很特殊的机构。首先，它代表国家行使公安职权和履行公安职责，担负着刑事案件的侦查任务，既有执法权又有司法权。其次，它有刑侦、拘捕、预审等限制人身自由的权力，并且具有武装性质，在保护人身安全、维护社会治安方面有强大的作用力和影响力。警察是公安机关的主要成员。我国《人民警察法》规定:人民警察的任务是维护国家安全,维护社会治安秩序,保护公民的人身安全、人身自由和合法财产,保护公共财产,预防、制止和惩治违法犯罪活动。人民警察包括公安机关、国家安全机关、监狱、劳动教养管理机关的人民警察和人民法院、人民检察院的司法警察。其主要任务是,按照法律、行政法规的规定履行公安职权和公安职责。公安机关执行力的强制性等级高于一般的行政执法机构。

(三) 司法机关

司法机关一般指行使司法权的国家机关。司法机关与国家行政机关不同,行使的不是行政权,而是司法权。司法机关一般具有独立的法律地位,独立行使审判权和检察权。司法机关是宪法和法律的直接实施者和法律制度的重要构建者。我国宪法规定,人民法院依法独立行使审判权,主要审理民事、刑事、行政、选举案件等,掌管牢狱、生杀大权;人民检察院依法独立行使检察权,可依法行使侦查、拘留、预审、逮捕等权力,主要代表国家对刑事案件提起公诉,追究被告人的刑事责任,监督审判活动等。在不同的国家中,法院、检察院的法律地位、隶属关系、独立性等有所不同。有的国家宪法规定,实行立法机关、行政机关、司法机关"三权分立"的原则;有的国家宪法规定,司法机关对最高行政首脑负责;有的国家宪法规定,司法机关对国家立法机关负责。

此外,还有监察机构和国家武装力量。监察机构的监察对象主要是包括立法机关、行政机关、司法机关、政党等在内的所有制度规制机构、制度执行机构及其所有工作人员。其主要任务在于防止并纠正各种机构及其人员出现滥用权力、执法不力、贪污腐败、以权谋私等各种各样的违法违纪现象和行为,保证制度规定和行政执行过程的正常进行,引导社会各方面的监督力量构建完整的监察制度。国家武装力量是国家或政治集团正式建立的各种武装组织的统称,我国宪法规定:中华人民共和国的武装力量属于人民。它的任务是巩固国防,抵抗侵略,保卫祖国。保卫人民的和平劳动,参加国家建设事业,努力为人民服务。我国的武装力量包括中国人民解放军现役部队、中国人民武装警察部队、中国人民解放军预备役部队和民兵。①

【案例】

新京报此前报道,2016 年 8 月底开始,一段长达 1 分 26 秒的视频在网络热传。视频中,一辆车窗紧闭的轿车内,一对青年男女正在亲热,见有人拍摄,两人随即分开。随后,拍摄者径直上前,拉开车门。车内男子神情紧张,不断提出"私了",并掏出钱包。拍摄者则一口回绝,并要求其下车。副驾驶位置上的女子神

---

① 彭和平.制度学概论[M].北京:国家行政学院出版社,2015:140.

色尴尬,全程未说话。画面中,视频拍摄者举着手机,身穿黑色制服,臂章上印有“特警”字样。

2016年8月30日,不雅视频涉事女子韩彩在馆陶县巡警特警大队内服下农药后身亡。

事发后,馆陶县公安局发布情况通报,确认韩彩自杀与视频外泄有关,泄露视频责任人辅警王华华被拘留。警方称,视频拍摄时间为2015年7月,馆陶县巡特警大队辅警王华华等人在巡逻时,发现一辆轿车停在路边,王华华“擅自使用手机进行录像,后该视频外泄”。2016年8月30日上午,女当事人韩彩来到馆陶县巡特警大队,“很快掏出其随身携带的一小瓶农药喝下”,后经抢救无效身亡。

事发后,馆陶县巡特警大队长停职,责任人王华华被拘留。馆陶县检察院成立专案组,对事件进行立案调查。

新京报记者从馆陶县检察院获悉,涉事辅警王华华因涉嫌滥用职权罪,于2016年9月10日被馆陶县公安局刑事拘留,同年9月23日被逮捕,后一直羁押于馆陶县看守所。此外,王华华的直管警官、馆陶县公安局巡特警大队民警杨兵,因涉嫌滥用职权罪,于2016年9月9日被刑事拘留,同年9月23日被取保候审。

检方称,王华华等人巡逻时,未按照规定由正式民警带领,而韩彩遭到偷拍后,被带至馆陶县巡特警大队东院接受进一步询问。王华华等几名辅警在杨兵授意下,向视频中男性当事人收取8000元钱“私了”。

馆陶县检察院称,馆陶县公安局巡特警大队辅警王华华等四人,在没有正式民警的带领下,驾驶警车“超出其巡逻范围,行驶至馆陶县化工园区一条东西路上”,发现一辆日产轿车停靠在路边,四人随即下车进行盘查。王华华使用手机对车内情况进行了录像。随后,四人将韩彩等两人带至馆陶县巡特警大队东院,在向馆陶县巡特警大队东院负责人杨兵汇报后,杨兵安排辅警对韩彩等两人进行调查询问,证实其情人关系,“后在杨兵的授意下”,几名辅警收取张强8000元,然后让两人离开。

至于这笔钱的去向,检方称,8000元事后被交到杨兵手里,杨兵将“30%或40%”返还给辅警,并由四名辅警平分。

检方称,事后,王华华用手机拍摄的车内视频,“没有及时删除或交专人保管,且多次让他人观看”。

馆陶县检察院认为,王华华、杨兵的行为已构成滥用职权罪,应予以判处。

根据判决书显示,王华华自称在杨兵担任馆陶县巡特警大队东院负责人期间,“经常督促辅警自己去巡逻”,另外,“也没有安排过正式民警带领辅警去巡逻”。

按照规定，辅警不能办案，应该在正式民警带领下进行巡逻执勤。杨兵称，馆陶县公安局巡特警大队正式民警严重不足，“只能让辅警在没有正式民警的带领下进行巡逻”。

对于为何临时检查韩彩和张强的车辆，王华华称，当时这辆轿车“开着火停靠在路南边，车头朝东，周围没有人，这个地方比较偏僻”，显得可疑。关于拍摄动机，王华华则解释为“没有带执法记录仪，根据规定又要求对盘问过程录音录像，所以拿出自己的手机打开了拍摄功能，进行了拍摄”，由于“车门没有上锁，随手就打开了车门”，所以正好拍摄到两人的不雅视频。

杨兵表示，曾要求队员在执勤、巡逻过程中，用执法记录仪进行录音录像，对拍摄的音像资料“妥善保管，不能外传”，“不构成案子的要及时销毁，避免外传”。

王华华承认，曾在与朋友吃饭时当场播放过视频。不过，具体视频如何从手机流出，王华华则表示“不清楚”。

不雅视频的男性当事人张强曾表示，其在接受问询时，一名辅警提出可以拿钱“保密”，起初开价1万元，请示领导后降为8000元，且不开具票据。

在事发后的9月6日，馆陶县公安局相关领导将8000元退还。

馆陶县巡特警大队一名辅警称，平时，杨兵默许辅警巡逻查处不雅行为，查处后收钱。“收钱的30％或40％返还辅警的事是惯例。”另一名参与此事的辅警回忆称，自己还参加过类似的收钱行为二三十次。

馆陶县巡特警大队李姓大队长称，“为了激励巡特警大队队员做好工作，巡特警大队对于干得好的人员，给予报销一些油费、饭费，这些费用一般是收取钱数的百分之二十至三十。”

(https://item.btime.com/34f3e75mibn9groi0ja708u0vdo?)from＝haoz1t1w11)

思考题

1. 制度执行的主体包括哪些？

2. 制度执行中应该注意什么？

后　记

《制度分析与设计》是为我校公共管理硕士(MPA)教学而编辑的教材之一。全书共分为十二章,第一、二、四、五章由王成礼老师编写,第九～十二章由骆云老师编写。在编写过程中,徐州生物工程职业技术学院姚静怡参与了第三章的编写,淮阴师范学院林华东、谢雨老师参与了第六章和第七章编写,常州大学薛峰老师参与了第八章的编写,研究生马园园、燕燕、阚月、玄秀华、聂宇博、葛其猛、张迪、廖婧希、宁之润、杨磊等同学也付出了大量心血,在此表示感谢！本教材大量吸收了相关文献研究成果,同时这本教材也受到江苏省社科规划项目"中国特色社会主义制度定型化研究"及江苏教育科学"十二五"规划项目"新常态背景下高校治理法治化研究"资助,在此表示感谢！也要感谢中国矿业大学出版社齐畅老师对此书的辛勤劳动!

当然这本教材出版,由于时间紧促,也由于能力所限,无论从结构设置,还是内容编辑都存在着许多不足,恳请同行提出批评意见,以便丰富完善。

编　者

2017 年 12 月